Romantic and Modern British Poetry

낭만주의와 현대 영시의 이해

| 이 철 지음 |

신아사

이 책을 읽는 독자에게

이 책은 영문학을 처음 시작한 학생이나 영시에 관심이 있는 사람이 반드시 읽어야 할 주요 영시 작품들을 상세하게 해설하고 있는 일종의 입문서이다. 전체가 두 권으로 되어 있는 이 시리즈의 제1권 『르네상스와 신고전주의 영시의 이해』는 중세서정시를 거쳐 영문학의 아버지라고 불리는 작가 초서(Chaucer)에서부터 그레이(Gray)까지, 즉 중세부터 르네상스시대, 신고전주의시대의 시인들을, 제2권 『낭만주의와 현대 영시의 이해』는 번즈(Burns)부터 휴즈(Hughes)까지, 즉 낭만주의시대부터 빅토리아조. 그리고 20세기 현대 시인들을 다루고 있다.

작품명이나 인명, 지명 등의 고유명사의 경우는 원어를 그대로 살려 썼고, 글은 읽기 쉽도록 되도록 평이한 문체로 쓰려고 노력했다. 각 글의 구성은 크게 세 부분으로 되어 있다. [1] **작가의 생애와 작품경향**에서는 작품의 이해를 돕기 위해 시인의 생애와 주요작품, 대체적인 작품경향 등을 간략히 기술했다. [2] **작품**에서는 시 원문을 싣고 시의 이해에 필요한 주석들을 달아 설명한 후, 시를 우리말로 번역했다. [3] **작품분석**에서는 대체로 연을 따라 가면서 꼼꼼한 설명을 하여 시를 전체적으로 충분히 이해할 수 있도록 했다.

이 책이 목표로 하는 것은 전문연구가들을 위한 학술서적이 아니기 때문에 일일이 전거를 밝히거나 까다로운 이론, 견해 등을 소개하는 것을 생략했다. 그렇다고 해서 상식적이고 일반적인 해설이 되지 않도록 노력했다. 작품에 대한 합리적이고 논리적인 해석을 시도하면서도 필자 나름의 생각을 반영하려고 했다.

영시를 즐기자면 반드시 책의 첫머리부터 읽을 필요는 없을 것이다. 오히려 중간 아무 곳이나 펼쳐서 이것저것 읽어보며, 마음에 드는 작품이 있으면 그때 가서 주석과 해설을 자세히 보는 게 더 좋을 것 같다. 영시에 익숙지 않은 독자라면 16세기 르네상스시대 작품들이나 19세기 낭만주의시대 작품들부터 읽어보는 것도 하나의 방법이 될 수 있을 것이다. 필자는 영시에 관심이 있거나 영시를 좋아하는 사람들이 이 책을 하나의 디딤돌로 삼아 더 많은 영시의 보고에 한 걸음 더 다가설 수 있게 되기를 바란다.

목 차

낭만주의시대
(The Romantic Period: 1798-1832)

빅토리아시대
(The Victorian Age: 1832-1901)

20세기

(The Twentieth Century: 1901-)

낭만주의시대

(The Romantic Period : 1798-1832)

Robert Burns(1759–1796)

William Blake(1757–1832)

William Wordsworth(1770–1850)

Samuel Taylor Coleridge(1772–1834)

George Gordon, Lord Byron(1788–1824)

Percy Bysshe Shelley(1792–1822)

John Keats(1795–1821)

Robert Burns

(1759–1796)

1 작가의 생애와 작품경향

Robert Burns는 Scotland의 Alloway에서 가난한 농부의 아들로 태어났다. 그는 학교교육은 거의 받지 못했지만, 아버지의 영향으로 주로 가정에서 Shakespeare의 작품들과 중세 이후의 Scotland 민요, 18세기의 시들과 성경 등을 탐독하면서 시인의 자질을 키웠다. 15세가 되던 해에 그는 농부의 딸 Nellie Kilpatrick을 위한 최초의 시 "Handsome Nell"을 썼다.

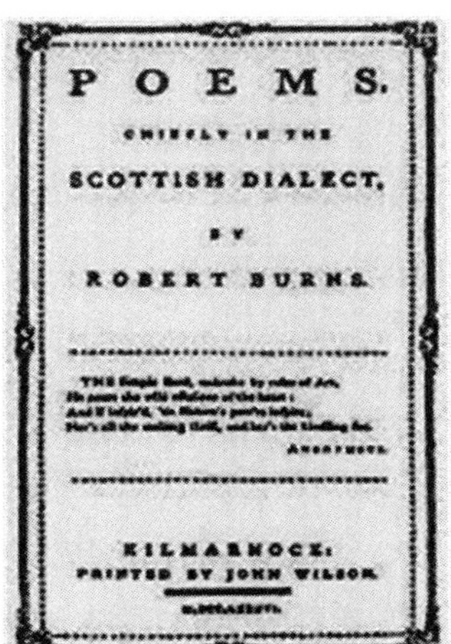

POEMS.

CHIEFLY IN THE

SCOTTISH DIALECT,

BY

ROBERT BURNS.

KILMARNOCK:

PRINTED BY JOHN WILSON.

농장에서 힘든 육체노동을 하면서도 그는 동시에 자신의 열정을 시와 자연, 술과 여성들에게 쏟았다. 1785년에 Burns는 Lizzie Paton이라는 농장하녀와 관계를 가져 첫 번째 혼외자식을 낳았다. 또 나중에 정식 결혼하게 된 Jean Armour가 그의 아이를 임신중이었을 때에도 그는 Mary Campbell(그의 시 "Highland Mary"의 주인공)이라는 여자와도 관계를 맺었다. 그러면서 그는 연이은 사랑의 실패를 잊고 궁핍한 생활에서 벗어나기 위해 서인도제도로 떠날 계획을 세우고, 여비를 마련하기 위해 여태까지 써놓은 시들을 출판하기로 했다.

이렇게 해서 나온 첫 시집은 1786년에 *Poems, Chiefly in the Scottish Dialect*라는 제목으로 출판되었고, 이 시집으로 Burns는 온 나라의 유명인사가 되었다. '농부시인'(Ploughman Poet)으로 유명세를 떨치면서 그는 Edinburgh 상류사회의 환호를 받았다. 이 당시는 그가 여러 여성들을 동시에 사귀어 혼외자식들이 줄줄이 태어나던 시기인 동시에 시창작이 가장 활발한 시기이기도 했다. Agnes 'Nancy' McLehose와의 관계는 걸작 "Ae Fond Kiss"를 낳았다.

시집의 성공으로 번 모든 돈을 일 년 반 만에 탕진한 그는 Jean Armour와의 결혼 생활을 유지하기 위해, 또 가족의 생계를 위해 탐탁지 않았지만 세금징수원(Excise Officer)으로 취직하기도 했다. 그러나 이 직업의 과중한 업무와 그의 방탕한 생활태도는 건강을 위협했고, 결국 그는 1796년 막 37세가 되던 젊은 나이에 세상을 떠났다. 그의 장례는 온 국민들의 애도 속에 치러졌으며, 바로 이날 그의 또 다른 아들이 태어났다.

Burns는 생애 마지막 12년 동안 Scotland의 전통 민요를 수집하고 개작하는데 온 정성을 쏟아 약 300편의 작품을 남겼으며, 이들은 판화가 James Johnson이 편찬한 *The Scots Musical Museum*과 George Thomson이 편찬한 *Select Collection of Original Scottish Airs*에 실렸다.

Burns의 시는 열렬한 연애 감정뿐만 아니라 Scotland 교회와 도덕적 인습, 위선 등을 공격하고, 인간의 평등과 존엄성, 애국적 감정 등을 노래한 것들이 많다. 대부분 Scots방언으로 쓰인 Burns의 시는

Scotland 서민들의 순박한 삶과 소박한 정서를 표현하고 있고, 그래서 그는 오늘날까지 Scotland의 국민시인으로 불린다.

2 A Red, Red Rose

O my Luve's like a red, red rose
That's newly sprung in June;
O my Luve's like the melodie
That's sweetly play'd in tune.

As fair art thou, my bonnie lass,
So deep in luve am I;
And I will luve thee still, my dear,
Till a' the seas gang dry:

Till a' the seas gang dry, my dear,
And the rocks melt wi' the sun;
I will luve thee still, my dear,
While the sands o' life shall run.

And fare-thee-weel, my only Luve!
And fare-thee-weel awhile!
And I will come again, my Luve,
Tho' it were ten thousand mile!

주석

1] Luve's: Love is.
2] still: always, no matter what.
5] bonnie: lovely, fair, pretty.
8] a': all.
gang: go, become.
10] wi': with.
12] the sands o' life: 인간의 수명을 모래시계에 비유한 것.
o': of.

13] fare-thee-weel : farewell.
14] awhile : for a while.
16] Tho' : Though(Even if).
mile : miles. 제14행의 'awhile'과 각운을 맞추기 위해 'miles' 대신 씀.

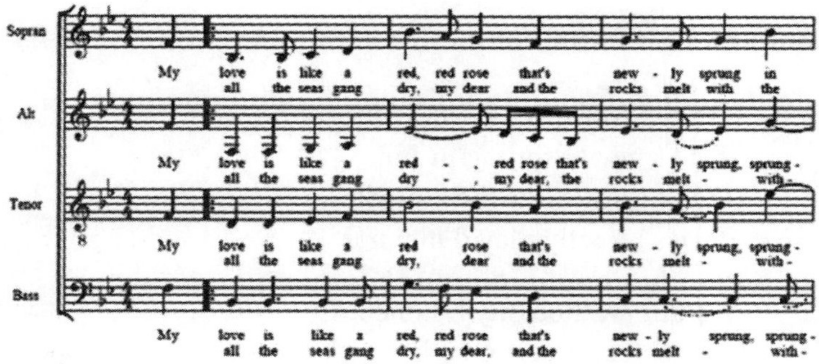

오 내 사랑은 유월에 갓 피어난
붉디붉은 장미꽃 같아.
오 내 사랑은 화음을 맞추어
감미롭게 연주되는 멜로디 같아.

내 어여쁜 아가씨, 아름다운 그대와
나는 깊은 사랑에 빠졌다오.
내 님이여, 그대를 언제나 사랑하리,
바닷물이 모조리 말라버릴 때까지.

내 님이여, 바닷물이 모조리 말라버리고
바위들이 햇볕에 녹아버릴 때까지
내 님이여, 그대를 언제나 사랑하리,
생명의 모래알이 다할 때까지.

그러니 잘 있어요, 하나뿐인 내 사랑이여!
잠시만 잘 있어주오!
내 사랑이여, 나는 다시 돌아올 것이오,
만리 길이라도!

3 작품분석

이 작품의 원천은 Burns가 Scotland 시골에서 수집한 노래로서, 그가 작곡을 맡겼던 Pietro Urbani의 작품집 *Scots Songs*에 처음 실렸다. Burns는 어떤 시골 소녀가 부르는 노래에 감명을 받아 가사를 받아 적었으나 곡이 마음에 들지 않아 Urbani에게 Scotland풍으로 작곡해 주기를 부탁했다고 한다.

첫 연에서 화자는 사랑하는 사람의 아름다움을 장미와 음악의 멜로디에 비유하고 있다. 첫 비유로 등장하는 장미는 유월에 갓 피어난 장미이니, 그녀는 이제 젊음이 막 피어나는 나이에 있다는 말이다(두 사람의 사랑이 유월에 시작되었다는 의미로 읽을 수도 있을 것이다). 또 그녀는 화음을 이루는 감미로운 멜로디에 비유되고 있는데, 이것은 그녀가 아름다운 음악처럼 즐거움을 주는 존재인 동시에 그녀의 성품이 모나지 않고 곱다는 것을 말해 준다.

둘째 연에서 시의 화자는 아름다운 이 아가씨와 사랑에 빠졌다고 말한다. 첫 연에서 장미로 비유되어 여성일 거라는 암시를 주었던 이 대상이 둘째 연에 와서는 분명히 아가씨로 표현되어 있는데, 따라서 이 시의 화자를 남성으로 보는 것이 일반적인 생각일 것이다. 첫 연에 나타난 자연물과 음악에 대한 일반적인 비유는 둘째 연에 와서는 매우 과장되고 극단적인 비유로 바뀐다. 화자는 '바닷물이 모조리 말라버릴 때까지' 그녀를 사랑할 거라고 말한다.

셋째 연은 둘째 연 마지막의 과장된 표현을 다시 반복하면서 또 다른 과장된 표현을 덧붙인다. 그는 '바위들이 햇볕에 녹아버릴 때까지' 그녀를 사랑할 거라고 반복적으로 말한다. 이에 덧붙여 그는 인간의 수명을 모래시계에 비유하면서, 자기 인생의 모래알이 다 떨어질 때까지, 말하자면 자신의 삶이 다할 때까지 그녀를 사랑할 거라고 말한다.

마지막 넷째 연은 이제까지 화자가 왜 그렇게 반복적으로 과장되게 자신의 사랑을 고백했는지를 짐작하게 해 주는 부분이다. 연의 첫머리에서 그는 작별인사를 간단히 외친 후, 이 아가씨가 자신의 유일한 사랑임을 강조하고 있다. 연의 나머지 부분들은 그가 멀리 떠남으로 해서 두 사람이 이제 헤어지는 순간이라는 것을 알게 해 준다. 그는 두 사람 사이의 공간적 거리는 사랑 앞에 아무 것도 아니라고 생각하며 아무리 먼 길이라도 다시 돌아올 것을 맹세하듯이 외치면서, 자신들의 이별이 '잠시만'이라는 사실을 강조하고 있다.

이 작품의 특징 중의 하나는 반복인데, 그것은 이 시가 택하고 있는 ballad 형식의 일반적 특징이기도 하다. ballad 형식은 반복을 통해 음악적인 효과를 극대화하는데, 그 반복은 동일한 단어나 구절의 반복뿐만 아니라 일부 단어나 구절을 바꾸면서 동일한 구문형식으로 반복하는 것까지 포함한다. 이를테면 첫 연의 첫 행과 셋째 행은 'O my Luve's like …'를, 둘째 행과 넷째 행은 'That's newly sprung in June'과 'That's sweetly play'd in tune'처럼 동일한 구문을 반복한다. 이런 반복은 나머지 연에서도 계속된다. 특히 ballad stanza는 각 연의 첫 행과 셋째 행, 둘째 행과 넷째 행이 각각 동일한 율격구조를 가지고, 둘째 행과 넷째 행이 동일한 각운을 가지면서 (각각 iambic tetrameter, iambic trimeter, abcb의 각운. 이 작품의 경우는 첫째 행과 셋째 행도 동일 각운을 사용하여 abab의 각운을 가짐) 반복효과를 극대화시켜 준다.

첫 연에 나오는 봄에 핀 장미와 음악의 선율이라는 두 가지 비유는 사랑시에서 흔히 쓰이는 다소 진부하고 상투적인 표현이다. 그에 비해 둘째 연 후반부와 셋째 연의 바닷물이 모조리 말라버린다든지, 바위가 햇볕에 녹는다든지 하는 구절은 흔히 볼 수 있는 표현이 아니며 다소 과장되고 거칠어 보인다. 화자가 왜 이런 표현을 사용했을까?

셋째 연 후반부에 언급된 '생명의 모래알' 비유는 화자 자신의 사랑이 삶의 유한성이라는 난관에 부딪쳤음을 말해 준다. 인생의 유한성을 의식하게 되었을 때 화자는 자신의 사랑이 그것을 뛰어넘기를 바랐을 것이다. 그래서 바닷물이 모두 마르고 바위들도 모두 녹아버릴 영원한 미래까지 그녀를 사랑하겠다고 한다. 그런 점에서 보면 첫 연의 장미와 선율의 비유는 단순히 그녀의 아름다움만을 의식한 표현이 아니라는 것을 알 수 있게 된다. 장미는 한 때 그 무엇보다도 아름답지만 계절이 흘러가면 시들어 떨어지며, 아무리 아름다운 음악의 선율도 흘러가면 사라진다. 말하자면 이 두 가지 비유는 모두 결국 시간의 힘에 굴복하여 사라져버리는 인생과 삶의 아름다움을 말해 주고 있다. 인생이 그토록 유한하다면 인간의 사랑도 같은 길을 걸을 수밖에 없게 된다. 그러나 이 시의 화자는 그런 사랑의 한계를 인정하고 싶지 않은 듯하다. 그래서 극단적인 표현을 통해서 자신의 사랑의 영원성을 강변하고 있는 것이다.

바닷물이 마르고 바위가 녹는다는 표현은 '동해물과 백두산이 마르고 닳도록'이라는 애국가의 가사를 연상시킨다. 아니 정확히 말하면 같은 표현이다. 단지 동해와 백두산이라는 우리나라 지명만 구체적으로 넣었을 뿐이다. 애국가는 해방때까지만 해도 Burns의 "Auld Lang Syne"의 곡조에 맞추어 불렀다. 애초에 애국가는 그 가사나 곡조 모두 Scotland의 민속적인 특성을 가지고 있었다는 말이다.

William Blake
(1757–1832)

① 작가의 생애와 작품경향

William Blake는 1757년 런던에서 양말가겟집 아들로 출생했다. 그는 여덟 살 때 천사들이 나무 위에 있는 환상을 보았다고 하는데, 이렇듯 Blake는 어린 시절부터 종종 신비로운 체험을 한 것으로 알려져 있다. 10세가 되던 해부터 미술교육을 받기 시작한 그는 14세부터는 판화가인 James Basire의 제자로 7년간 판화수업을 받았다. 또 왕립미술학교(the Royal Academy of Arts)에서 얼마동안 미술공부를 하기도 했다. 판화공부를 하면서 동시에 그는 많은 문학서적들을 읽으며 시를 쓰기 시작했다. 25세가 되던 해에 Blake는 정원사의 딸 Catherine Boucher와 결혼했다. Catherine은 문맹이었으나 Blake가 글을 가르치고 판화제작을 돕도록 하여 자신의 이상적인 반려자로 만들었다.

1783년 26세에 그는 첫 시집 *Poetical Sketches*를 출간했다. 대부분 Blake가 10대에 쓴 작품들이 실린 이 시집은 그가 당대 신고전주의 전통보다는 그보다 앞선 르네상스 시대의 서정시적 전통을 이어받았음을 보여 준다. Blake는 1789년에는 동판에 시와 삽화를 새겨 판화시의 형태로 *Songs of Innocence*를 발표하고, 5년 후인 1794년에는 *Songs of Experience*와 합본의 형태로 시집을 냈다. 이 두 시집에서 Blake는 세계를 바라보는 대조적인 두 가지 인간정신의 상태('showing the two contrary states of human soul')를 제시한다. 1790년에 나온 *The Marriage of Heaven and Hell*에서도 Blake는 상반된 세계를 대조하면서 그것들을 변증법적으로 통합하고자 하는 태도를 보여 준다.

Blake는 한 때 부유한 미술 애호가인 William Hayley의 후원을 받아 Sussex의 Felpham에 정착했다. 그러나 결국 Hayley의 속물근성을 참지 못하고 그와 결별한 후 런던으로 다시 돌아왔다. 그는 1809년에는 개인 미술전을 열지만 실패했다. 그의 많은 중, 후기 작품들은 Blake나름의 독특한 상징체계를 바탕으로 한 일종의 장편 예언시들로서, *The Four Zoas*(1795-1804), *Milton*(1804-8), *Jerusalem*(1804-20) 등이 그것들이다.

Blake는 생전에 시인으로서는 거의 알려지지 않았고 다만 판화가로서 약간 알려졌을 뿐이다. Blake가 죽은지 한참이 지난 1868년에 Blake에 대한 첫 평론이 Swinburne에 의해 발표되었고, 1893년에야 Ellis와 Yeats에 의해 세 권으로 된 Blake작품집이 출간되었다. 그리고 20세기에 들어서서 1924년 F. Damon에 의해 Blake에 대한 최초의 본격적 연구서 *William Blake: His Philosophy and Symbols*가 발표되었고, 1965년에는 Erdman과 Bloom에 의해 Blake의 표준서로 인정받고 있는 *The Poetry of William Blake*가 출판되었다.

2 To the Evening Star (from *Poetical Sketches*)

Thou fair-hair'd angel of the evening,
Now, while the sun rests on the mountains, light
Thy bright torch of love; thy radiant crown
Put on, and smile upon our evening bed!
Smile on our loves; and, while thou drawest the
Blue curtains of the sky, scatter thy silver dew
On every flower that shuts its sweet eyes
In timely sleep. Let thy west wind sleep on
The lake; speak silence with thy glimmering eyes,
And wash the dusk with silver. Soon, full soon,
Dost thou withdraw; then the wolf rages wide,
And the lion glares thro' the dun forest :
The fleeces of our flocks are cover'd with
Thy sacred dew : protect with them with thine influence.

주석

3] Thy bright torch of love : 이 저녁별은 사랑의 신 Venus.
10] full soon : very soon(즉시).
14] influence : occult power of stars over humans(인간에게 미치는 별들의 신비로운 힘).

그대, 저녁의 금발머리 천사여,
이제, 태양이 산 위에서 쉬고 있는 동안, 밝히소서
그대의 빛나는 사랑의 횃불을. 빛나는 왕관을
쓰시고, 우리의 저녁 침대맡에 미소지어 주소서!
우리의 사랑에 미소를 지어주소서. 그대가
하늘의 푸른 커튼을 치는 동안, 달콤한 눈을 감고
때 맞춰 잠드는 모든 꽃들에게 그대의 은빛 이슬을
흩뿌려주소서. 그대의 서풍이 호수 위에서

잠들게 하소서. 아련히 빛나는 눈으로 침묵을 말하시고
은빛으로 어둠을 씻어주소서. 곧, 이내,
그대는 물러납니다. 그러면 늑대가 사방에서 울부짖고
사자가 어두운 숲속에서 노려봅니다.
우리 양떼들은 그대의 성스런 이슬로
덮여 있습니다. 당신의 신비로운 힘으로 그들을 보호해 주소서.

3 작품분석

Blake의 첫 시집 *Poetical Sketches*(시적 소묘)는 그가 26세 되던 해에 출판되었지만, 이 시집에 실린 시들은 12세-21세 사이에 쓴 것으로 알려져 있다. 시집제목의 '스케치'라는 말은 이 시집이 본격적으로 시를 쓰기 위한 첫 단계로서 하나의 밑그림이나 가벼운 작품 같은 느낌으로 쓰였고, 시적 화자의 진술에 일정한 대상들이 있음을 말해 준다. 이 시들의 제목은 크게 보아 "노래"(Song)라는 제목이 붙은 것과 "－에게"(To)라는 제목이 붙은 것 두 가지가 있다. "노래"라는 제목의 시들은 매우 서정적이고, 시의 형식이 단순하다. "－에게"라는 제목의 시들은 시의 화자가 사람보다는 자연물이나 계절에게 개인적으로 말하는 일종의 의인화(personification) 기법을 사용하고 있다. 제목과는 상관없이 이 시집에 실린 시들은 전체적으로 볼 때 몇 가지 공통적인 특징을 가지고 있다. 시의 구성은 일인칭 시적화자가 표출하는 정서를 기본으로 하는데, 이 때 사용하는 어휘는 단순하며, 내용은 비현실적인 요소가 강하다. 형식적으로 볼 때 각운이 있는 시들도 있으나 무운시(blank verse)를 사용한다는 점도 두드러진 특징이다. 초기 그룹에 속하는 시들은 신고전주의적인 표현을 사용하지만, 어휘면에서는 Milton

이나 Spenser, Shakespeare 등 선배 시인들의 영향을 강하게 받았음을 보여 준다. 후기 그룹의 시들은 낭만주의적 색채가 농후해지면서 인간의 감정과 상상력이 중시되고 있다.

이 시는 화자가 초저녁에 뜨는 별, 금성(비너스)을 부르며 일종의 가호를 부탁하는 내용으로 되어 있다. 여기에서 저녁별은 천사로 지칭되고 있는데, 비너스가 미의 여신인 동시에 사랑의 여신이므로 화자는 제3행에서 비너스의 별빛을 '사랑의 횃불'이라고 표현한다. 그리고 제4-5행에서 잠자리에 든 자신들의 '사랑에 미소를 지어' 달라고 기원한다. 이 시의 초반부에는 이렇듯 비너스의 천상 세계와 화자가 속한 지상의 세계라는 두 상반된 영역이 나타난다. 그러나 맑고 밝은 천상의 세계는 '침대' '사랑' '커튼' 등으로 언급된 지상의 감각적 쾌락적 세계를 배척하지 않는다. 화자는 비너스에 대한 기원을 통해 이 두 세계를 조용히 연결시킨다. 중반부에서 화자는 꽃들과 호수 등의 자연물에 별빛이 비추어 그 '은빛으로 어둠을 씻어'주기를 바란다. 제9행에 나오는 '침묵을 말하시라'(speak silence)는 표현은 일종의 모순어법(oxymoron)으로 볼 수도 있으나, 저녁별의 출현으로부터 저녁과 밤이 되고 만물이 고요와 안정 속에 접어들게 되는 현상을 표현하는 것으로 보인다.

평안하게 전개되던 이 시의 분위기는 제10행에서 바뀐다. 그것도 시행의 중간부분에서 갑자기 바뀌는데, 이것은 저녁별의 별빛이 느닷없이 금세 사위어버리고 만다는 것을 효과적으로 보여주는 방법이다. 독자들은 저녁별이 가져오는 가정의 평화와 사랑, 그리고 온 자연의 평안과 고요에 마음을 빼앗기고 있다가 갑작스런 분위기 전환으로 일종의 심리적 충격을 받게 된다. 저녁별이 사라지면 늑대와 사자가 나타나 울부짖고 노려본다. 독자들은 결국 이런 위협적인 존재들을 막아주던 것이 바로 저녁별이었고, 저녁별이 있었기 때문에 그때까지 이런 포식자들이 나타날 수 없었음을 알게 된다.

4 The Little Black Boy (from *Songs of Innocence*)

My mother bore me in the southern wild,
And I am black, but O! my soul is white.
White as an angel is the English child,
But I am black, as if bereaved of light.

My mother taught me underneath a tree,
And, sitting down before the heat of day,
She took me on her lap and kissed me,
And pointing to the east, began to say :

"Look on the rising sun : there God does live,
And gives His light, and gives His heat away,
And flowers and trees and beasts and men receive
Comfort in morning, joy in the noonday.

"And we are put on earth a little space,
That we may learn to bear the beams of love
And these black bodies and this sunburnt face
Is but a cloud, and like a shady grove.

"For when our souls have learn'd the heat to bear,
The cloud will vanish, we shall hear His voice,
Saying, 'Come out from the grove, my love & care
And round my golden tent like lambs rejoice'."

Thus did my mother say, and kissed me;
And thus I say to little English boy.
When I from black and he from white cloud free,

And round the tent of God like lambs we joy

I'll shade him from the heat till he can bear
To lean in joy upon our Father's knee;
And then I'll stand and stroke his silver hair,
And be like him, and he will then love me.

주석

1] southern wild: African continent(아프리카 대륙).
wild: wilderness(황야).
13] a little space: for a short time.
16] cloud: a color of skin, or a metaphor for a racial prejudice(피부색 혹은 인종편견의 비유).
20] golden tent: 하느님은 tent나 tabernacle에 사시는 것으로 묘사된다.
24] joy: rejoice.
26] our Father: God.
27] silver: fair.

엄마는 저를 남쪽황야에서 낳았어요.
그래서 저는 까맣지요. 하지만 아! 제 영혼은 하얘요.
영국아이는 천사처럼 하얗지요
하지만 저는 까매요, 빛을 잃은 것처럼.

엄마는 나무 밑에서 저를 가르치셨어요.
날이 뜨거워지기 전에 앉아서
저를 무릎 위에 앉히고 입맞추시며
동쪽을 가리키며 말씀을 시작하셨죠.

"떠오르는 해를 보아라. 저기에 하느님께서 사시면서
빛을 보내주시고 열기를 보내주신다.
그래서 꽃과 나무와 짐승과 사람들은
아침에는 위안을, 낮에는 기쁨을 받는단다.

우리가 잠시 동안 이 지상에서 사는 것은
사랑의 빛을 견디는 법을 배우기 위함이란다.
이 검은 몸뚱이와 햇볕에 탄 이 얼굴은
한낱 구름이요, 그늘진 숲과 같은 거란다.

왜냐하면, 우리 영혼이 그 열기를 견디는 법을 배우게 되면
구름은 사라지고, 그 분의 목소리를 듣게 될 것이기 때문이야.
'내 사랑하는 아이야, 숲에서 나오너라, 나의
황금 천막 주위에서 양들처럼 즐거워하거라'고 말씀하시는."

그렇게 엄마는 말씀하시고 내게 입맞추셨지요.
그래서 저는 귀여운 영국 소년에게 말하지요.
저는 검은 구름에서, 그는 흰 구름에서 해방되어
하느님의 천막 주위에서 양들처럼 즐거워할 때면

그가 그 열기를 견딜 수 있을 때까지 제가 가려줄 거라구요.
우리 하느님 아버지의 무릎에 즐거이 기댈 수 있게요.
그리고 저는 서서 그의 은빛 머리를 쓰다듬어 줄 거예요
그와 같이 되면 그는 저를 사랑해 줄 거예요.

5 작품분석

1789년에 나온 Blake의 시집 *Songs of Innocence*에 실린 이 작품은 노예제도와 흑인들에 대한 인종차별을 토대로 하고 있다. 당시에는 노예제도가 아직 합법적이었고, 노예제 폐지운동도 초기단계에 머물고 있었다. 이 시는 표면적으로 흑백의 갈등과 인종차별을 극복하려

는 의지를 보여주고 있다. 그러나 시를 자세히 읽다보면 인종차별의 현장을 보여주는 것 같기도 하고, 흑인이 오히려 백인에 비해 우월하다는 것을 보여주는 것 같기도 하는 등, 실제로 이 시가 궁극적으로 무엇을 말하고 있는지 상당히 모호하다.

그런 모호함은 첫 연에서부터 나타난다. 이 시의 화자인 흑인소년은 자신이 아프리카에서 태어나 피부색이 검지만, 자기 내면에 있는 영혼은 희다고 말한다. 또한 영국 아이는 천사처럼 피부색이 희지만, 반면 자신은 빛을 잃어버린 것처럼 검다고 말한다. 그러나 이 말은 글의 흐름에 맞지 않다. <'저는 까맣지요. 하지만 아! 제 영혼은 하얘요./ 영국아이는 천사처럼 하얗지요/ 하지만' 그 아이 영혼은 까매요>라고 말해야 문맥상 맞기 때문이다. 그러나 이 시는 그 순간 영국 아이의 영혼 색깔이 아닌 자신의 피부색 얘기로 바뀌어버린다. 그럼에도 불구하고 독자의 머릿속에는 영국아이의 검은 영혼에 관한 생각이 순식간에 스쳐가게 된다. 말하자면 표면적인 얘기와 잠재의식적인 흐름의 괴리가 일어나게 된다.

첫 연 끝에서 흑인 아이는 자신이 빛을 잃어버린 것 같다고 했지만, 나머지 연에서는 오히려 자신이 백인 아이보다 훨씬 많은 빛을 받은 존재로 드러난다. 둘째 연에서 흑인 아이의 엄마는 애써 흑백의 평등성을 아이에게 가르치기 시작한다. 그 평등성은 하느님의 사랑의 평등함에서 나온 것으로 되어 있다. 셋째 연에서 하느님의 사랑의 빛과 열기는 흑인과 백인이 차별 없이 받을 뿐만 아니라, 모든 동식물도 평등하게 받는다고 말한다. 그래서 위안과 기쁨을 얻게 되는 것이다.

넷째 연에서는 인간의 이 지상에서의 삶이 하느님의 시험기간이라는 기독교적 관념이 표현되어 있다. 인간의 짧은 생애는 하느님의 사랑의 빛을 견디는 법을 배우는 기간이라는 것이다. 사랑의 빛을 견딘다는 말은 얼핏 어색해 보이지만, 여기에서 하나님의 사랑이 태양빛으로 표현되어 있다는 사실을 상기하면 쉽게 이해될 수 있다. 태양은 지상에 사는 생명과 빛의 원천이면서도 동시에 피부를 검게 태우기도 하고 너무 강렬하여 직접 쳐다볼 수 없다. 하느님의 사랑도 이처럼 강렬하기 때문에 약한 인간은 이 사랑의 빛에 견디는 법을 살아가면서 서서히 배워야한다는 것이다. 또 흑인 아이의 엄마는 피부색은 구름이나 그늘진 숲에 불과하다고 덧붙인다.

다섯째 연에서 아이의 엄마는 우리가 하느님의 사랑을 견디는 법을 배우게 될 때면, 그 구름은 사라지고 아이에게 자기 천막주위에서 뛰놀라고 말씀하시는 하느님의 음성을 듣게 된다고 말한다. 엄마의 이런 가르침을 들은 흑인 아이는 마지막 두 연에서 이제 자신이 백인 아이에게 같은 메시지를 전한다. 그리고 백인 아이가 하느님의 무릎에 기쁘게 기댈 수 있게, 하느님의 사랑의 열기를 견딜 수 있을 때까지 가려줄 거라고 말한다.

문제는, 백인 아이는 흰 구름으로부터 해방되어서도 흑인 아이와는 달리 아직 사랑의 열기를 제대로 견디지 못하는 상태에 있다는 것이다. 앞에 나온 연들에서의 논리와 마찬가지로 태양빛은 하느님의 사랑의 빛이므로 백인은 흑인만큼 하느님의 사랑을 아직 받지 못했다는 의미가 된다. 겉으로는 피부색을 구름 같은 것으로 생각하고 하느님 품안에 안길 때면 모두 사라질 것이라고 말하면서도, 이처럼 이 시는 도처에 백인의 검은 영혼과 흑인의 우월성에 대한 암시가 숨어 있다.

그럼에도 불구하고 이 시의 마지막 부분에서는 흑인 아이가 백인 아이와 같아지고 싶어 하는 모습이 보인다. 엄마의 가르침을 받은 흑인 아이는 겉으로 자신이 백인 아이보다 신의 사랑을 더 많이 받았다고 말하지만, 흑인 아이의 마음속에는 여전히 백인 아이를 닮고 싶은 욕구가 있는 것 같다. 이는 엄마의 가르침과는 달리 흑인 아이가 현실에서 피부색에 따른 인종차별을 뼈저리게 경험하고 있다는 반증이기도 하다.

6 Holy Thursday(from *Songs of Experience*)

Is this a holy thing to see,
In a rich and fruitful land,
Babes reduced to misery,
Fed with cold and usurous hand?

Is that trembling cry a song?
Can it be a song of joy?
And so many children poor,
It is a land of poverty!

And their sun does never shine,
And their fields are bleak & bare,
And their ways are fill'd with thorns;
It is eternal winter there.

For where-e'er the sun does shine,
And where-e'er the rain does fall,
Babe can never hunger there,
Nor poverty the mind appall.

주석

0] Holy Thursday: 예수승천축일(Ascension Day). 부활절 40일 후 예수의 승천을 기념하는 날.
4] usurous: usurious; related to usury(고리대금업의).
16] appall: to feel with horror or fear(오싹하게 하다).

이것이 보기에 거룩한 모습인가?
부유하고 풍성한 나라에서
비참한 상태에 빠진 아이들이
고리대금업자 같은 차가운 손길로 키워지는 것이.

저 떨리는 울음이 노래인가?
기쁨의 노래일 수 있는가?
가난한 아이들이 저렇게도 많으니
가난한 나라로다!

그들의 태양은 결코 빛나지 않고
그들의 들판은 황량하고 불모이며
그들의 길은 가시로 덮여 있고
그곳은 영원한 겨울이다.

왜냐하면 태양이 비추는 곳이라면 어디나
비가 내리는 곳이라면 어디나
어린아이들은 굶주리는 일이 없고
가난 때문에 마음 졸이는 일 없기에.

7 작품분석

성목요일은 기독교에서 예수의 승천을 기념하는 날로서, 영국에서는 매년 이 날에 런던의 자선학교(charity school) 아이들이 St. Paul성당으로 가서 예배와 찬송을 드리는 것이 관례였다. 참여한 아이들 숫자가 4-5천 명 가량 되었다하니 당시 인구를 생각할 때 상당한 규모였다. *Songs of Innocence*에 있는 "Holy Thursday"에서는 자선학교 아이들이 각각 자기 학교 교복을 입고 교회집사의 인도 하에 성당 안으로 Thames강물처럼 흘러들어간다고 묘사되어 있다. 꽃과 양 무리에 비유되는 아이들이 부르는 찬송가 소리는 천국에까지 올라간다고 한다. 아이들이 있는 노래하는 곳 아래에는 가난한 이들의 후원자인 어른들이 이를 지켜보며 앉아있다. *Songs of Innocence*의 "Holy Thursday"에서는 이처럼 가난한 아이들이 사회의 관심어린 보살핌 속에 있는 것으로 그려져 있다.

*Songs of Experience*에 실린 이 시는 같은 상황을 전혀 다른 관점에서 바라보고 있다. 첫 연에서 아이들을 후원하는 이들은 사실 고리대금업자와 같이 이해타산에 따라 움직이는 냉혹한 사람들이며, 아이들이 고통에 빠진 채 이들의 손에 길러지는 것이 과연 거룩한 모습이냐고 시인은 묻고 있다. 성목요일이지만 '성스런 목요일'이 아니라는 것이다.

둘째 연에서는 아이들이 부르는 찬송가의 노래 소리는 사실 '떨리는 울음소리'라고 말한다. 화자는 그렇게 수많은 아이들이 가난하기 때문에 영국은 '가난한 나라'라고 단언한다. 이것은 첫 연의 '부유하고 풍성한 나라'라는 표현과 모순된다. 말하자면 영국에는 부자의 나라와 가난한 자의 나라라는 <두 개의 국가>(two nations)가 존재하는 셈이다.

셋째 연에서는 가난한 자의 나라, 가난한 아이들 나라에는 해도 비치지 않고 비도 내리지 않은 채 황무지처럼 가시로 덮여있다고 말한다. 해와 비라는 표현을 쓴 것은 아이들의 상황을 식물성장의 이미지를 통해 나타낸 것이다. 화자의 격앙된 감정은 '그들의 태양' '그들의 들판' '그들의 길'에서와 같이 반복된 '그들의'라는 표현에서 잘 나타난다. 부자들의 나라와는 다른 '그들의' 나라에서는 '영원한 겨울'만이 있을 뿐이다.

그렇게 생각하는 이유는 마지막 연에서 설명된다. 태양과 비가 있는 곳에서는 이곳처럼 아이들이 굶주리거나 가난의 공포에 시달리지 않기 때문이라는 것이다. 아이들이 굶주리고 가난에 시달리는 것을 보아 그들의 나라는 앞 연에서 말한 것처럼 겨울이라는 말이다. 이 시에서의 화자의 이러한 진단이 사실이라면 *Songs of Innocence*의 "Holy Thursday"에서 묘사된 아이들의 상황은 단지 부유한 후견인들이 보고 싶은 상황일 뿐, 현실과는 전혀 다른 것이다.

[8] The Sick Rose

O Rose, thou art sick.
The invisible worm
That flies in the night
In the howling storm

Has found out thy bed
Of crimson joy,
And his dark secret love
Does thy life destroy.

오 장미여, 넌 병들었구나.
울부짖는 폭풍우 속에서
밤에 날아다니는
보이지 않는 벌레가

진홍빛 환희의 네 잠자리를
찾아내어
그의 어둡고 은밀한 사랑이
네 삶을 파괴하는구나.

9 작품분석

이 시는 제목에 나타나 있듯이 밤에 날아다니는 보이지 않는 벌레가 기어들어가 병이 든 장미를 묘사하고 있다. 시 전체가 두 개의 문장과 두 개의 연으로 이루어져 있는데, 한 문장이 시의 첫 행을 구성하고 있고 나머지 한 문장이 인위적으로 분리되어 두 개의 연에 걸치는 구조로 되어 있다. 각 연이 두 번째 행과 네 번째 행이 각운을 이루는 abcb의 각운체계를 가지도록 만든 것이지만, 연 구성이 다소 부자연스러워 보인다. 그러나 첫 연에서 벌레를 묘사한 후, 둘째 연에서 그 벌레가 밤에 날아다니다가 마침내 장미로 기어들어와 파괴하는 행위가 시간적 흐름 속에서 이루어지는 것을 형상화하고 있는 것으로 보이기도 한다.

'오 장미여, 넌 병들었구나'라는 첫 행의 선언적 발언은 다소 이례적으로 느껴진다. 이런 서술적이며 단정적인 발언은 시에서는 피하는 경향이 있으므로 오히려 그 생경함이 독자에게 약간의 충격을 준다. 둘째 행부터는 장미가 어떻게 병들게 되었는지를 설명한다. 보이지 않는 벌레는 밤에 울부짖는 폭풍우속에서 날아다닌다. 둘째 연에 오면 그 벌레가 장미를 발견했음이 묘사된다. '진홍빛 환희의 잠자리'는 꽃잎이 겹겹이 싸여 폭신한 침대처럼 보이는 붉은 장미꽃을 말한다. 벌레는 장미를 파먹어 마침내 병들게 한다.

벌레에 의해 병들게 된 장미의 모습이 무엇을 의미하는지, 무엇에 대한 상징인지 확실치 않다. 우선, 그것이 무엇이든 장미로 표상되는 아름답고 순수한 세계가 그 반대의 추악하고 불순한 힘에 의해 파괴되는 현상을 보여 준다. 그것은 자연에서 일어나는 현상일 수도, 인간 사회에서 일어나는 현상일 수도 있다. 장미는 영국을 상징하는 것으로 볼 수도 있을 것이다. 블레이크는 당시의 영국이 산업화를 떠받치고 있는 정신인 물질주의와 기계적 합리주의, 이기주의에 의해 병들어 가고 있음을 여러 글에서 비판했다.

장미는 전통적으로 여성의 아름다움을 상징하는 꽃이기도 하다. 그렇게 본다면 여성의 순수한 아름다움이 폭력적인 남성적 힘에 의해 짓밟히는 현상을 비유적으로 표현한 것으로 보인다. 실제로 이 시는 성적 암시로 가득 차 있다. 프로이드의 심리학적 관점에서 본다면 장미는 동그랗고 오목한 모양으로 해서 여성기의 상징으로, 벌레는 길쭉한 모양으로 해서 남성기의 상징으로 볼 수 있을 것이다. 벌레가 제7행에서 남성('그')으로 표현되어 있음에 주목할 필요가 있다. 또 '밤', '진홍빛 환희', '잠자리' '어둡고 은밀한 사랑'과 같은 말들은 모두 남녀의 쾌락적 사랑을 암시하고 있다.

William Wordsworth
(1770–1850)

1 작가의 생애와 작품경향

Wordsworth는 1770년 영국북부 Lake District의 Cockermouth에서 변호사의 아들로 태어났다. 그가 성장했던 호수지방은 Wordsworth의 상상력과 자연관에 커다란 영향을 주었다. 그는 8살 때 어머니를, 13살 때는 아버지를 여의고 삼촌의 손에 맡겨졌다.

1787년 Cambridge대학에 들어간 Wordsworth는, 1790년 당시 혁명의 소용돌이에 있었던 프랑스와 스위스를 도보로 여행했다. 1791년 두 번째 프랑스 여행에서 그는 외과의사의 딸인 네 살 연상의 Annette Vallon과 사랑에 빠져 Anne Caroline이라는 혼외자식을 낳았지만, 후견인인 삼촌의 반대로 결혼에 이르지 못했다.

1795년에 그는 Coleridge를 만났고, 친구에게서 유산을 받아 생활이 풍

족해져서 자신의 여동생 Dorothy Wordsworth와 함께 Dorset의 Racedown에 정착했다. 1798년에 그는 Coleridge와 공동으로 *Lyrical Ballads*(서정민요시집)를 발간하는데, 이 시집은 영국낭만주의의 시작을 알리는 작품집으로 평가된다.

Wordsworth는 1798-99년 겨울을 Dorothy, Coleridge와 함께 독일에서 보냈다. 이 때 그는 Lucy라는 아가씨에 대한 사랑과 그녀의 죽음을 다룬 일련의 시 "Lucy poems"를 쓰는데, 이 작품들은 1800년에 나온 *Lyrical Ballads* 개정증보판에 실린다. 낭만주의 문학의 선언서로 불리는 이 개정판의 서문에서 그는 사회의 중하층계급 사람들의 생활을 시의 소재로 삼고 그들이 일상생활에서 실제로 쓰는 언어를 시어로 쓸 것을 주장했다. 이것은 프랑스혁명의 자유와 평등의 이념이 문학적으로 반영된 것이라 할 수 있다. 귀국 후 그는 Grasmere의 Dove Cottage로 이사하고, 1802년에는 소꿉친구 Mary Hutchinson과 결혼하고는 여동생 Dorothy와 함께 살았다.

Wordsworth는 자신의 시인으로서의 성장과정을 다룬 자서전적인 작품을 쓰기 시작해서 1805년 전체가 13권으로 된 *The Prelude*(서시)를 출판했다. 대작 *The Prelude*는 오랜 개작과정을 거쳐 1850년 Wordsworth 사후에 14권으로 발행되었다.

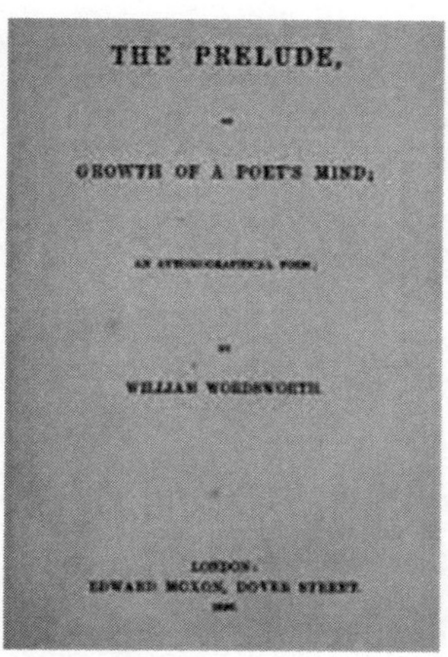
THE PRELUDE,

GROWTH OF A POET'S MIND;

WILLIAM WORDSWORTH.

LONDON:
EDWARD MOXON, DOVER STREET.

Wordsworth의 중요한 작품들은 주로 1797년과 1808년 사이에 나왔고, 그 이후에는 주목할 만한 작품이 없었다. 젊은 시절 프랑스혁명의 열렬한 동조자였던 그는 나이가 들어가면서 정치적으로도 보수주의적 색채를 강하게 띠었다. 1843년에는 Robert Southey (1774-1843)를 이어 계관시인이 되었다.

2 I Wandered Lonely as a Cloud

I wandered lonely as a cloud
That floats on high o'er vales and hills,
When all at once I saw a crowd,
A host, of golden daffodils;
Beside the lake, beneath the trees,
Fluttering and dancing in the breeze.

Continuous as the stars that shine
And twinkle on the milky way,
They stretched in never-ending line
Along the margin of a bay:
Ten thousand saw I at a glance,
Tossing their heads in sprightly dance.

The waves beside them danced; but they
Out-did the sparkling waves in glee:
A poet could not but be gay,
In such a jocund company:
I gazed—and gazed—but little thought
What wealth the show to me had brought:

For oft, when on my couch I lie
In vacant or in pensive mood,
They flash upon that inward eye
Which is the bliss of solitude;
And then my heart with pleasure fills,
And dances with the daffodils.

주석

1] Wordsworth는 Ullswater 호숫가에서 보았던 수선화에 대한 기억을 기초로 이 시를 쓰고 있다. Dorothy의 *Journal*(April 15, 1802)에 이에 관한 기록이 있다: 'I never saw daffodils so beautiful. They grew among the mossy stones … ; some rested their heads upon these stones, as on a pillow for weariness; and the rest tossed and reeled and danced, and seemed as if they verily laughed with the wind, that blew upon them over the lake; they looked so gay, ever glancing, ever changing.'

4] golden: yellow대신 색채를 강조해서 쓴 표현.

11] Ten thousand: 수많은.
at a glance: 한 눈에.

14] Out-did: surpassed(능가했다).

21] inward eye: mind's eye of the poet(내면의 눈, 마음의 눈, 心眼).

21-22] They flash upon that inward eye/Which is the bliss of solitude: Wordsworth는 이 두 행은 그의 아내가 쓴 것으로, 이 시에서 가장 잘 된 부분이라고 말했다.

골짜기와 산 위 하늘 높이 떠도는
한 조각 구름처럼 나는 홀로 헤매었네.
그러다가 문득 한 떼, 한 무리의
황금빛 수선화를 보았네,
호숫가 나무들 아래에서
산들바람에 한들거리며 춤추는 것을.

반짝 반짝 빛나는
은하수의 별들처럼 쭉 이어져
수선화들은 호숫가를 따라
끝없이 줄지어 피어 있었네.
한 눈에 보였네, 수많은 수선화들이
고개를 까닥까닥하며 흥겹게 춤추는 모습이.

수선화들 곁의 호수 물결도 춤을 추었네. 그러나
수선화들의 환희는 반짝이는 물결보다 더했네.
그런 유쾌한 벗들과 함께 있으니
어찌 시인이 즐겁지 않을 수 있으리.
나는 수선화를 줄곧 응시했지만, 그 광경이
그 어떤 값진 것을 가져다주었는지 그때는 미처 알지 못했네.

가끔 내가 멍하니, 아니면 생각에 잠긴 채
소파에 누워 있을 때면
그 수선화들이 고독의 축복인 내면의 눈에
번쩍하고 불현듯 떠오르고
그러면 내 마음은 기쁨으로 가득 차
수선화와 함께 춤을 추기 때문이네.

3 작품분석

흔히 "The Daffodils"(수선화)라는 제목으로도 알려져 있는 이 시는 1802년 4월 Wordsworth와 동생 Dorothy가 Ullswater지역을 도보여행하면서 보았던 광경에 기초해 있다. 그러나 실제로 이 시를 쓴 것은 2년 뒤의 일로서, 시의 시제에 주목해보면 이 점은 쉽게 드러난다. 첫 연부터 셋째 연까지는 과거형이며, 마지막 연은 현재형으로 되어 있다. 말하자면 이 시는 2년 전에 보았던 수선화의 춤추는 모습을 길게 묘사한 후, 마지막 부분에 가서 그 경험이 그 후 자신의 삶에 어떤 영향을 미치고 있는지를 밝히고 있다.

첫 연의 첫 행부터 시의 화자는 실제 경험과 달리 혼자 자연을 떠돌았던 것으로 묘사하고 있다. 이것은 셋째 연에서 이루어지는 시인과 수선화와 호수물결의 어울림의 기쁨을 극대화하는 효과를 준다. 동시에 이런 기쁨은 여러 사람이 공동으로 느끼는 종류의 것이 아니라 개인의 주체적이고 독자적인 경험임을 말해 준다. 첫 연은 구름이 떠도는 하늘로부터 산과 골짜기, 그리고 호숫가로 시선이 위로부터 아래로 자연스럽게 옮아오고 있다.

둘째 연에서는 수선화의 춤추는 모습이 은하수의 비유를 통해 묘사된다. 이것은 수없이 많은 수선화가 빽빽하게 무리지어 흔들리고 있는 모습에서 연상된 것으로 보인다. 첫 연의 황금빛 수선화 '한 떼, 한 무리' (a crowd,/A host)라는 표현은 수선화를 사람들과 군대에 비유한 것인데, 둘째 연에서는 별과 춤추는 사람들에 비유되어 있다.

셋째 연에서는 수선화를 춤추게 하는 바람이 호수물결도 춤추게 하는 광경이 묘사된다. 시인의 눈에는 수선화의 기쁨이 호수물결이 느끼는 기쁨보다 더 한 것처럼 보인다. 어쨌든 이런 것들과 벗을 하는 시인은 즐겁지 않을 수 없을 것이라고 말한다. 그러나 시인은 이런 환희에 찬 자연물들을 보면서도 그것이 자신의 삶을 얼마나 풍요롭게 하는지 그때는 미처 깨닫지 못했노라고 고백하고 있다.

자연과의 교감이 인간을 얼마나 풍요롭게 하는지, 그 경험이 얼마나 값진 것인지는 마지막 연에서 드러난다. 시인은 자신이 마음을 비우고 멍하니 있거나 아니면 깊은 생각에 잠겨 고독한 상태로 있을 때면, 호숫가에서 보았던 수선화들의 모습이 번쩍하고 불현듯 떠오른다고 말한다. 그러면 그때 느꼈던 환희가 다시 되살아나 자신도 수선화들과 함께 춤을 추는 듯 기쁨에 넘치는 것이다.

이 작품은 특히 Wordsworth가 시집 *Lyrical Ballads*의 서문에서 언급한 자신의 시론과 관련이 있다.

앞에서 나는 시란 강렬한 느낌들이 저절로 흘러넘치는 것이라 했는데, 그것은 평정한 상태에서 다시 떠올린 감정에서 처음 시작된다. 그렇게 떠올린 감정을 깊이 생각하게 되면 일종의 반작용에 의해 평정한 상태는 차차 사라지고 처음 명상의 대상이 되었던 감정과 같은 종류의 감정이 차차 생겨나서 실제로 마음속에 자리를 잡게 된다. 이러한 분위기에서 보통 훌륭한 창작이 시작되며 이와 비슷한 분위기에서 창작은 계속된다. 그러나 다양한 원인에서 비롯된 그 감정은 어떤 종류이든지 어떤 정도이든지 간에 특징적으로 다양한 기쁨이 따르게 되고, 그래서 어떤 감정들을 묘사하든 간에 그것은 자발적으로 묘사되며, 마음은 대체로 즐거움의 상태에 있게 될 것이다.

I have said that poetry is the spontaneous overflow of powerful feelings : it takes its origin from emotion recollected in tranquillity : the emotion is contemplated till, by a species of reaction, the tranquillity gradually disappears, and an emotion, kindred to that which was before the subject of contemplation, is gradually produced, and does itself actually exist in the mind. In this mood successful composition generally begins, and in a mood similar to this it is carried on; but the emotion, of whatever kind, and in whatever degree, from various causes, is qualified by various pleasures, so that in describing any passions whatsoever, which are voluntarily described, the mind will, upon the whole, be in a state of enjoyment.

'시란 강렬한 느낌들이 저절로 흘러넘치는 것'이라는 말은 낭만주의시가 본질적으로 즉흥적인 성격을 갖고 있다고 생각하도록 유혹한다. 시인이 특정한 시점에서 어떤 대상에 대해 느낀 감정을 아무런 제약 없이 자유롭게 표출한다는 의미로 보이기 때문이다. 그러나 Wordsworth의 말에 의하면 시의 기초가 되는 시인의 정서는 즉흥적인 것이 아니라 과거에 시인이 어떤 대상에 대해 느낀 감정을 다시 떠올리고 깊이 생각하는 과정을 거쳐서 형성되며, 그 정서를 회상함으로써 비로소 시가 태어난다는 것이다. 이 시의 마지막 연은 그런 회상과 숙고의 과정을 통해 시인이 느끼는 즐거움을 표현하고 있다.

이 작품은 이렇듯 과거에 시인이 수선화라는 자연물과 가졌던 교감을 회상하는 시, 혹은 그 회상이 이루어지는 과정을 보여주는 시인 동시에, 상상력에 의해 시가 이루어지는 과정 혹은 그 과정에 나타나는 상상력의 작용을 보여주는 시라고 볼 수 있다.

4 My Heart Leaps Up

My heart leaps up when I behold
  A rainbow in the sky:
So was it when my life began;
So is it now I am a man;
So be it when I shall grow old,
  Or let me die!
The Child is father of the Man;
I could wish my days to be
Bound each to each by natural piety.

주석

9] natural piety: piety to nature(자연에 대한 경외심); faith in nature(자연에 대한 믿음).

하늘에 떠 있는 무지개를 보면
  내 가슴은 뛴다.
내 삶이 시작되었던 때도 그랬고
어른이 된 지금도 그러하며
늙어서도 그럴 것이다.
  그렇지 못할 바엔 차라리 죽는 게 낫지.

어린이는 어른의 아버지.
나는 앞으로의 내 하루하루가
자연에 대한 경외심으로 이어지기를 바란다.

5 작품분석

Wordsworth가 32세 되던 1802년에 썼던 이 작품은 무지개로 대표되는 자연현상에 대해 느끼는 설렘의 감정이 언제나 지속되기를 바라는 시인의 희망을 표현하고 있다. 시의 첫머리에서 화자는 무지개를 보면 자신의 가슴은 언제나 뛴다고 말하고 나서, 그것을 과거, 현재, 미래로 나누어 구체적으로 설명한다. 즉, 자신의 삶이 시작되었던 과거 어린 시절에는 무지개를 보면 가슴이 뛰었는데, 어른이 된 현재에도 마찬가지이며, 자신이 늙은이가 될 미래에도 그럴 것이라고 말한다. 그리고 만일 늙어서 자연에 대해 아무런 감정도 느끼지 못하고 가슴이 설레지 않는다면 차라리 죽는 게 낫다고 한다.

제7행에서 화자는 '어린이는 어른의 아버지'라는 선언적 발언을 한다. 이것은 자연에 대한 순수한 감응력이나 자연과의 일체감은 어린 시절로부터 비롯된 것으로, 인간은 어른이 되어서도 어린 시절에 대한 기억과 회상을 통해 이러한 순수성을 이어갈 수 있다는 의미일 것이다. 그래서 화자는 자연에 대한 그런 경건한 마음이 앞으로도 계속 이어지기를 바라는 것으로 이 시의 끝을 맺는다.

그런데 '어린이는 어른의 아버지'라는 말은 어떤 의미에서 사실상 앞서 나온 화자 자신의 발언을 뒤집는 표현이라고 볼 수 있다. 자연에 대한 감응력이나 순수한 마음에 있어서는 어린이가 어른보다 낫다는 말이기 때문이다. 그러나 앞선 행들에서 화자는 그런 마음은 어린 시절이나 어른이 된 지금도 마찬가지이고 앞으로 늙어서도 그럴 것이라고 말하고 있다. 앞부분에서 말하고 있는 것이 화자의 진심이라면 제7행은 '어린이나 어른이나 마찬가지'라는 식의 발언으로 바뀌어야 할 것이다. 반대로 화자가 인생을 살아오면서 진실로 느낀 것이 '어린이는 어른의 아버지'라는 말 속에 담긴 진리라면, 앞선 행들은 어린 시절로부터 어른이 되면서 자연에 대한 감응력이 점점 둔화되어가고 있으니 앞으로 늙어지면 자연으로부터 점점 더 멀어질 것이라는 식으로 표현되었어야 할 것이다.

제1-6행과 제7행 사이의 내용상의 대립을 해결해줄 열쇠는 이 시의 마지막 부분에 있다. 마지막 문장은 과거형으로 되어 있는데, 이것은 과거의 어떤 사실을 말하는 과거형이 아니라 가정법 과거이다. 이는 현재 사실과 반대된다는 뜻으로, 'I could wish …'라는 표현은 단적으로 말하자면 'I can't wish …'라는 의미이다. 말하자면 시인은 자신의 미래의 삶에 있어 자연과의 일체감이나 자연에 대한 감응력이 지속되기를 (바라고 싶어도) 바랄 수 없다는 것이다. 왜냐하면 그런 점에서는 어린이가 어른의 아버지뻘이듯, 나이가 들어 늙어지면 자연과의 거리감은 점점 더 커질 것이 자명하기 때문이다. 시인이 제1-6행에서 했던 얘기는 그런 안타까움을 속으로 느끼면서 자기 일생의 자연과의 지속적인 일체감을 강변하고 있는 셈이다.

따라서 이 작품은 한편으로는 어린 시절에 가졌던 순수함이나 자연과의 일체감이 자신의 일생에 지속되기를 바라는 마음을 담고 있으면서, 다른 한편으로는 시인으로서의 감수성 둔화나 자연과의 일체감의 점차적인 상실을 두려워하는 시인의 마음을 표현하고 있는 시라고 볼 수 있다.

6 The Solitary Reaper

Behold her, single in the field,
Yon solitary Highland Lass!
Reaping and singing by herself;
Stop here, or gently pass!
Alone she cuts and binds the grain,
And sings a melancholy strain;
O listen! for the Vale profound
Is overflowing with the sound.

No Nightingale did ever chaunt
More welcome notes to weary bands
Of travellers in some shady haunt,
Among Arabian sands :
A voice so thrilling ne'er was heard
In spring-time from the Cuckoo-bird,
Breaking the silence of the seas
Among the farthest Hebrides.

Will no one tell me what she sings? —
Perhaps the plaintive numbers flow
For old, unhappy, far-off things,
And battles long ago :
Or is it some more humble lay,
Familiar matter of to-day?
Some natural sorrow, loss, or pain,
That has been, and may be again?

Whate'er the theme, the Maiden sang
As if her song could have no ending;
I saw her singing at her work,
And o'er the sickle bending; —

I listen'd, motionless and still;
And, as I mounted up the hill,
The music in my heart I bore,
Long after it was heard no more.

주석

2] Highland: Celt족과 연관되는 북부 Scotland의 산악지대.
6] strain: 노래(song), 노랫가락.
7] Vale profound: Deep valley.
9] chaunt: chant(sing). 제11행 끝에 나오는 'haunt'와 각운을 맞추기 위해 변형한 것.
11] shady haunt: 그늘진 휴식처((사막의 오아시스를 말함)).
16] Hebrides: Scotland 북서쪽에 있는 섬들.
18] plaintive numbers: 애처로운 노래.
21] humble lay: 소박한(평범한) 내용의 노래.

보라, 밭에서 홀로
추수하며 노래하는
저 외로운 고원의 아가씨를!
걸음을 멈춰라, 아니면 조용히 지나가라!
그녀는 홀로 곡식을 베고 묶으며
구슬픈 노래를 부른다.
오! 귀를 기울이라. 깊은 골짜기가
그 노랫소리로 넘쳐흐르니까.

어떤 나이팅게일도
아라비아 사막 가운데 있는
그늘진 휴식처의 지친 여행자 무리에게
이보다 더 반가운 노래를 불러준 적이 없다.
봄에 어떤 뻐꾸기도
머나먼 헤브리디스 섬들 가운데서

바다의 정적을 깨뜨리며
이렇게 사무치는 목소리를 들려준 적이 없다.

그녀가 무슨 노래를 부르는지 말해줄 사람이 아무도 없을까? –
어쩌면 그 애처로운 노랫가락은
먼 옛날의 불행했던 일,
오래전의 전쟁을 읊고 있는 것일지 모른다.
아니면 보다 소박한 노래일까?
요사이 흔히 있는 일들,
예로부터 있어왔고 앞으로도 있을지 모를
으레 있는 어떤 슬픔이나 상실, 고통을 다룬.

노래의 주제가 무엇이든 아가씨는 노래했다
마치 노래에 끝이 없는 것처럼.
나는 보았다 그녀가 허리를 구부리고
낫질을 하며 노래하는 것을.
나는 꼼짝도 않고 조용히 귀를 기울였다.
그리고 언덕 위를 올라갈 때
노래는 내 마음속에 남아 있었다
그 노랫소리가 그친 지 오랜 후에도.

7 작품분석

Wordsworth는 누이동생 Dorothy, Coleridge 등과 함께 스코틀랜드 고지를 여행했고, 그 사실은 Dorothy의 *Recollections*에도 기록되어 있다. 그런데 Wordsworth의 1807년판 시집의 주석에 따르면, 이 시의 경우는 자신의 직접적인 체험에 근거한 것이라기보다 친구 Thomas Wilkinson의 *Tours to the British Mountains* (1824에 런던에서 출판됨)에 나오는 스코틀랜드 여행기의 원고 한 구절에서 영감을 받았다는 것이다.

> 홀로 추수하고 있는 여성을 지나쳤다. 그녀는 허리를 구부려 낫질을 하면서 어스어로 노래를 불렀다. 그렇게 아름다운 인간의 목소리는 전에 들어본 적이 없었다. 노랫가락은 부드러운 애수를 띠었고, 노랫소리가 그치고 들리지 않는 오랜 후까지 마음에 감미롭게 남아 있었다.
>
> Passed a Female who was reaping alone : she sung in Erse as she bended over her sickle; the sweetest human voice I ever heard : her strains were tenderly melancholy, and felt delicious, long after they were heard no more.

Wilkinson의 여행기에 나오는 내용은 그대로 Wordsworth의 시에 반영되어 있으며 사실상 시를 구성하는 주된 부분이다. 그렇다면 이 시에서 Wordsworth가 나름대로 덧붙이고 있는 생각이나 표현은 어떤 것들인지 살펴볼 필요가 있을 것이다.

우선 첫 연에서는 스코틀랜드 고지에서 홀로 추수를 하며 노래를 부르는 아가씨의 노랫소리가 깊은 골짜기까지 넘쳐흐르고 있다고 말한다. 첫 연은 시제가 현재형으로 되어 있는데, 이로써 시인은 마치 지금 눈앞에서 노래를 부르고 있는 아가씨를 독자들과 함께 보고 있는 것처럼 만든다. 특히 시인은 아가씨의 고독감을 '홀로'(single), '외로운'(solitary), '혼자 힘으로'(by herself), '혼자서'(alone) 등의 반복적인 표현을 통해서 강조하고 있다.

둘째 연은 아가씨의 노랫소리를 두 종류의 새소리에 비유하여 그 아름다움과 고독감을 표현하고 있다. 아라비아 사막이나 헤브리디스 섬들은 외롭고 외딴 곳들이며, 따라서 여기에서 들리는 나이팅게일이나 뻐꾸기의 노랫소리는 감동적일 수밖에 없을 것이다. 시인은 이런 새들의 소리보다 아가씨의 노랫소리가 더 아름답다고 말한다.

셋째 연에서는 그 노래의 내용이 어떤 것인지 나름대로 생각해 보고 있다. '그녀가 무슨 노래를 부르는지 말해줄 사람이 아무도 없을까?'라는 표현은 그녀가 스코틀랜드 고지에 사는 게일족의 언어인 어스어로 노래를 부르고 있기 때문에 시인 자신이 노래의 내용을 알지 못했을 거라고 생각해서 나온 말이다. 노래의 내용은 알지 못하지만 아가씨의 노래가 구슬프게 느껴지기 때문에, 시인은 인간사에서 벌어지는 비극적인 상황을 상상하게 된다. 그래서 그는 아가씨가 옛날에 일어났던 전쟁 같은 커다란 불행을 노래하고 있는 게 아닌가 생각한다. 또 그 보다는 소소한 개인사로 인간이면 으레 겪을 수밖에 없는 불행을 노래하고 있을지 모른다고 상상한다. 그것은 아마 인간이면 피할 수 없는 병마의 고통이나 죽음, 그리고 그로 인한 세상과의 결별, 가족과의 영원한 이별 따위일 것이다.

마지막 연에서는 다시 첫 연의 추수하며 노래를 부르는 아가씨에 대한 묘사로 되돌아온다. 그리고 아가씨의 노래와의 작별이 언급된다. 비록 아가씨의 노랫소리가 더 이상 들리지 않는 산위로 올라갔지만, 시인의 마음속에 그 노래의 여운이 길게 남아 있었다고 말하며 시를 맺는다.

Wordsworth의 대부분의 시들과 달리 이 시가 자신의 직접적인 체험에 근거하지 않은 것이라고 해서 이 시에서 시인이 노래하고 있는 삶에 관한 진실을 가볍게 넘겨버릴 수는 없다. 중요한 것은 외딴 고지에서 호젓하게 노래를 부르는 아가씨의 모습과 노랫가락에서 시인은 단순하고 감상적인 생각이 아닌 인간의 본질적인 고독과 비애, 상실감

같은 것을 끌어냄으로써 우리로 하여금 인간이 지니고 있는 공통적 운명에 대해 생각하게 만든다는 것이다.

8 Composed upon Westminster Bridge, September 3, 1802

Earth has not anything to show more fair:
Dull would he be of soul who could pass by
A sight so touching in its majesty:
This City now doth, like a garment, wear
The beauty of the morning; silent, bare,
Ships, towers, domes, theatres, and temples lie
Open unto the fields, and to the sky;
All bright and glittering in the smokeless air.
Never did sun more beautifully steep
In his first splendour, valley, rock, or hill;
Ne'er saw I, never felt, a calm so deep!
The river glideth at his own sweet will:
Dear God! the very houses seem asleep;
And all that mighty heart is lying still!

주석

1] Dull would he be of soul: he would be dull of soul(영혼이 둔감한 사람이리라).
2] This City: 런던. 혹은 런던의 'The City'라는 구역.
3] at his own sweet will: 제 멋대로. 유유히.
4] all that mighty heart: 저 거대한 심장. 런던시를 의인화한 것.

대지에 이보다 더 아름다운 광경은 없다.
이토록 감동적인 장엄한 광경을 그냥 지나치는 이는
영혼이 둔감한 사람이리라.
이 도시는 지금, 마치 옷처럼, 아침의 아름다움을

입고 있다. 조용히, 알몸으로
배와 탑, 돔, 극장, 사원들이
들판을 향해, 하늘을 향해 누워 있다.
모두가 연기 없는 대기 속에서 찬란히 빛나고 있다.
태양은 일찍이 이보다 더 아름답게
첫 햇살로 골짜기와 바위 혹은 언덕을 적신 적이 없고
나도 이처럼 깊은 고요를 본 적도 느낀 적도 없다!
강물은 제멋대로 유유히 흘러가고
아! 집들조차 잠든 듯하다.
그리고 저 거대한 심장은 조용히 누워 있구나!

9 작품분석

Wordsworth는 20대초에 프랑스로 건너가 연상의 프랑스 여인 Annette Vallon에게 프랑스어를 배우면서 사랑에 빠져 Caroline이라는 혼외자식까지 낳았다. 그러나 당시 프랑스 혁명 이후 대불동맹이 결성되면서 영국과 프랑스의 관계가 극도로 악화된 데다, 후견인이었던 삼촌이 반대하여 두 사람은 결혼에 이르지 못했다.

그로부터 10년이 지난 1802년 Wordsworth는 어린 시절 소꿉친구였던 Mary Hutchinson과 결혼하게 되었다. Wordsworth는 결혼 전에 Annette와의 관계를 정리하고 결혼에 대해 양해를 구하기 위하여 이 해 여름에 프랑스 Calais에 가게 되었다. 이 작품은 Wordsworth가 1802년 여름, 동생 Dorothy와 함께 프랑스 여행을 떠나면서 Westminster 다리 위에서 바라본 런던시의 아름다운 아침 모습을 묘사한 소네트이다.

작품제목에 있는 9월 3일은 떠난 날짜가 아니라 돌아온 날짜이다. 이 시에 묘사된 Westminster 다리 위에서 런던의 아름다운 아침 광경을 보았던 날은 프랑스로 떠나던 7월 31일이다. 해가 막 뜰 무렵의 런던 모습은 7월 31일자 동생 Dorothy의 *Journal*에 묘사된 바와 같다.

> 아름다운 아침이었다. 우리가 웨스트민스터 다리를 건너갈 때 런던시, 세인트 폴 성당은 템즈강 그리고 수많은 작은 보트들과 함께 아주 아름다운 광경을 연출했다. 가옥들은 구름 같은 연기에 뒤덮이지 않은 채 끝없이 펼쳐져 있었고, 태양은 찬란한 빛으로 밝게 빛나고 있었다. 자연에서나 볼 수 있는 장관의 순수함 같은 것이 있었다.

> It was a beautiful morning. The city, St. Paul's, with the river, and a multitude of little boats, made a most beautiful sight as we crossed Westminster Bridge. The houses were not overhung by their cloud of smoke, and they were spread out endlessly, yet the sun shone so brightly, with such a fierce light; that there was something like the purity of one of nature's own grand spectacles.

Wordsworth의 시와 Dorothy의 글은 내용상 거의 다를 바 없다. 다만 이 시에서는 Dorothy의 글과는 달리 도시와 그 안에 있는 모두 사물이 의인화되어 있다. 도시가 옷을 입듯이 아름다움을 입고 있다든지, 배와 탑, 돔, 극장, 사원들이 알몸으로 누워 있다고 표현하며, 태양이나 강물을 '그'라는 말로 지칭하고, 집들이 잠들어 있는 것으로, 도시의 중심부를 심장으로 비유하는 것 등이 그것이다. 이른 아침이라 비록 도시의 모든 사물이 채 깨어나지 않은 상태이지만, 런던 전체는 살아 있는 모습으로 표현되고 있다.

아마 이 시의 가장 특징적인 부분은 도시의 아름다움을 자연의 아름다움에 비유하고 있다는 사실일 것이다. 이 점은 '자연에서나 볼 수 있는 장관의 순수함 같은 것이 있었다'는 Dorothy의 글 인용문 마지막 부분에서도 마찬가지로 나타난다. 시인은 이 시 제9-10행에서 '태양은 일찍이 이보다 더 아름답게/ 첫 햇살로 골짜기와 바위 혹은 언덕을 적신 적이 없다'고 말한다. 말하자면 아침 햇살에 비친 어떤 자연의 아름다움도 아침 햇살이 비치고 있는 지금 이 도시의 아름다움을 따라올 수가 없다는 것이다.

이 점은 Wordsworth의 여타의 시와 견주어볼 때 매우 이례적이다. Wordsworth의 주된 시적 소재는 자연으로서, 그는 자연의 아름다움을 거듭 찬미하는 자연시인으로 알려져 있다. 또한 그는 자연에는 신성이 깃들어 있고 자연과의 교감은 인간성을 고양시킨다는 점을 강조한다. 반면, 그에게 도시는 인간성을 피폐하게 하고 타락시키는 곳이며, 도회지의 삶에서 자신을 지탱하게 해 준 것은 자연에서의 경험이라는 점을 그의 많은 시들이 보여주고 있다. 그러나 이 시에서는 자연과 도시의 관계가 역전되어, 도시의 아름다움이 오히려 자연의 아름다움을 능가하는 것으로 표현되어 있다. 그만큼 자신과 누이동생이 Westminster 다리 위에서 바라본 런던 시가지의 아침 모습이 아름다웠다는 것이다. 그러나 이 시 제4-5행의 '이 도시는 지금, 마치 옷처럼, 아침의 아름다움을/입고 있다'는 표현에는 런던의 이른 아침의 아름다운 모습이 일시적일지도 모른다는 생각이 깃들어 있는 것처럼 보인다. 옷이란 본모습을 가리는 일종의 외양이며, 그래서 런던이 그 아름다운 옷을 벗고 나면 산업 도시의 흉한 본모습이 드러날 것이기 때문이다.

Samuel Taylor Coleridge

(1772–1834)

1 작가의 생애와 작품경향

Coleridge는 1772년 Devonshire에서 교구 부목사이며 그래머스쿨 교장인 아버지의 막내아들로 태어났다. 생전에 늘 Coleridge가 성직자가 되는 것을 원했던 아버지의 뜻에 따라 그는 1791년 Cambridge대학 Jesus College에 들어갔다. 그러나 입학 첫 해에 이미 Coleridge의 꿈은 바뀌었고, 많은 빚을 지게 되어 형제들이 갚아주기도 했다. 1794년에 그는 Robert Southey와 함께 미국 Pennsylvania의 강가에 이상적 공동사회 "pantisocracy"('equal government by all'의 뜻)를 건설할 계획을 세웠다. Southey가 Edith Fricker라는 여인과 약혼을 하게 되자, 결혼을 자신들의 공동사회 건설계획의 일부로 생각한 Coleridge는 그녀의 자매 Sarah Fricker와 결혼할 결심을 하게 되었다. 그러나 애정이 없는 결혼이었기 때문에 두 사람의 결혼생활은 행복하지 못했다. Southey가

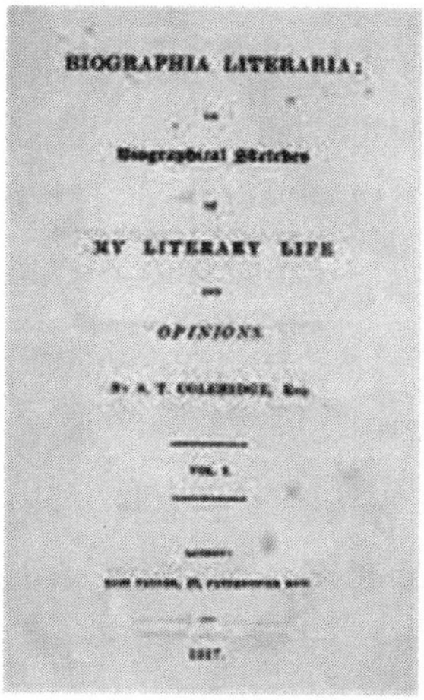

BIOGRAPHIA LITERARIA;

Biographical Sketches

MY LITERARY LIFE

OPINIONS.

By S. T. COLERIDGE, Esq.

1817.

"pantisocracy" 계획을 포기하고 떠나버리자, 어쩔 수 없게 된 Coleridge는 이후 작가로서의 삶을 시작하게 되었다.

1795년에 Coleridge는 William Wordsworth와 가까이 지내면서 그의 영향을 받아 자연스러운 스타일의 시를 쓰게 되었다. 이때 "The Eolian Harp"와 "This Lime-Tree Bower My Prison" 등의 소위 'conversation poems'(대화시)로 알려진 작품들이 나왔다. 1797년부터 이듬해까지 그는 Somersetshire에서 Wordsworth와 그의 여동생 Dorothy의 집 근처에 살면서 문학적 교유를 했고, 그 결실이 1798년 *Lyrical Ballads*(서정민요시집)라는 공동시집으로 나왔다. 이 시집은 영국낭만주의의 시작을 알리는 작품집으로 평가받고 있고, 여기에 그의 "The Rime of the Ancient Mariner," "Kubla Khan" 등의 작품이 실렸다.

1798년 가을에 Coleridge는 Wordsworth 남매와 함께 대륙으로 떠났고, Coleridge는 주로 독일에 머물며 Kant와 Boehme, Lessing의 철학을 공부했다. 1800년에 귀국한 그는 Keswick에 살면서 문학과 철학을 강의하고, 종교 및 정치이론에 관한 글을 써냈다. 1802년에는 Wordsworth의 처제 Sarah Hutchinson에 대한 이룰 수 없는 사랑과 괴로움을 담고 있는 절편 "Dejection: An Ode"를 썼다. 그는 2년 동안 Malta섬에 총독의 비서로 가서 머물기도 했는데, 이는 아편중독으로부터 벗어나고 재정적인 문제를 해결하기 위함이었다. 그러나 그는 평생 아편의 영향으로부터 자유롭지 못했다. 1817년에는 자신의 문학이론을 집대성한 *Biographia Literaria*(문학평전)를 출판했다. Kant의 미학이론의 영향을 주로 받은 이 책에는 'fancy'(공상)와 구별되는 개념으로서의 'imagination'(상상력)이론과 유기체적 문학관이 전개되어 있고, Wordsworth의 *Lyrical Ballads* "Preface"에 대한 비판 등이 실려 있다. 그는 1834년 런던에서 사망했다.

2 from *The Rime of the Ancient Mariner*

PART I

It is an ancient Mariner,
And he stoppeth one of three.
"By thy long grey beard and glittering eye,
Now wherefore stopp'st thou me?

The Bridegroom's doors are opened wide,
And I am next of kin;
The guests are met, the feast is set:
May'st hear the merry din."

He holds him with his skinny hand,
"There was a ship," quoth he.
"Hold off! unhand me, grey-beard loon!"
Eftsoons his hand dropt he.

He holds him with his glittering eye—
The Wedding-Guest stood still,
And listens like a three years' child:
The Mariner hath his will.

주석

2] one of three: 함께 온 결혼식 하객 세 사람 중 하나.
4] wherefore: why.
6] next of kin: 가장 가까운 친척.
8] May'st hear: 앞에 'Thou'가 생략된 것.
10] quoth: said. 언제나 주어 앞에 쓰임: ex) Quoth the king, "Never."
11] loon: 바보, 얼간이, 게으름뱅이.
12] Eftsoons: at once.
13-16] Wordsworth가 써넣었다는 설이 있다. 그 밖에 albatross를 쓴 것, 죽은 자들(dead men)에 의한 배의 항해 등도 Wordsworth의 제안이었다고 한다.
16] The Mariner hath his will: 자기 뜻대로 하다((최면술을 걸어 결혼식 하객을 마음대로 조종했다는 것)).

The Wedding-Guest sat on a stone:
He cannot choose but hear;
And thus spake on that ancient man,
The bright-eyed Mariner.

"The ship was cheer'd, the harbour clear'd,
Merrily did we drop
Below the kirk, below the hill,
Below the lighthouse top.

The Sun came up upon the left,
Out of the sea came he!
And he shone bright, and on the right
Went down into the sea.

Higher and higher every day,
Till over the mast at noon—"
The Wedding-Guest here beat his breast,
For he heard the loud bassoon.

주석

21] clear: 배가 항구를 떠나다.
22] drop: 물결을 따라 빠져나가다.
23] kirk: church.
25-28] 배가 남쪽으로 항해한 것을 의미.

The bride hath paced into the hall,
Red as a rose is she;
Nodding their heads before her goes
The merry minstrelsy.

The Wedding-Guest he beat his breast,
Yet he cannot choose but hear;
And thus spake on that ancient man,
The bright-eyed Mariner.

"And now the Storm-blast came, and he
Was tyrannous and strong :
He struck with his o'ertaking wings,
And chased us south along.

With sloping masts and dipping prow,
As who pursued with yell and blow
Still treads the shadow of his foe,
And forward bends his head,
The ship drove fast, loud roar'd the blast,
The southward aye we fled.

주석

36] minstrelsy: 음유시인((집합적, 단수로 받음)).
37-40(제10연)] 제5연과 유사. 반복은 ballad의 특징이다.
45] prow: bow. 뱃머리, 이물.
46] As who: As he who.
47] Still treads the shadow of his foe: 적의 추격을 벗어나지 못했다는 것.

50] aye : [ai] yes, indeed.

And now there came both mist and snow,
And it grew wondrous cold :
And ice, mast-high, came floating by,
As green as emerald.

And through the drifts the snowy clifts
Did send a dismal sheen :
Nor shapes of men nor beasts we ken –
The ice was all between.

The ice was here, the ice was there,
The ice was all around :
It crack'd and growl'd, and roar'd and howl'd,
Like noises in a swound!

At length did cross an Albatross,
Thorough the fog it came;
As if it had been a Christian soul,
We hail'd it in God's name.

주석

55] drifts : 표류물, 유빙(流氷).
clifts : cliffs(단애, 해안의 절벽).
57] ken : ((고어))알다, 보다.
62] swound : 졸도.
63] cross : 갑자기 나타나다, 하늘을 가로지르며 나타나다.
64] Thorough : Through.

It ate the food it ne'er had eat,
And round and round it flew.
The ice did split with a thunder-fit;
The helmsman steer'd us through!

And a good south wind sprung up behind;
The Albatross did follow,

And every day, for food or play,
Came to the mariners' hollo!

In mist or cloud, on mast or shroud,
It perch'd for vespers nine;
Whiles all the night, through fog-smoke white,
Glimmer'd the white moonshine."

"God save thee, ancient Mariner!
From the fiends, that plague thee thus!—
Why look'st thou so?" —With my crossbow
I shot the Albatross.

주석

69] thunder-fit: 천둥치는 소리를 내며.
70] helmsman: 키잡이
74] hollo: 어어이!
75] shroud: rope supporting the mast(돛대줄)
76] vespers nine: nine evenings.
77] Whiles: at times, sometimes; while.

늙은 뱃사람이
셋 중 한 사람의 길을 막는다.
"당신의 긴 백발수염과 번뜩이는 눈에 대고 묻건대,
지금 왜 제 길을 막는 겁니까?

신랑집 문들은 활짝 열려 있고
저는 제일 가까운 친척입니다.
하객들이 모였고, 연회도 준비되어 있어요.
당신도 저 흥겨운 소리가 들릴 겁니다."

늙은 뱃사람은 비쩍 마른 손으로 그를 붙잡고

"배가 한 척 있었지" 하고 말한다.
"비키세요! 이 손 놓아요, 바보 같은 영감탱이!"
즉시 그는 손을 뗐다.

늙은 뱃사람은 번뜩이는 눈으로 그를 붙잡는다–
결혼식 하객은 꼼짝 못하고 서서
세 살 박이 아이처럼 귀를 기울인다.
뱃사람은 자기 뜻대로 한다.

결혼식 하객은 돌 위에 앉았다.
그는 듣는 도리밖에 없다.
그래서 노인은 말을 계속했다,
빛나는 눈빛을 가진 그 뱃사람은.

"배는 환호를 받으며 항구를 벗어나,
즐겁게 우리는 물결을 따라 빠져나갔소,
교회 아래로, 언덕 아래로,
등대 꼭대기 아래로.

해는 왼쪽에서 떠올랐소,
바다로부터 솟아올랐지요!
해는 밝게 빛나고는
오른 쪽 바다로 가라앉았소.

매일 해는 점점 더 높아지더니
마침내 정오에 돛대 위에 왔지요–"

이 장면에서 결혼식 하객은 자기 가슴을 친다,
바순 소리가 요란하게 들렸으니까.

신부가 식장으로 걸어 들어갔다,
장미처럼 붉은 신부.
신부 앞에 앞장서서 고개를 끄덕이며 걸어간다,
흥겨운 음유시인들이.

결혼식 하객은 가슴을 친다.
하지만 듣는 도리밖에 없다.
그래서 노인은 말을 계속했다,
빛나는 눈빛을 가진 그 뱃사람은.

"그런데 폭풍우가 몰아쳐왔소,
포악하고 세찬 폭풍우였소.
폭풍우는 덮치는 날개로 치면서
우리를 남쪽으로 쭉 쫓아왔소.

돛대는 기울고 뱃머리는 물에 잠긴 채
고함과 타격으로 쫓기며
계속 적의 그림자를 밟고
머리를 앞으로 숙이는 사람처럼
배는 빨리 달렸고, 돌풍은 요란하게 울부짖었고
우리는 남쪽으로 쭉 달아났소.

그런데 안개가 끼고 눈이 내렸소.
날씨가 놀랄 정도로 추워졌소.

돛대만큼 높은 빙산이 배 옆을 흘러갔소,
에메랄드처럼 녹색을 띤.

눈 덮인 벼랑은 떠다니는 얼음들 사이로
음산한 빛을 발산했소.
사람의 형상도 짐승의 형상도 우리는 보지 못했소—
그 사이에는 온통 얼음뿐이었으니까.

여기에도 얼음, 저기에도 얼음,
사방에 얼음이었소.
얼음은 갈라지며, 으르렁대고 고함치며 울부짖는 소리가 났소,
기절할 때 들리는 소리들처럼!

마침내 앨버트로스가 하늘을 가로지르며 나타났소.
안개를 뚫고 온 것이오.
그 새가 기독교도의 영혼인 듯이
우리는 신의 이름으로 환영했소.

그 새는 먹어보지 못한 음식을 먹었고,
주위를 빙빙 날아다녔소.
빙산이 천둥소리를 내며 갈라졌고
키잡이는 그 사이를 뚫고 우리 배를 나아가게 했소!

순풍이 뒤에서 일었고
앨버트로스가 우리를 뒤따라왔소.
새는 날마다 먹거나 놀러 왔소,
뱃사람들의 어어이! 하는 소리를 듣고는.

안개가 끼든 구름이 끼든, 돛대 위나 돛대 밧줄 위에
새는 아홉 저녁을 앉아 있었소.
그동안 밤새내 하얀 안개 연기를 뚫고
흰 달빛이 희미하게 빛났소."

"신이 그대를 구해 주시기를, 늙은 뱃사람이여!
당신을 그렇게 괴롭히는 악마들로부터!—
왜 그런 표정을 짓습니까?"—석궁으로
나는 앨버트로스를 쐈소.

3 작품분석

이 시는 Coleridge가 Wordsworth와 합동으로 발행한 *Lyrical Ballads* 1798년 초판에 실린 총 7부로 된 ballad 형식의 작품이다. 한 늙은 뱃사람이 앨버트로스를 죽인 벌로 바다에서 극도의 고행을 한 후 가까스로 돌아와 참회하듯 자신의 경험을 고백하는 이야기로 되어 있다. 여기에 실린 제1부는 결혼식장에 나타난 늙은 뱃사람이 하객 하나를 붙잡고 시작하는 이야기의 서두 부분이다.

결혼식 하객은 늙은 뱃사람이 자신을 붙잡자 짜증을 내면서도 그의 번뜩이는 눈에 의해 최면이 걸린 듯 꼼짝 못하고 이야기를 들을 수밖에 없게 된다. 뱃사람이 자신의 남쪽 항해를 얘기하는 동안 결혼 축하연 소리가 들리지만 축하연에 들어가지 못한 채 이야기를 들어야만 하는 하객은 조바심을 낸다. 뱃사람의 계속 되는 이야기에 의하면, 그가 탔던 배는 폭풍우에 밀려 남극근처까지 가게 된다. 거기에서 길조로 알려진 앨버트로스가 나타나고, 선원들의 환영을 받는다. 앨버트로스는 배에 행운을 가져다주는 것으로 생각되었는데, 그 까닭은 배가 얼음과 안개를 뚫고 다시 북쪽으로 뱃머리를 돌릴 수 있었기 때문이다. 이 이야기를 하는 순간 우리는 하객의 묘사를 통해 늙은 뱃사람의 표정이 변했다는 것을 알 수 있게 된다. 제1부의 마지막 부분에서 뱃사람은 자신이 석궁으로 앨버트로스를 쏘아 죽였다는 것을 고백한다.

제2부에서는 배가 Cape Horn을 돌아 태평양에 들어오고 적도에 이르기까지 순항했다는 늙은 뱃사람의 이야기가 계속된다. 그러나 갑자기 앨버트로스의 복수가 시작되어 배가 움직이지 않게 된다. 다른 뱃사람들은 앨버트로스를 죽인 일 때문에 모든 재앙이 생겨났다며 그를 원망하고 그의 목에 십자가 대신 앨버트로스를 걸어주게 된다. 제3부에서는 멀리서부터 유령선이 나타나고 Life-in-Death와 Death-in-Life가 주사위 게임을 하여 Life-in-Death가 이겨 늙은 뱃사람을 차지하고, 다른 뱃사람들은 하나둘 쓰러져 죽었다는 이야기를 한다. 제4부에서는 늙은 뱃사람이 혼자 살아서 고통을 받다가 물뱀들을 축복함으로써 저주가 풀리고, 목에 걸었던 앨버트로스가 떨어졌다는 이야기가 계속된다.

제5부에서는 죽은 뱃사람들의 시체가 일어서는 일이 벌어지고, 남극의 복수정령이 복수를 더 계속하겠다고 한다. 복수정령과 동료 악령들과의 대화가 나온다. 제6부에서는 마침내 저주가 풀려 늙은 뱃사람이 고향으로 돌아오게 되고, 자신에게 수로안내인과 사환, 은자 등 세 사람이 다가왔다는 이야기를 한다. 제7부에서는 배가 침몰하고, 구조된 늙은 뱃사람은 고해성사를 하게 된다. 그러나 자신의 악몽 같은 경험을 누군가에겐가 계속 얘기해야만 하는 영원한 형벌을 받게 되고, 이 결혼식장에 와서 하객 하나를 붙잡고 얘기를 시작한 것도 그런

형벌 때문이라는 것을 알게 해 준다. 늙은 뱃사람은 결혼식 하객에게 자신의 고통스런 경험에서 얻은 깨달음을 알려주고, 그리하여 하객은 이튿날 아침에 보다 현명해진 상태로 일어났다는 이야기로 끝을 맺는다.

마지막 부분에서 늙은 뱃사람이 결혼식 하객에게 전해준 깨달음은 Coleridge 자신의 말대로 교훈적이기 짝이 없다. '인간과 새와 짐승 모두를 사랑하는 사람이 기도를 잘하는 사람이다'(He prayeth well, who loveth well/ Both man and bird and beast), '크든 작든 모든 것을 가장 사랑하는 사람이 기도를 가장 잘 하는 사람이다. 왜냐하면 우리를 사랑하시는 하느님이 모든 것을 창조하셨고, 사랑하시기 때문이다'(He prayeth best, who loveth best/ All things both great and small;/ For the dear God who loveth us/He made and loveth all)와 같은 구절들은 이 시가 너무나도 명백하게 기독교적 도덕률을 독자들에게 제시하려는 것처럼 보인다. 이런 종교적인 관점을 바탕으로 이 시를 기독교적인 속죄 및 구원의 이야기로 읽는 경향도 있다.

공포와 죄악, 고행과 구원의 이야기를 담고 있는 이 작품은 이런 표면적인 도덕률과는 달리 단순한 해석을 허용치 않는다. 이 시에 나타난 사건의 연결 관계는 보이는 것과는 달리 아주 모호한 경우들이 많다. 우선, 늙은 뱃사람이 탔던 배의 최종 목적지나 항해의 목적이 나타나있지 않다. 그 배가 고기잡이배였는지, 어떤 신대륙을 탐험하는 배였는지, 늙은 뱃사람이 그 배에서 맡은 역할이 무엇이었는지, 그 배의 주인이나 선장은 누구였는지 등도 독자들로서는 전혀 알 길이 없다. 이 이야기의 중심적인 사건인 늙은 뱃사람이 앨버트로스를 쏘아 죽인 이유도 불분명하며, 늙은 뱃사람이 저주에서 풀려나는 계기를 제공한 물뱀에 대한 축복도 뱃사람의 자발적인 감정의 발로라기보다는 '자기도 모르게'(unawares) 이루어진 것으로 되어 있다. 말하자면 범죄를 저지른 것도, 죄악으로부터 벗어나는 것도 늙은 뱃사람의 의도와는 상관없이 이루어진 것으로 보인다. 한편, 앨버트로스 이야기를 집어넣자는 아이디어를 제공한 것이 Wordsworth였다는 점을 상기한다면, 앨버트로스의 살해가 Coleridge가 원래 의도한 이 작품의 중심적 메시지와는 상관없었다는 말이 될 수도 있다.

이런 꿈 같이 모호한 요소들로 해서 이 작품은 인간의 무의식적인 세계에 대한 탐구로 읽히기도 한다. 혹은 Coleridge가 나중에 추가한 Latin어로 된 제사(題詞, epigraph)에 나타나 있듯 이 우주의 더 거대한 부분을 차지하고 있는 보이지 않는 초자연적인 세계에 대한 암시로 읽혀질 수도 있다. 그 밖에 Coleridge 자신의 자서전적인 초상이나 정치적 알레고리로 읽혀질 수도 있다. 어쨌든 이 작품은 단순한 ballad형식이 가진 힘과 극적인 줄거리, 변화무쌍한 이미저리 등으로 해서 여전히 많은 사람들을 사로잡는 마력을 가지고 있다.

4 Kubla Khan

Or, A Vision In a Dream. A Fragment

In Xanadu did Kubla Khan
A stately pleasure-dome decree :
Where Alph, the sacred river, ran
Through caverns measureless to man
Down to a sunless sea.
So twice five miles of fertile ground
With walls and towers were girdled round :
And here were gardens bright with sinuous rills
Where blossomed many an incense-bearing tree;

And here were forests ancient as the hills,
Enfolding sunny spots of greenery.

주석

0] Kubla Khan : 쿠빌라이 칸(징기스칸의 손자로, 원나라의 시조, 1215-1294).
1] Xanadu : Shangtu(상도, 上都). 1256년에 쿠빌라이 칸이 명하여 건설한 도시로, 몽골 제국과 원나라의 수도였다. 쿠빌라이 칸이 남송을 멸망시키고 베이징으로 수도를 옮긴 이후에는 여름 수도 역할을 했다.
2] decree : order to be built.
3] Alph : 그리스 신화에 나오는 지하로 흐르는 강 Alpheus를 연상시킴.
8] sinuous rills : small, winding streams(구불구불 흐르는 시냇물).

But oh! that deep romantic chasm which santed
Down the green hill athwart a cedarn cover!
A savage place! as holy and enchanted
As e’er beneath a waning moon was haunted
By woman wailing for her demon-lover!
And from this chasm, with ceaseless turmoil seething,
As if this earth in fast thick pants were breathing,
A mighty fountain momently was forced;
Amid whose swift half-intermitted burst
Huge fragments vaulted like rebounding hail,
Or chaffy grain beneath the thresher’s flail :
And ’mid these dancing rocks at once and ever
It flung up momently the sacred river.
Five miles meandering with a mazy motion
Through wood and dale the sacred river ran,
Then reached the caverns measureless to man,
And sank in tumult to a lifeless ocean :
And ’mid this tumult Kubla heard from far
Ancestral voices prophesying war!
The shadow of the dome of pleasure

Floated midway on the waves :
Where was heard the mingled measure
From the fountain and the caves.
It was a miracle of rare device,
A sunny pleasure-dome with caves of ice!

주석

12] romantic : fanciful(환상적인).
13] athwart : crossing obliquely(비스듬히 가로질러).
cover : wood, forest.
20] whose : fountain's.
21] fragments : fragments of rock(바위 파편).
24] It : fountain.
25] meandering : winding about(구불구불 흐르는).
33] measure : rhythm of music.

A damsel with a dulcimer
In a vision once I saw :
It was an Abyssinian maid,
And on her dulcimer she played,
Singing of Mount Abora.
Could I revive within me
Her symphony and song,
To such a deep delight 't would win me
That with music loud and long,
I would build that dome in air,
That sunny dome! those caves of ice!
And all who heard should see them there,
And all should cry, Beware! Beware!
His flashing eyes, his floating hair!
Weave a circle round him thrice,
And close your eyes with holy dread,
For he on honey-dew hath fed,
And drunk the milk of Paradise.

주석

37] dulcimer : 덜시머((금속으로 된 현을 해머로 쳐서 연주하는 악기)).
39] Abyssinian : Ethiopia((낙원이 있는 곳으로 생각되었다)).
41] Abora : Nile강의 지류인 Abola강과 Milton의 *Paradise Lost* 및 Purchas의 *Pilgrimage*에 나오는 Amara산의 조합처럼 보임.
44] win : charm, enchant(매혹시키다, 마술을 걸다).
45] That : so that.
50] His flashing eyes, his floating hair! : 영감을 받은 시인의 모습.

쿠블라 칸은 상도에
웅장한 환락궁을 지으라고 명했다.
그곳에는 성스런 강 알프가 있어
인간이 헤아릴 수 없는 동굴을 통해
　햇빛이 비치지 않는 바다로 흘러내렸다.
그렇게 5마일의 곱절이 되는 비옥한 땅이
성벽과 탑으로 허리띠처럼 둘러싸여 있었다.
여기에 구불구불 흐르는 실개천이 반짝이는 정원들이 있었고
향을 품은 많은 나무들이 꽃을 피우고 있었다.
그리고 산들만큼 오래된 숲이 있어서
양지바른 녹지를 에워싸고 있었다.

그러나 아! 삼나무 숲을 비스듬히 가로질러
푸른 언덕 아래로 기울어진 저 깊은 환상적인 틈이여!
황량한 곳! 이지러지는 달 아래서
악마 애인 때문에 울부짖는 여인이 출몰할 것만 같은
성스럽고 마법에 걸린 듯한 곳!
끊임없이 요동치고 들끓는 이 틈으로부터
마치 대지가 가쁘게 헐떡이며 숨을 쉬는 것처럼

거대한 분수가 시시각각 분출되었다.
그 빠른 간헐적 분출 속에서
거대한 암석 파편들이 튀었다, 튕기는 우박처럼
혹은 타작하는 농부의 도리깨질에 맞은 겨에 싸인 알곡처럼.
이 춤추는 돌들 가운데 한꺼번에 끝없이
분수는 성스런 강물을 던져올렸다.
성스런 강은 숲과 골짜기 5마일을
미로처럼 구불구불 통과하며 흘러서
인간이 헤아릴 수 없는 동굴에 다다라
요란스런 소리를 내며 생명이 없는 대양으로 가라앉았다.
이 요란한 소리 속에서 쿠블라 칸은 들었다,
전쟁을 예언하는 선조들의 목소리를!
   환락궁의 그림자가
   물결 가운데 떠 있었다.
   그곳에서는 분수와 동굴로부터
   뒤섞인 가락이 들려왔다.
그것은 기적 같은, 진기하게 만든 궁전,
얼음 동굴이 있는 양지바른 환락궁이었다!

   덜시머를 든 아가씨를
   나는 언젠가 환상 속에서 본 적이 있다.
   그것은 아비시니아 아가씨,
   그녀는 덜시머를 연주하면서
   아보라산을 노래했다.
   내가 마음속에
   그녀의 연주와 노래를 되살릴 수 있다면,

그것은 나를 아주 깊은 환희로 사로잡아
나는 우렁차고 긴 음악으로
공중에 그 궁전을 지을 수 있으련만,
그 양지바른 궁전! 그 얼음 동굴을!
그러면 내 노래를 듣는 사람들은 그것들을 거기서 보련만.
그리고 모두 외치련만, 주의해라! 주의해라!
번뜩이는 그의 두 눈을! 나부끼는 그의 머리칼을!
그의 둘레로 세 겹의 원을 싸라
그리고 경외하는 마음으로 눈을 감아라.
그는 꿀이슬을 먹고
천국의 우유를 마셨으니까.

5 작품분석

이 작품의 창작배경에 대해서는 시인 자신이 시 본문 앞에 붙여놓은 서문에서 설명하고 있다. 일종의 시작노트라 할 수 있는 이 글에 의하면, 시인은 이 작품을 어떤 시로서의 가치가 있어서가 아니라 독자들의 심리적인 호기심을 자극할 수 있을 것이라는 생각에서 발표한 것이라고 한다.

이어지는 시인의 설명에 의하면, 그는 1797년 여름, 몸이 좋지 않아 진통제를 먹었다고 한다(다른 기록에 의하면 1797년 가을, 이질 때문에 아편 두 알을 먹었다고 하는데, 이것이 더 정확한 기록으로 보인다). 그때 마침 몽고의 쿠블라 칸의 이야기가 있는 Purchas의 책을 읽고 있다가 그 약(즉 아편) 기운에 취해 잠이 들어 꿈을 꾸게 되었다. 시인은 꿈속에서 쿠블라 칸의 환락궁의 이미지를 생생하게 보면서, 동시에 환락궁의 모습을 묘사하는 2-3백 행 정도 되는 긴 시를 썼다고 한다.

시인은 꿈에서 깨어나자마자 자신이 꿈속에서 썼던 그 시를 그대로 옮겨 적으려고 했다. 그러나 때마침 Purlock에서 방문한 사람에 의해 밖으로 불려나갔다. 한 시간 후쯤에 다시 돌아와 시를 적으려 했으나, 애석하게도 전체적인 요지만 기억날 뿐, 시구들이 단편적으로 밖에는 기억나지 않았다. 그 단편들을 모아 놓은 것이 독자들이 아래에서 읽게 되는 글이라고 시인은 말한다. 아래의 글은 기억의 단편들에 불과하므로 완결된 시라고 할 수 없다. 그래서 시인은 제목 바로 아래 '단편'(A Fragment), '꿈속의 환상'(A Vision in a Dream)이라는 부제를 붙여놓는다.

시는 내용상 크게 두 부분으로 나누어진다. 전반부 제1행-36행은 쿠블라 칸의 환락궁을 묘사하는 부분이며, 후반부 제37-54행은 아비시니아 처녀의 음악과 시인 자신의 시적 창작능력을 언급하는 부분이다.

전반부에서는 쿠블라 칸의 명에 의해 지어진 웅장한 환락궁의 여러 가지 모습들을 묘사하고 있는데, 환락궁 자체보다는 궁을 둘러싸고 있는 주변 정원에 대한 묘사를 위주로 하고 있다. 이 정원은 평화롭고 아늑한 곳이라기보다는 기괴한 협곡과 간헐천이 있는 환상적인 곳이다. 마치 꿈속 이미지를 보는 듯 실제적인 모습을 상상하기란 쉽지 않다. 그리스 신화에 나오는 Alpheus강을 연상시키는 성스러운 Alph강은 인간이 헤아릴 수도 없는 동굴을 통과하여 햇빛이 비치지 않는 바다로 흘러내리는 것으로 되어 있다. 이 모든 것은 매우 신비롭고도 초현실적인 느낌을 주기에 충분하다.

이 강의 원천이 되는 것은 그 정원에 있는 기이하게 갈라진 깊은 틈으로부터 분출되는 간헐천이다. 이곳은 마치 어떤 여인이 악마 애인에 대한 그리움으로 이지러지는 달빛 아래서 울부짖으며 나타날 것만 같은, 성스러우면서도 마법에 걸린 듯한 곳이다. 이 강물은 숲과 골짜기를 구불구불 지나며 흐르다가 동굴에 다다르고 마침내 생명 없는 대양으로 가라앉는다. 시인은 쿠블라 칸이 환락궁의 그림자가 비치는 이 요란한 강물의 흐름 속에서 전쟁을 예언하는 조상들의 목소리를 들었음을 상상한다.

후반부가 시작되는 제37-41행에 이르면 돌연 덜시머라는 악기를 연주하며 노래를 부르는 아비시니아 처녀에 대한 언급이 나온다. 이 부분이 쿠블라 칸의 환락궁과 어떤 관계가 있는지 시인이 쓴 서문을 읽은 독자들로서는 바로 알기 어렵다. 왜냐하면 시인은 서문에서 이 시(시인 자신은 시라기보다는 시로서의 완결성이 없는 '단편'이라고 말하고 있지만) 54행 전체는 자신이 꿈속에서 쓴 2-3백 행 정도 되는 시에서 나중에 겨우 기억해낸 일부라고 말하고 있기 때문이다. 시인의 말을 그대로 믿는다면 아비시니아 처녀에 대해 언급을 하는 부분도 자신이 꿈속에서 쓴 쿠블라 칸에 관한 시의 일부이어야 하기 때문이다.

다음에 나오는 내용으로 볼 때 아비시니아 처녀의 이야기는 쿠블라 칸에 관해서 꾼 꿈과는 다른, 언젠가 또 다른 상황에서 시인이 꾼 꿈 혹은 그가 본 환상이라는 사실이 분명해진다. 그는 자신이 환상 속에서 본 아비시니아의 처녀의 연주와 노래를 제대로 기억해낼 수 있다면, 꿈에서 본 쿠블라 칸의 환락궁도 제대로 그려낼 수 있을 것이라고 말한다. 아비시니아 처녀에 관한 환상을 제대로 되살려낼 수 있는 상상력 혹은 시적 창조력이 있다면, 자신은 꿈에서 쓴 쿠블라 칸에 관한 시도 마찬가지르 온전히 복원해낼 수 있을 거라고 말하고 있는 것이다. 그렇게 쿠블라 칸에 관한 시를 제대로 복원할 수 있는 창조력이 있다면 사람들은 모두 자신을 진정한 시인으로 인정할 것이라는 것이

이 시의 마지막 부분의 얘기이다.

제42행부터 시작되는 이 시의 결미가 가정법 과거형으로 되어 있다는 사실에 주목할 필요가 있다. 말하자면 현실적으로 불가능하다는 이야기이다. 이 시는 꿈에서 쓴 쿠블라 칸에 관한 시를 온전히 재현해 낼 수 없는 시인 자신의 상상력 혹은 창조력의 부족에 대해 한탄하고 아쉬워하고 있다. 이 시 54행 전체가 꿈에서 쓴 시의 일부가 아니라 제1-36행까지만 그 꿈과 관계된 내용이며, 제37행부터는 다른 꿈에 관한 언급이거나 이미 꿈에서 깨어난 이후에 자신의 꿈을 온전히 기억해내지 못하는 상황을 언급하는 부분이다. 그렇다면 이 시는 시의 서문에서 얘기한 내용, 즉 자신이 꿈속에서 쓴 시를 깨어나서 제대로 복원할 수 없었다는 것을 그대로 시로 형상화한 작품이다.

시인은 서문에서 이 작품이 시로서 가치가 없는 불완전한 단편에 불과하다고 말하고 있지만, 이 시의 구조와 내용전개로 볼 때 완결성을 가지고 있다는 점은 분명해 보인다. 이것은 서문의 화자를 반드시 시인 자신과 동일시하거나 그 이야기를 있는 그대로 믿을 필요도, 믿어서도 안 된다는 점을 보여 준다. 서문의 화자는 어디까지나 문학적으로 설정된 시적 화자에 불과하기 때문이다. 그런 점에서 본다면 이 시에 관해 벌어지는 논란 가운데 하나인 서문 이야기의 진실성 혹은 사실성에 관해서도 굳이 의문을 던질 필요가 없을 것이다.

George Gordon, Lord Byron
(1788–1824)

1 작가의 생애와 작품경향

Byron은 런던에서 출생하여 어린 시절에 아버지를 여읜 후 Scotland에서 홀어머니 손으로 양육되었다. 그는 증조부가 돌아가시자 남작 작위와 재산을 물려받게 되었다. 1805년에는 Cambridge대학 Trinity College에 입학했다. 1807년에는 첫 시집 *Hours of Idleness*(게으른 나날)를 출간했으나 혹평을 받았다. 그러자 *English Bards and Scotch Reviewers*(영국 시인과 스코틀랜드 비평가들)라는 풍자시로 평론가들에게 응수했다.

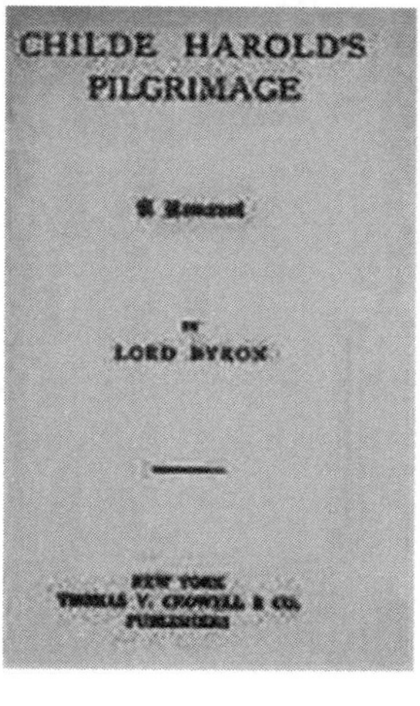

1809-1811년에는 스페인과 그리스 등 남부유럽을 여행했으며, 이 경험을 토대로 *Childe Harold's Pilgrimage*(귀공자 해럴드의 편력, 1812)를 발표하여 선풍적 인기와 명성을 얻었다. '어느 날 아침에 깨어나 보니 유명해져 있더라'(I awoke one morning and found myself famous)는 말도 이때 나왔다. 이 작품은 소위 'Byronic hero'

를 창조한 것으로 중요성을 평가받는다. Byron이 창조한 이 주인공은 자유분방하고 정열적이며, 자존심이 강하고 냉소적, 반항적이며, 변덕스럽고 우울하며, 한없이 과오를 저지르며 후회하되 결코 회개할 줄 모르는 특징을 갖는 인물로서, 낭만주의의 한 전형을 이룬다.

Byron은 선천적으로 절름발이로 태어났으나 이를 극복하기 위한 노력의 결과 수영과 복싱 등의 스포츠에 만능이 되었으며, 많은 여성들에게 구혼을 받고, 여러가지 추문에 휩싸이기도 했다. 1815년에는 Anne Isabella Milbanke와 결혼하고 딸을 낳았으나 이복동생과의 근친상간을 이유로 곧 파경에 이르렀다. 결국 추문과 악평에 시달렸던 그는 1816년 고국을 영원히 떠나 이탈리아로 갔다. 그는 거기서 미완성의 걸작 *Don Juan*(1819-1824)을 썼다.

1823년에는 그리스 독립전쟁에 참전했다가 이듬해 36세의 나이에 말라리아 열병으로 사망했다. 그가 죽은 지 145년이 지난 1969년에 Westminster사원의 시인묘역에 그의 기념비가 세워졌다.

2 When We Two Parted

When we two parted
　In silence and tears,
Half broken-hearted
　To sever for years,
Pale grew thy cheek and cold,
　Colder thy kiss;
Truly that hour foretold
　Sorrow to this.

The dew of the morning
　Sunk chill on my brow—

It felt like the warning
  Of what I feel now.
Thy vows are all broken,
  And light is thy fame;
I hear thy name spoken,
  And share in its shame.

They name thee before me,
  A knell to mine ear;
A shudder comes o'er me—
  Why wert thou so dear?
They know not I knew thee,
  Who knew thee so well—
Long, long I shall rue thee,
  Too deeply to tell.

In secret we met—
  In silence I grieve,
That thy heart could forget,
  Thy spirit deceive
If I should meet thee
  After long years,
How should I greet thee?—
  With silence and tears.

주석

4] sever: separate, break off.
5] Pale grew thy cheek and cold: Thy cheek grew pale and cold.
8] this: this hour.
14] light is thy fame: 여자의 평판이 좋지 못하다, 즉 여자의 행실이 단정치 못하다는 소문이 있다는 뜻.
18] knell: the sound of the funeral bell(조종, 조종소리).
mine ear: my ear.
23] rue: feel sorrow over(슬퍼하다).
28] Thy spirit deceive: That thy spirit should deceive.

오랫동안 떨어져 있어야 한다는 생각에
　가슴이 미어진 채
말없이 눈물을 흘리며
　우리 두 사람이 헤어졌을 때,
그대의 뺨은 창백하게 차가워졌고
　더욱 찬 것은 그대의 키스.
진실로 그 순간은
　지금 이 슬픔의 예고였네.

그날 아침 이슬은
　내 이마에 차갑게 내렸지—
그것은 바로 지금 이 느낌을
　예고한 것.
그대의 맹세는 모두 깨어졌고
　그대의 평판은 좋지 않네.
누군가 그대 이름을 말하면
　듣는 나도 부끄러움을 느끼네.

사람들이 내 앞에서 부르는 그대 이름이
　내 귀에는 조종처럼 들리고
나를 몸서리치게 하네—
　왜 그대는 그리도 사랑스러웠던가?
그들은 모른다네, 내 그대 알았음을.
　너무나 잘 알고 있었는데—
오래, 오래 나는 그대를 슬퍼하리,
　말로는 못할 만큼 너무나 깊이.

남 몰래 우리는 만났고—
　말없이 나는 슬퍼하네,
그대 마음이 잊을 수 있다는 것,
　그대 영혼이 저버릴 수 있다는 것을.
오랜 세월이 지난 후
　행여 그대를 만나면
어떻게 인사를 할까?—
　말없이 눈물을 흘리며.

3 작품분석

이 시는 각운 구조가 ababcdcd인 네 개의 8행연(octet)으로 되어 있다. 첫 연은 두 사람의 이별 상황을 언급하고 있다. 이별의 이유는 나타나 있지 않지만, '말없이 눈물을 흘리며' 헤어진 것으로 되어 있다. 둘이 마지막으로 헤어질 때 애인의 뺨이 창백하고 차가웠고, 키스는 더욱 차가웠다고 한다. 키스가 더욱 차가웠다는 것으로 보아 화자와는 달리 여인은 이미 감정적으로 정리가 끝났던 것으로 보인다. 그는 그 차가움이 현재 자신이 느끼는 슬픔을 예고하는 것이었다고 한다.

둘째 연의 첫머리는 첫 연 후반부의 얘기가 이어진다. 그의 이마에 떨어지는 차가운 이슬은 '바로 지금 이 느낌을/ 예고한 것'이었다고 한다. 여기에서 말하는 아침 이슬은 헤어지던 아침에 맞은 이슬일 수 있지만, 애인과 헤어진 후 악몽 같은 밤을 지내고 새 아침을 맞은 그의 얼굴에 흘러내리는 식은땀을 암시하는 것일 수도 있다. 헤어진 후 애인은 모든 맹세를 깨버렸고, 좋지 못한 행실 때문에 평판이 나쁘다고 말한다. 맹세가 깨졌다는 것은 그때의 이별은 영원한 이별이 아니었고 둘 사이에 무언가 사랑의 약속이 있었지만, 그 약속과는 달리 여인이 또 다른 남자와 관계를 가지게 되었다는 의미일 것이다. 그래서 애인의 이름이 사람들의 입방아에 오르내리면 자신도 함께 수치스러워 한다고 말한다.

셋째 연의 첫머리도 역시 앞 연인 둘째 연 후반부의 얘기를 이어받는다. 사람들이 애인의 이름을 거론하면 그것은 자신에게 조종처럼 들린다고 말한다. 그는 애인이 왜 그리도 사랑스럽게 보였던지 의아해 하면서 몸서리친다. 여기에서 우리는 그에게 아직도 미련이 남아 있는 것 같은 인상을 받게 된다. 사람들은 둘이 가졌던 은밀한 관계를 알지 못하지만, 그는 애인의 상실을 말할 수 없이 슬퍼할 것이라고 말한다.

넷째 연의 첫머리 역시 셋째 연 마지막에 언급한 둘의 은밀했던 관계에 대한 언급으로 시작한다. 이렇게 각 연의 후반부와 다음 연의 전반부가 이어지도록 되어 있는 것은 연의 구분을 뛰어넘어 내용이 자연스럽게 이어지는 역할을 한다. 둘은 비밀스럽게 만났기 때문에 애인 때문에 슬퍼하는 일도 조용히 할 뿐 아무에게도 말하지 못한다. 그가 슬퍼하는 이유는 애인이 자기를 잊어버리고 속였다는 것이다. 결론 부분에서는 행여나 먼 훗날 둘이 다시 만나더라도, 과거에 헤어질 때 그랬던 것처럼 '말없이 눈물을 흘리며' 만날 것이라고 말한다. 이는 애인의 변심으로 인한 고통이 오랜 세월 후에도 퇴색하지 않을 것 같다는 의미일 것이다.

이 시는 1816년에 처음 발행되었는데, Byron은 이 시에 등장한 애인의 정체를 감추기 위해 1808년에 쓴 것이라고 했지만 실제로는 1816년에 썼다고 보는 것이 비평가들의 대체적인 견해이다. 이 여인은

Byron보다 5세 연하인 Lady Frances Wedderburn Webster로서 1813년경 Byron과 은밀한 관계를 가졌던, Byron의 친구 James Wedderburn Webster의 부인이었다. Byron과 관계를 가진 후 1815년에 이 여인은 또 다른 남자인 Wellington 공작과 염문을 뿌렸다. 이렇듯 자신과 관계를 가진 이후 사랑의 약속을 배신하고 또 다른 남자와 추문이 남으로써 시인이 맛본 좌절감을 보여주는 이 작품은 매우 자서전적인 성격을 갖는다.

4 So We Will Go No More A-Roving

1

So we'll go no more a-roving
  So late into the night,
Though the heart still be as loving,
  And the moon still be as bright.

2

For the sword outwears its sheath,
  And the soul outwears the breast,
And the heart must pause to breathe,
  And love itself have rest.

3

Though the night was made for loving,
  And the day returns too soon,
Yet we'll go no more a-roving
  By the light of the moon.

주석

1] a-roving: go on roving, looking for pleasure(방황하다, 쾌락을 추구하다).

3] as loving: as loving as before.
4] as bright: as bright as before.
7] wears out: outwears(… 보다 오래가다, 입어서 닳다).
8] have rest: must have rest.

1

그러니 우리 더 이상 쏘다니지 맙시다,
　그렇게 밤늦도록.
아직도 여전히 마음은 사랑을 하고
　아직도 여전히 달빛은 밝지만.

2

칼은 칼집을 닳게 만들고
　영혼은 가슴을 지치게 하니,
심장도 잠시 멈춰 한숨을 돌리고
　사랑 또한 쉬어야 하니까.

3

밤은 사랑을 위해서 있고
　낮은 너무 빨리 돌아오지만,
우리 더 이상 쏘다니지 맙시다,
　달빛 아래서.

5 작품분석

이 시는 Byron이 Venice에서 아일랜드 시인 Thomas Moore에게 보낸 1817년 2월 28일자 편지 중에 있는 작품으로, *Letters and Journals of Lord Byron* (1830)에 처음 발표된 것이다. 이 시 앞에는 Byron이 그

곳에서 방탕한 사육제(Carnival) 기간을 보내고 난 후 맞이한 사순절(Lent)에 대한 설명이 나온다. “The Carnival—that is, the latter part of it, and sitting up late o' nights—had knocked me up a little. But it is over—and it is now Lent, with all its abstinence and sacred music … Though I did not dissipate much upon the whole, yet I find 'the sword wearing out the scabbard', though I have but just turned the corner of twenty nine.”(사육제는—말하자면 그 마지막 기간에는, 밤늦게까지 잠을 못 잤더니—나는 녹초가 되었다네. 그러나 그건 끝났고—이제는 사순절이라, 온통 교회 음악이 울려 퍼지는 금욕기간일세 … 나는 전체적으로 체력이 많이 소진된 것은 아니지만, 이제 막 스물 아홉 살의 고비를 넘긴 마당인데도 '칼이 칼집을 닳게 만든다'는 걸 알았네) 말하자면 이 시는 사육제 기간에 실컷 육체적 쾌락을 즐긴 후 사순절 기간을 맞아 비로소 정신이 든 시인이 더 이상 방황하지 않겠다는 다짐을 하는 작품이다.

작품의 첫머리와 마지막 부분에 반복해서 나오는 '우리 더 이상 쏘다니지 맙시다'(we'll go no more a-roving)라는 구절은 스코틀랜드 노래 “The Jolly Beggar”(유쾌한 거지)에서 따온 것이다. David Herd가 편집한 *The Ancient and Modern Scots Songs, Heroic Ballads, Etc.*(1769)에 수록되어 있는 이 노래에는 'And we'll gang nae mair a roving/ Sae late into the nicht'(And we'll go no more a-roving/ So late into the night)라는 후렴구가 Chorus를 통해 반복된다.

이 시 첫머리의 '그러니'(So)라는 표현은 어떤 글의 첫머리에 나올 수 있는 말은 아니다. 이 말은 그 앞에 어떤 내용을 전개한 후에 그것을 토대로 나올 수 있는 표현이다. 다음에 나오는 내용과 연관을 시키자면, 이 '그러니'라는 말 앞에는 화자 자신이 사육제 기간 동안 놀만큼 놀았다는 식의 내용이 생략되어 있음을 전제하는 것이다. 시가 가질 수 있는 압축의 기술을 단적으로 보여주는 표현이기도 하다. 비록 자신에게는 아직도 사랑을 나누고 싶은 마음도 있고, 사랑을 나누기 좋게 달빛도 밝지만 이제는 더 이상 밤에 쏘다니지 말자고 말한다.

둘째 연에는 인간의 영혼과 육체, 마음과 몸의 관계가 칼과 칼집의 비유를 통해 표현되고 있다. 영혼은 육체보다 강하며 오래 남고 육체는 영혼의 의지에 따라 움직일 수밖에 없으므로 영혼의 요구를 무작정 쫓아가다보면 육신은 지칠 수밖에 없다는 것이다. 쾌락을 추구하는 마음을 따르다보면 몸이 힘들어지는 것은 당연한 일이다. 마치 칼을 자주 사용함으로써 칼집이 닳듯이 말이다. 그래서 화자는 심장도 사랑도 한숨을 돌릴 여유를 가질 필요가 있다는 것이다.

셋째 연에는 곧 낮이 돌아와서 사랑을 할 수 있는 밤이 지나는 것을 아쉬워하는 마음이 잘 나타나 있다. 그렇지만 화자는 시의 첫머리에 나온 표현을 반복하면서 더 이상 달빛 아래서 쏘다니지 말자는 다짐을 한다.

이 시는 표면적으로 더 이상 쾌락을 추구하지 않겠다고 말하면서도 은근히 쾌락에 대한 미련이 아직도 남아 있음을 보여주고 있다. 그것은 이 작품이 가지고 있는 구조를 통해 표현되고 있는데, 특히 첫 연과 마지막 연에서 두드러진다. 우선 첫 연의 제1-2행과 3-4행의 순서를 서로 바꾸면 어떻게 될지 생각해보면 이 점은 쉽게 드러난다. 이들의 순서를 바꾼다 해도 문장이 문법적으로 틀려지거나 화자가 말하는 내용이 바뀌는 것은 아니다. 그러나 독자들이 갖는 여운은 정반대가 될 수 있다. 순서를 바꾸어 표현한다면, 비록 아직도 사랑할 마음이 남아 있고 달빛은 밝지만 더 이상 방황하지 않겠다는 뜻이 된다. 그러나 그 순서를 원래대로 그대로 둔다면, 앞부분에서 화자는 밤늦게까지 더 이상 쏘다니지 않겠다고 말하지만, 연의 뒷부분은 아직도 사랑을 하고 싶은 마음과 사랑하기에 좋은 달밤이 강조됨으로써 독자들의 귀에는 뒷부분의 여운이 남게 된다. 이것은 셋째 연에서도 마찬가지다. 마지막 두 행의 순서를 바꾼다면, 그 느낌은 역시 정반대가 될 것이다. 순서를 바꾸면 그저 달밤에 쏘다니지 말자는 평범한 말이 된다. 그러나 이 시의 원래 순서를 그대로 따라가자면, 앞 행에서는 쏘다니지 말자고 하지만, 시의 마지막 행이 '달빛 아래서'라는 말로 끝남으로써 사랑하기 좋은 달밤의 여운이 독자의 뇌리에 남게 된다. 소위 '지겨운 쾌락'(jaded pleasure)이라는 주제를 가진 이 시는 쾌락에 대한 지겨움만이 아니라 쾌락에 대한 욕구를 동시에 표현해 주는 화자의 복합적 심리를 잘 표현한 작품이라 할 수 있다.

Percy Bysshe Shelley

(1792–1822)

[1] 작가의 생애와 작품경향

열광적인 이상주의 시인 Shelley는 부유한 지주인 준남작의 큰아들로 태어났다. 수줍고 예민한 아이였던 그는 유년시절 반 친구들에게 괴롭힘을 당했는데, 이 경험은 평생 자유를 사랑하고 압제에 항거하는 정신을 키워주었다. 그는 Eton School을 거쳐 1810년 Oxford대학 University College에 입학했다. 그러나 *The Necessity of Atheism*(무신론의 필요성)이라는 글을 발표하여 대학당국의 조사를 받았지만 끝내 자신의 저작임을 주장하여 친구 Hogg와 함께 1811년 3월 대학에서 퇴학을 당했다.

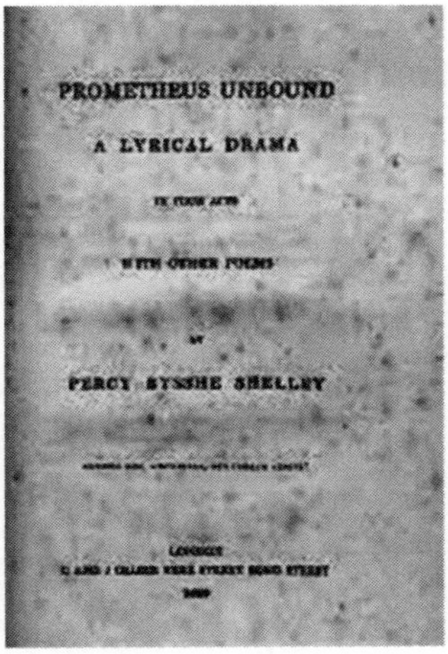

대학으로부터 쫓겨난지 다섯 달이 지난 그해 8월 열아홉 살이던 Shelley는 여동생들과 같은 기숙사 생활을 하던 학생인 열여섯 나이의 Harriet Westbrook과 사랑의 도피를 했다. Harriet은 가정과 학교에서의 생활

이 행복하지 못해 자살하고 싶다는 편지를 Shelley에게 줄곧 보냈고, Shelley는 동정심에서 그녀를 구해 주기로 결심했던 것이다. 그러나 그들의 결혼생활은 행복하지 못했다.

Shelley는 급진적 무정부주의자인 철학자 William Godwin의 영향을 받아 정치적 이상을 노래한 *Queen Mab*(맵여왕, 1813)을 써냈고, 이때 Godwin의 딸 Mary Godwin과 사랑에 빠졌다. 이를 비관한 Harriet은 1816년 호수에 투신자살했다. 이 충격이 가라앉자 Shelley는 Mary와 결혼하여 Thames강 상류의 작은 마을에서 살았다. 이때 부인 Mary는 *Frankenstein*(1818)을 썼다.

1818년에는 이탈리아로 떠나 그곳에서 살면서 많은 중요한 작품들을 써냈다. 이때 Shelley는 "Ode to the West Wind"(서풍부, 1819), 16세기 로마에서 일어난 근친상간과 살인사건을 소재로 한 시극 *The Cenci*(첸치일가, 1819), "To a Skylark"(종달새에게, 1820)등과 시극 *Prometheus Unbound*(풀려난 프로메테우스, 1820), 시론 *A Defence of Poetry*(시의 옹호, 1821) 등을 썼다. 1822년 Shelley는 요트가 돌풍에 뒤집히는 바람에 바다에 익사했다.

플라톤 철학에 심취한 Shelley의 시는 현실과 이상의 두 세계를 오갔다. 그는 한편으로 일상적 경험의 세계, 현실세계에 존재하는 압제와 인습, 부자유, 고통에 저항하면서, 다른 한편으로는 현실을 벗어난 절대적 정의와 선의 세계, 이상세계에 대한 동경을 노래했다.

2 Ozymandias

I met a traveller from an antique land,
Who said－ "Two vast and trunkless legs of stone
Stand in the desert … Near them on the sand,

Half sunk, a shatter'd visage lies, whose frown,
And wrinkled lip and sneer of cold command,
Tell that its sculptor well those passions read
Which yet survive, stamp'd on these lifeless things,
The hand that mock'd them and the heart that fed;
And on the pedestal, these words appear:
'My name is Ozymandias, King of Kings:
Look on my Works, ye Mighty, and despair!'
Nothing beside remains. Round the decay
Of that colossal Wreck, boundless and bare,
The lone and level sands stretch far away."

주석

0] Ozymandias: Osymandias. Egypt왕 Rameses 2세(기원전 1304-1237)의 그리스식 이름. 그의 조각상 대좌에는 '나는 왕중왕 오시만디아스이다. 내가 얼마나 위대하며 내가 어디에 누워 있는지 알고자 하는 자는 내가 이룬 업적들 중의 하나라도 넘어서야 하리라'(King of Kings am I, Osymandias. If anyone would know how great I am and where I lie, let him surpass one of my works)라는 문구가 새겨져있다고 한다.
1] antique land: Egypt.
6] them: those passions.
6-7] its sculptor … survive: its sculptor read those passions well which survive …
8] The hand that mocked them: the sculptor whose hand mocked the passions of the king.
the heart that fed: the king whose heart nourished them[the passions].
12] beside: besides

나는 고대의 나라에서 온 한 여행자를 만났는데
그는 말하기를—"몸통이 달아난, 돌로 만들어진 거대한
다리 두 개가
사막에 서 있소 … 그 옆 모래밭에는
부서진 얼굴이 반쯤 묻혀 있고, 그 찌푸린 얼굴,

주름진 입술과 명령을 내리는 듯한 차가운 냉소는
조각가가 왕의 열정을 제대로 읽었음을 말해 주는데,
그 열정은 이 생명 없는 것들에 새겨진 채
그 열정을 표현한 손과 그 열정을 품었던 심장보다 오래
　살아 남아 있소.
그 대좌에는 이런 말이 새겨져 있소.
<내 이름은 오지만디아스, 왕중왕이다.
내가 이룬 업적을 보라, 강대한 자들아, 그리고 절망하라!>
그밖에 남아 있는 것은 아무 것도 없소. 부서져가는
거대한 잔해 주위에는 끝없고 풀 한 포기 없는
쓸쓸하고 평평한 사막만이 멀리 펼쳐져 있다오."

3 작품분석

이 소네트는 이집트 람세스 2세의 부서진 조각상을 소재로 절대 권력에 대해 풍자하는 작품으로, Shelley 자신의 폭정과 압제에 대한 증오심을 단적으로 보여주고 있다. 오지만디아스 즉 람세스 2세는 고대 이집트 제19왕조의 제3대 왕으로서, 대표적인 오리엔트적 전제군주로 꼽히는 인물이다. 그는 67년 동안 재위하면서 엄청나게 많은 자식들을 낳았고, 각지에 자신의 거대한 조각상이나 신전, 승전기념비들을 건설했던 왕이었다. Shelley가 이 시를 썼던 해에 대영박물관에서 고대 이집트 유물 전시회가 있었고, Shelley도 이 전시회에 갔던 것으로 알려져 있다.

Shelley는 이집트를 다녀온 가상의 여행객의 입을 통해 오지만디아스의 거대한 석상이 세월의 흐름을 이기지 못하고 현재 어떻게 부서

진 채 사막 모래밭에 흩어져 있는가를 보여주고 있다. 이 석상의 몸통은 달아나서 없고 오직 두 다리와 부서진 머리밖에 남아 있지 않다. 이 여행객은 모래 속에 반쯤 묻힌 그 찌푸린 얼굴과 주름진 입술에는 명령을 하는 듯한 차가운 냉소가 흐른다고 생각한다.

이것이 실제 오지만디아스 석상의 얼굴 모습일 리는 없다. 전제군주에 대한 부정적인 생각이 그의 냉혹하고 냉소적인 모습을 상상하게 만든 것이다. 이 여행객은 그 모습이 오지만디아스가 가졌던 열정을 제대로 표현했다고 생각한다. 여기에서 'mocked'라는 말은 어떤 것을 있는 그대로 재현했다는 뜻인 동시에, 조롱했다, 비웃었다는 뜻을 가지고 있다. 말하자면 조각가가 석상에 오지만디아스의 열정을 제대로 새겼다는 의미와 그의 야심을 비웃었다는 의미를 함께 가지고 있다. 그러나 어쨌든 열정을 품었던 왕이나 그것을 표현한(조롱한) 조각가도 모두 죽고, 오직 왕의 석상만이 남아 있을 뿐이며, 그것도 온전한 모습이 아니라 부서지고 훼손된 모습으로 남아 있을 뿐이라고 말한다.

여행자는 석상의 대좌에 새겨진 문구를 언급한다. 이 구절에는 절대권력을 누렸던 왕의 자신만만함이 나타나있다. 아무리 강대한 왕들이라도 자신들의 업적과 왕중의 왕인 오지만디아스가 쌓았던 업적을 비교하면 절망할 수밖에 없다는 것이다.

그러나 이 시는 바로 이어지는 다음의 마지막 행들에서, 오지만디아스의 자신만만함과 극단적 대비를 보여주는 광막한 사막을 언급한다. 이 사막에는 부서진 오지만디아스의 석상 조각 몇 개만 남아있을 뿐이다. 풀 한 포기 나지 않은 쓸쓸하고 끝없는 사막만이 펼쳐져 있을 따름이다. 아무리 절대적인 권력도 세월의 흐름 앞에는 끝내 무력할 수밖에 없음을 보여 준다.

4 Ode to the West Wind

1

O wild West Wind, thou breath of Autumn's being,
Thou, from whose unseen presence the leaves dead
Are driven, like ghosts from an enchanter fleeing,

Yellow, and black, and pale, and hectic red,
Pestilence-stricken multitudes : O thou,
Who chariotest to their dark wintry bed

The winged seeds, where they lie cold and low,
Each like a corpse within its grave, until
Thine azure sister of the Spring shall blow

Her clarion o'er the dreaming earth, and fill
(Driving sweet buds like flocks to feed in air)
With living hues and odours plain and hill :

Wild Spirit, which art moving everywhere;
Destroyer and Preserver; hear, O hear!

주석

1] wild : violent, uncontrolled(거센, 거침없는).
thou breath of Autumn's being : 가을을 살아 있는 존재로 생각하고, 서풍을 이 존재의 숨결로 표현하고 있다.
3] enchanter : wizard, sorcerer(마법사).
4] Yellow, and black, and pale, and hectic red : 각 인종의 피부색을 지칭하는 듯함. hectic : fevered. 폐병(결핵)을 앓고 있는 사람의 안색.
6] chariotest : carries or drives.
9] Thine azure sister of the Spring : 봄에 부는 서풍을 말함. azure : clear blue.
10] clarion : piercing, war-like trumpet((맑고 높은 소리가 나는 옛 나팔)).
12] living hues : vivid colours(생생한 색채).

2

Thou on whose stream, 'mid the steep sky's commotion,
Loose clouds like Earth's decaying leaves are shed,
Shook from the tangled boughs of Heaven and Ocean,

Angels of rain and lightning : there are spread
On the blue surface of thine airy surge,
Like the bright hair uplifted from the head

Of some fierce Maenad, even from the dim verge
Of the horizon to the zenith's height,
The locks of the approaching storm. Thou Dirge

Of the dying year, to which this closing night
Will be the dome of a vast sepulchre
Vaulted with all thy congregated might

Of vapours, from whose solid atmosphere
Black rain, and fire, and hail will burst : O hear!

주석

17] Shook : Shaken.
18] Angels : Messengers, Harbingers(사자). 제16행의 'Loose clouds'를 말함.
19] thine : thy.
airy surge : 대기의 파도.
21] Maenad : 주신 Bacchus(Dionysus)를 섬기는 여사제(Bacchante).
22] zenith : the highest point in the sky. 천정(天頂).
27] solid atmosphere : 짙은 구름, 검은 구름(dark cloud).

3

Thou who didst waken from his summer dreams
The blue Mediterranean, where he lay,
Lulled by the coil of his crystalline streams,

Beside a pumice isle in Baiae's bay,

And saw in sleep old palaces and towers
Quivering within the wave's intenser day,

All overgrown with azure moss and flowers
So sweet, the sense faints picturing them! Thou
For whose path the Atlantic's level powers

Cleave themselves into chasms, while far below
The sea-blooms and the oozy woods which wear
The sapless foliage of the ocean, know

Thy voice, and suddenly grow grey with fear,
And tremble and despoil themselves : O hear!

주석

30] The blue Mediterranean, where he lay: where의 선행사는 Mediterranean이며, 동시에 he lay의 'he'도 Mediterranean이다. 지중해가 의인화되어 있다.

31] coil of his crystalline streams: 수정 같은 해류의 소용돌이.

32] pumice: 부석(浮石), 경석(輕石).
Baiae: 나폴리 서해안에 있는 로마 황제들의 휴양시설들이 즐비했던 곳.

34] the wave's intenser day: 물결에 반사된 더 강렬한 햇빛.

39] oozy: moist.

42] despoil themselves: tear off their leaves in fear(두려워서 잎들을 떨구다).

4

If I were a dead leaf thou mightest bear;
If I were a swift cloud to fly with thee;
A wave to pant beneath thy power, and share

The impulse of thy strength, only less free
Than thou, O Uncontrollable! If even
I were as in my boyhood, and could be

The comrade of thy wanderings over Heaven,

As then, when to outstrip thy skiey speed
Scarce seemed a vision; I would ne'er have striven

As thus with thee in prayer in my sore need.
Oh! lift me as a wave, a leaf, a cloud!
I fall upon the thorns of life! I bleed!

A heavy weight of hours has chained and bowed
One too like thee : tameless, and swift, and proud.

주석

43] bear: carry.
45] A wave: (If I were) a wave.
56] one too like thee: Shelley 자신을 말함.

5

Make me thy lyre, even as the forest is :
What if my leaves are falling like its own!
The tumult of thy mighty harmonies

Will take from both a deep, autumnal tone,
Sweet though in sadness. Be thou, Spirit fierce,
My spirit! Be thou me, impetuous one!

Drive my dead thoughts over the universe
Like withered leaves to quicken a new birth!
And, by the incantation of this verse,

Scatter, as from an unextinguished hearth
Ashes and sparks, my words among mankind!
Be through my lips to unawakened Earth

The trumpet of a prophecy! O Wind,
If Winter comes, can Spring be far behind?

주석

57] lyre : Aeolian lyre or wind harp((바람이 불면 저절로 울리는 에올리언 하프)).
even as : just as.

60] both : me('thy lyre') and forest.

62] impetuous : violent, rash(성급한, 맹렬한).

63] dead thoughts : previously written but unsuccessful poems(이전에 썼던 성공하지 못한 시).

68] unawakened : 겨울의 대지처럼 사람들도 잠을 자는 것과 같은 상태에 있다는 것.

69] trumpet of a prophecy : 새로운 시대를 알리는 나팔소리. 요한계시록(*Revelation of St. John*) 제11장 15절에 나오는 최후심판 때의 나팔소리를 연상시킴.

1

오 거센 서풍, 그대는 가을의 숨결.
보이지 않는 그대가 나타나자 낙엽들이
마법사에게서 도망치는 유령들처럼 밀려다닌다.

누렇고 검고 창백하고 열병에 걸린 듯 붉은
전염병에 걸린 무리들.
날개 달린 씨앗들을 어두운 겨울 잠자리로 몰고 가

거기서 무덤 속 시체들처럼
차갑게 누워 있게 하여, 마침내
그대의 하늘색 누이인 봄바람이

꿈을 꾸고 있는 땅 위에 나팔을 불어
(아름다운 꽃봉오리들을 양떼처럼 몰아 공기 중에서 방목하여)
들과 언덕을 생생한 빛깔과 향기로 채우게 하는, 오 그대.

온 누리에 움직이고 있는 거센 정신,
파괴자인 동시에 보존자여. 들어라, 오 들어보라!

2

그대가 흘러가자 파란 하늘의 격동 가운데서
느슨한 구름들은 하늘과 대양의 얽힌 가지에서 흔들려
사멸해가는 땅 위의 낙엽처럼 흩어진다.

비와 번개의 전령들. 그대 대기의 물결,
그 푸른 표면에는 어느 맹렬한 미내드의 머리에서
위로 나부끼는 빛나는 머리칼처럼

아득한 지평선 끝에서부터 하늘 꼭대기까지
다가오는 폭풍우의 머리타래가
펼쳐져 있다. 그대,

죽어가는 해의 만가(輓歌)여, 구름이 감싸고 있는 이 밤은
거대한 무덤의 돔,
그대 힘으로 뭉쳐진 수증기들은 돔의 둥근 천정이 될 것이며

수증기에서 생긴 짙은 구름에서
검은 비와 불과 우박이 쏟아지리라. 오 들어보라!

3

푸른 지중해를 여름 꿈에서 깨운 그대,
지중해는 베이이 만에 있는 부석 섬 가에서
수정처럼 맑은 해류들의 소용돌이를

자장가 삼아 누워서
상상만 해도 감각이 아찔해지는
하늘빛 이끼와 꽃들이 온통 뒤덮여 있는 옛 궁전과 탑들이

물결에 반사되어 더 반짝이는 햇빛 속에서 떨고 있는 것을
꿈속에서 보았지! 그대가 나아가도록
대서양의 잔잔한 바닷물은

스스로 갈라져 골을 만들고, 훨씬 아래에서는
바다 꽃들과 시든 잎들을 가진
습기 찬 대양의 숲이 그대의 목소리를

듣고는, 겁에 질려 갑자기 백발이 되어
온 몸을 떨며 잎을 떨어뜨린다. 오 들어라!

4

내가 만일 그대가 날리는 낙엽이라면,
내가 만일 그대와 함께 날 수 있는 빠른 구름이라면,
그대보다 덜 자유로울 뿐 그대 힘 아래서 헐떡이며

그대 힘의 충동을 함께 나눌 수 있는
파도라면, 오 통제할 수 없는 존재여! 심지어 내가 만일
소년시절처럼 하늘을 방랑하는

그대의 친구가 될 수 있다면,
그때처럼 하늘을 나는 그대의 속도를 앞지르는 것이
거의 꿈이 아닌 것처럼 보였던 그때와 같다면, 나는 결코

이처럼 간절히 바라며 기도하는 심정으로 그대와 겨루지 않았으련만.
오! 나를 일으켜다오, 파도처럼, 나뭇잎처럼, 구름처럼!
나는 인생의 가시밭길에 넘어져 피를 흘린다!

세월의 힘겨운 무게가 묶고 꺾어버렸다,
길들일 수 없고 재빠르고 자존심 강한, 너무나도 그대와 닮았던 나를.

5

저 숲처럼 나를 그대의 리라로 삼아다오.
내 잎들이 숲의 잎들처럼 떨어진들 어떠랴!
그대의 힘찬 조화의 격동은

숲과 나로부터 슬프지만 감미로운
가을의 깊은 가락을 뽑아내리라. 거센 정신이여,
나의 정신이 되어다오! 내가 되어다오, 맹렬한 존재여!

나의 죽은 생각을 시든 잎들처럼
우주로 몰아가 새로운 탄생을 재촉해다오!
그리고 이 시를 주문(呪文) 삼아

꺼지지 않은 화로의 재와 불티처럼
내 말을 온 인류에게 퍼트려다오!
내 입술을 통해 아직 깨어나지 않은 대지에

예언의 나팔이 되어다오! 오 바람이여,
겨울이 오면 어찌 봄이 멀리오?

5 작품분석

Shelley의 시작노트에 따르면, 이 시는 피렌체 근처 Arno강을 에워싸고 있는 숲에서 착상되고 쓰인 것으로 되어 있다. 어느 날 폭풍이 불더니 수증기가 모여 가을비가 내렸는데, 해질녘에는 맹렬한 우박과 비가 쏟아지고 천둥 번개가 쳤다고 한다. 피렌체는 *terza rima*라는 각운형식을 사용하여 *Divine Comedy*(神曲)를 쓴 Dante의 고향이기도 한데, 따라서 Shelley가 이 작품에서 그 형식을 그대로 따르고 있는 것은 우연한 일은 아닌 듯하다.

*Terza rima*는 aba bcb cdc ded … 식으로 앞 연의 각운이 다음 연으로 사슬처럼 이어지는 3행의 연으로 구성된 각운형식을 가지고 있다. 행의 수는 제한이 없지만, 마지막에는 한 행이나 couplet으로 된 두 행이 바로 앞 연 중간행의 각운을 반복하면서 끝난다. 이 시는 각 section의 마지막 행이 couplet으로 끝나는 aba bcb cdc ded ee의 각운구조를 가지고 있다. 특히 이런 구조는 이 작품의 내용과 잘 맞아떨어지는 것으로 보인다. 행이나 연의 끝에서 의미가 종결되지 않고 사슬처럼 계속 이어짐으로써 서풍의 빠르고 강한 이미지와 속도감을 잘 표현해 주고 있다.

첫 section에서는 땅 위에 부는 서풍에 대해 언급하고 있다. 시인은 가을을 하나의 인격적인 존재, 살아 있는 존재로 파악하여 가을에 부는 서풍을 가을이라는 존재가 내뿜는 숨결로 표현한다. 서풍은 눈에 보이지 않으나 누렇고 검고 파리하고 열병에 걸린 것처럼 빨간 낙엽들을 몰고 다님으로써 자신의 존재를 알려 준다. 서풍은 이렇듯 나무에서 낙엽이 지게 만들면서도, 씨앗들을 겨울 잠자리로 몰고 가서 봄이 돌아와 싹이 트고 꽃이 필 때까지 묻혀 있도록 하는 역할을 한다.

따라서 서풍은 '파괴자인 동시에 보존자'인 셈인데, 시인은 마지막 부분에서 이 서풍에게 자신의 말을 들어보라고 간청한다.

둘째 section에서는 하늘에 부는 서풍에 대해 언급하고 있다. 첫 section에서 서풍이 나무에 매달린 잎들을 떨어뜨린 것처럼, 둘째 section에서는 나뭇가지 같은 하늘과 대양을 연결하는 구름 덩어리로부터 낙엽 같은 구름 조각들을 흩어지게 하는 서풍의 모습이 묘사된다. 그 구름은 비와 번개가 곧 닥칠 것임을 알려주는 전령으로서, 시인에게는 그렇게 구름으로 덮여 있는 밤은 죽어가는 한 해를 묻을 '거대한 무덤의 돔'처럼, 윙윙 불어대는 서풍은 죽어가는 해의 '만가'처럼 느껴지게 된다. 시인은 그 짙은 구름에서 비와 불과 우박이 쏟아질 것임을 말하면서, section의 마지막 부분에서 서풍에게 자신의 말을 들어보라고 다시금 간청한다.

셋째 section에서는 바다에 부는 서풍에 대해 언급하고 있다. 서풍은 베이이 만의 부석섬 가에서 상상만 해도 감각이 혼절할 것 같이 아름다운 '이끼와 꽃들이 온통 뒤덮여 있는 옛 궁전과 탑들'의 꿈을 꾸고 있는 지중해를 여름잠에서 깨워서 가을이 왔음을 알려 준다. 서풍은 또한 대서양도 반응하게 만들어, 대서양의 잔잔한 바닷물은 스스로 갈라져 골을 만들어 서풍이 나아가도록 해 준다. 앞의 두 section에서처럼 대양의 바다 속에서도 일종의 낙엽현상이 나타난다. 대양의 깊은 바다 아래에 있는 해초의 숲은 서풍의 힘을 느끼고 겁에 질린 듯 '온 몸을 떨며 잎을 떨어뜨린다'고 시인은 말한다. 이 section도 마지막 부분에서 역시 서풍에게 시인 자신의 말을 들어보라고 간청을 하며 끝난다.

앞의 section에서 서풍이 땅과 하늘과 바다에 각각 미치는 영향, 즉 자연에 미치는 영향을 언급했다면, 이제 넷째 section부터는 인간, 특히 시인 자신에게 미칠 영향과 관련하여 시를 끌어가고 있다. 시인은 현재 험난한 인생길에서 넘어진 채 가시에 찔려 피를 흘리고 있고, 세월의 무게 때문에 '길들일 수 없고 재빠르고 자존심 강했던' 서풍과 닮았던 과거의 자신을 잃어버리고 묶이고 꺾인 상태가 되어 있다. 그래서 시인은 서풍의 힘을 받고 움직였던 낙엽이나 구름, 파도처럼 되기를 간절히 바란다.

마지막 section에서 시인은 바람이 불면 저절로 울리는 에올리언 하프처럼 자신에게도 서풍이 불어오기를 간구한다. 숲에 가을바람이 불 때 나는 소리처럼 자신에게 부는 바람도 슬프면서도 감미로운 가을의 깊은 가락을 뽑아내리라고 생각하는 것이다. 이어서 시인은 서풍의 정신이 자신의 정신이 되고, 나아가 서풍 자체가 바로 자신이 되기를 갈구한다. 서풍과 시인 자신이 하나가 되기를 바라는 것은 낙엽들을 서풍이 몰아갔듯이 자신의 죽어 있는 생각들을 온 세상으로 몰아가 새로운 탄생에 이르기를 바라기 때문이다. 그리하여 그는 이 시를 하나의 주문으로 삼아 아직 남아 있는 화로의 불씨로부터 새로운 불을 지피듯 자신의 말이 온 인류에게 퍼져나가기를, 자신의 시가 아직 미몽의 상태에 있는 인간들에게 예언의 나팔 같은 구실을 하기를 바란다. '오 바람이여,/ 겨울이 오면 어찌 봄이 멀리오?'라는 이 작품의 결구는 시인뿐만 아니라 온 인류에게 겨울이 지나고 반드시 다가올 봄에 대한 단적인 희망의 메시지이다.

흔히 시 속에서 언급되는 바람은 단순히 자연에 부는 바람만이 아니고 시인 자신의 정신 속에 부는 바람의 비유로 나타난다. 시인의 마음속에서 일어나는 바람이란 그 정신이 무감각한 상태에서 벗어나 활기를 띠는 것, 고갈되었던 상상력이 다시 샘솟는 것을 말한다. 히브리어나 라틴어, 그리스어 등의 언어에서 바람이나 숨결, 영혼, 영감 등은 모두 같은 어원을 가지고 있는 말들이다. 그런 점에서 Shelley의 서풍은 하나의 정신(spirit)으로서, 그에게 영감(inspiration)을 불어넣어줄 존재인 셈이다. 말하자면 정신적 위기를 겪고 있는 시인, 영감이 고갈된(dispirited) 시인이 자신에게 새로운 삶의 숨결이 불어들기를, 시적 영감이 다시 들어오기를(inspirited) 기원하는 것이다.

시인이 말하는 '아직 깨어나지 않은 대지'나 '예언의 나팔'이라는 구절은 그의 시가 단순히 자신의 내면정신의 표현으로서의 역할보다는 아직도 완전한 자유와 평등을 누리지 못하는 인류의 해방을 알리는 역할을 하기를 바라는 마음을 나타내고 있다. 그런 점에서 볼 때 이 시의 초반부에 나오는 '온 누리에 움직이고 있는 거센 정신'(제13행)이라는 표현에서 보이듯, 이 작품에서 서풍은 18세기 말부터 유럽을 휩쓸었던 프랑스 혁명의 정신이라고 할 수 있을 것이다. 말하자면 이 시는 프랑스 혁명 정신의 열렬한 지지자였던 Shelley가 스스로 예언자적 역할을 하면서 그 혁명 정신에 의해 아직도 속박에 얽매어 있는 이 세계에 해방의 메시지를 전하고 싶은 희망의 표현으로 보인다.

John Keats

(1795–1821)

1 작가의 생애와 작품경향

Keats는 1795년에 런던근교에서 마차 대여업자의 장남으로 태어났다. Keats가 여덟 살 되던 해에 아버지가 낙마 사고로 죽고, 두 달 후에 어머니는 재혼을 했으나 얼마 후 새 남편과 헤어졌다. 열다섯 살이 되던 해에는 어머니마저 폐병으로 세상을 떠나고, 아이들은 외할머니 손에 맡겨졌다. Keats는 학교를 그만두고 외과의사의 견습생이 되었다. 그는 의사시험에 합격했으나 끝내 의학을 포기하고 문학에 일생을 바치기로 결심했다. 그리하여 1817년에는 드디어 30편의 시와 소네트를 실은 *Poems*라는 첫 시집을 출간했다. 그러나 이 시집은 별다른 호응을 얻지 못했다.

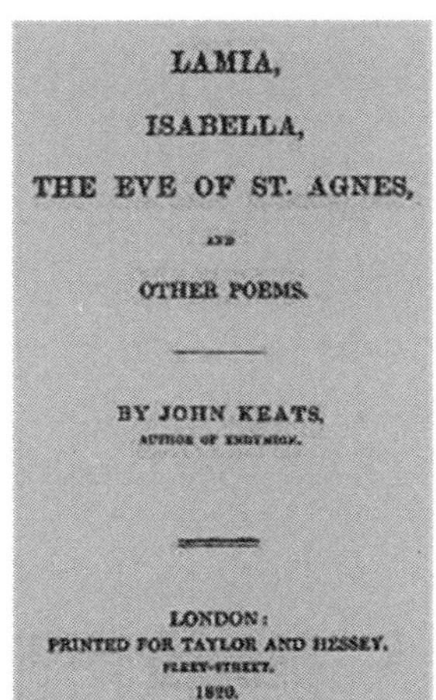
LAMIA,
ISABELLA,
THE EVE OF ST. AGNES,
AND
OTHER POEMS.

BY JOHN KEATS,
AUTHOR OF ENDYMION.

LONDON:
PRINTED FOR TAYLOR AND HESSEY,
FLEET-STREET.
1820.

이듬해인 1818년에 동생 George Keats는 결혼을 하고는 폐병을 앓고 있는 동생 Tom을 Keats에게 남겨놓은 후 미국으로 이민을 갔다. Tom을 돌보면서 Keats

는 비평가의 혹평을 받았던 서사시 *Endymion*(1818)을 썼다. 결국 동생 Tom은 12월에 세상을 떠났다.

1819년은 'annus mirabilis'(기적의 해)라고 불리는 해로서, Keats의 수많은 걸작들이 구상되고 완성되었던 해이다. 몇 달 동안 그는 "The Eve of St Agnes", "La Belle Dame Sans Merci"와 "On Melancholy", "Ode to a Nightingale", "Ode to Psyche", "Ode on a Grecian Urn" 등의 많은 작품들을 써냈고, 두 번째 서사시 *The Fall of Hyperion*의 집필을 시작했다.

이 무렵 Keats는 친구 Charles Brown의 집에 세 들어 살던 16살의 Fanny Brawne과 사랑에 빠지게 되었다. 그러나 얼마 안 되어 폐병의 징후가 나타나기 시작하여 결혼을 포기할 수밖에 없었다. 1820년에 이르러 폐병의 징후가 뚜렷해지자 Keats는 자신의 마지막 시집 *Lamia, Isabella, the Eve of St Agnes and Other Poems*의 성공을 기뻐할 겨를이 없었다. 그해 늦여름에 그는 영국의 겨울을 피하라는 의사의 권고를 받아들여 이탈리아로 갔다. 몸이 잠시 호전되는 듯 했으나 결국 건강을 회복하지 못하고 그는 1821년에 로마에서 세상을 떠났다. 유언에 따라 무덤에는 그가 로마에 도착한 후 Fanny Browne으로부터 받은 개봉되지 않은 편지들과 그녀의 머리타래가 함께 묻혔고, 묘비에는 'Here lies one whose name was writ in water'(덧없는 명성을 가진 자가 여기 잠들어 있노라)라는 비문이 새겨졌다.

2 On First Looking Into Chapman's Homer

Much have I travell'd in the realms of gold,
　And many goodly states and kingdoms seen;
　Round many western islands have I been

Which bards in fealty to Apollo hold.
Oft of one wide expanse had I been told
  That deep-brow'd Homer ruled as his demesne;
  Yet did I never breathe its pure serene
Till I heard Chapman speak out loud and bold:
Then felt I like some watcher of the skies
  When a new planet swims into his ken;
Or like stout Cortez when with eagle eyes
  He star'd at the Pacific—and all his men
Look'd at each other with a wild surmise—
  Silent, upon a peak in Darien.

주석

1] realms of gold: 시(문학)의 세계. 황금색은 태양신이며 시와 음악의 신인 Apollo와 관계된 색.
3] western islands: 서양 시(문학)의 세계(the poetry of the West)를 말함.
4] fealty: loyalty, devotion.
5] expanse: an area that is spread out; a wide extent(넓게 펼쳐진 지역).
6] deep-brow'd: wise. 이마가 넓다는 말은 지혜가 있다는 뜻.
demesne: realm(영역), feudal possession(영지).
7] pure serene: 순수하고 맑은 공기.
10] ken: range of sight or vision(시야).
11] stout: bold, strong.
Cortez: Mexico를 정복한 Spain의 장군 이름. 처음 태평양을 발견한 서양 사람은 Cortez가 아니라 Balboa였다.
14] Darien: Panama의 동쪽 끝에 있는 지역.

나는 황금의 영토를 많이 여행했고
  많은 훌륭한 나라와 왕국들을 보았으며,
  시인들이 아폴로에게 충성으로 바치는
서쪽 섬들도 많이 둘러보았다.
종종 이마가 넓은 호머가 자기의 영지로 다스렸던
  그 넓은 땅에 대해서도 나는 들었다.

그러나 채프먼이 큰 소리로 대담하게 외치는 소리를
듣기 전에는
그곳의 순수하고 맑은 공기를 마셔본 적이 없다.
그때 나는 느꼈다, 새로운 혹성이 시야에 헤엄쳐 들어왔을 때
어떤 천문학자가 느낀 것처럼.
혹은 자기 모든 부하들이 엉뚱한 추측을 하면서
서로를 쳐다보고 있는 가운데
다리엔의 한 산봉우리에서, 말없이, 독수리 같은 눈으로
태평양을 응시했던 강인한 코르테즈가 느꼈던 것처럼.

3 작품분석

이 작품에서 시인은 자신이 많은 시들을 폭넓게 읽은 경험을 가지고 있고 Homer의 *Iliad*와 *Odyssey*도 읽어보았지만, Chapman이 번역한 Homer의 작품을 읽기 전까지는 그 참맛을 제대로 느껴보지 못했다고 말한다. Chapman의 번역을 읽는 순간 자신은 마치 새로운 혹성을 발견한 천문학자나 중앙아메리카의 산꼭대기에서 태평양을 처음으로 보았던 Cortez가 느꼈을 법한 놀라움과 희열을 느꼈다는 것이다.

Keats는 그리스어를 잘 몰랐기 때문에 Homer의 작품을 번역본으로 읽을 수밖에 없었다. 그는 1816년 가을, 자기 선생님의 아들인 Charles Cowden Clarke의 소개로 엘리자베스시대의 시인이며 극작가인 Chapman이 번역한 Homer의 작품을 읽게 되었다. Homer 작품의 빼어난 구절들을 밤새 읽고 새벽에 집에 돌아와 그 감동을 시로 표현한 이 소네트는 Clarke의 아침식사 식탁에 전달된 것으로 알려져 있다. 그때까지 소네트를 써 본 경험이 거의 없었던 Keats는 이 시를 단

숨에 써냄으로써 자신의 천재성을 보여주었다.

이 소네트는 각운구조가 abba abba cdcdcd인 이탈리아 소네트 형식으로 되어 있다. 전반부 8행(octave, 제1-8행)에서 시인은 자신의 독서 경험을 여행의 비유를 통해 표현하고 있다. 첫 quatrain(제1-4행)에서는 자신이 서양문학을 두루 섭렵했음을 말한다. 첫 행에 나오는 '황금의 영토'는 태양신이며 시의 신인 Apollo가 다스리는 세계, 즉 시 혹은 문학의 세계를 말한다. 따라서 황금의 영토를 많이 여행했다는 말은 많은 시작품을 읽었다는 뜻이다. 둘째 행에 나오는 '많은 훌륭한 나라와 왕국들' 또한 그가 읽었던 많은 문학작품의 세계에 대한 비유이다. 그러므로 셋째와 넷째 행에 언급된 '시인들이 아폴로에게 충성으로 바치는/ 많은 서쪽 섬들'은 서양 시문학의 세계를 말한다.

둘째 quatrain(제5-8행)에서는 서양문학 중에서도 특히 Homer작품의 독서경험을 언급하고 있다. Homer가 다스리는 넓은 땅이란 *Iliad*와 *Odyssey*를 말하는 것으로서, 시인은 이 작품들을 읽어본 적이 있지만 Chapman의 번역을 읽고 나서야 그 참맛을 제대로 느낄 수 있었다고 말한다. Chapman이 큰 소리로 대담하게 외쳤다는 말은 Chapman의 Homer작품 번역의 특성을 한마디로 요약한 표현이다. 아마도 정확하기보다는 활력에 찬 실감나는 번역이라는 뜻으로 보인다.

이 소네트의 후반부 6행(sestet, 제9-14행)은 Chapman이 번역한 Homer작품을 읽었을 때의 감동을 두 가지 비유를 통해 표현한다. 첫 번째 비유는 천문학을 이용한 비유로서, '새로운 혹성이 시야에 헤엄쳐 들어왔다'는 말은 새로운 별을 발견했다는 뜻이다. 말하자면 Chapman의 Homer를 읽었을 때의 감동은 새로운 별을 발견했을 때 천문학자가 느낄 법한 감동이라는 것이다. 고대로부터 그 당시까지 1781년 William Herschel경이 천왕성(Uranus)을 발견한 것이 유일한 일이었을 정도로 새로운 별의 발견은 매우 드문 일이었다고 한다. 그만큼 자신이 Chapman의 Homer를 읽었을 때 느낀 감동은 매우 희귀한 경험이라는 것이다.

두 번째 비유는 지리상의 발견과 관계된 것으로 이 부분이 이 시에서 가장 인상적인 부분이라고 할 수 있을 것이다. 시인은 처음 태평양을 발견한 Cortez가 느꼈을 법한 감동을 자신이 느꼈다고 말한다. 새로운 세계를 처음 발견하고 '말없이, 독수리 같은 눈으로/ 태평양을 응시했던' Cortez의 모습에서 시인은 Chapman의 Homer를 읽었을 때의 자신의 모습을 보는 것이다. Keats는 자신이 느낀 감동을 Cortez와 그의 부하들이 할 말을 잃어버릴 정도로 감격스러운 그 역사적 상황에 비유하고 있다.

그런데 여기에서 Keats는 Balboa를 Cortez로 착각하고 있다. Cortez는 Mexico를 정복한 사람이고, 서양인 중에서 처음 태평양을 발견한 사람은 Cortez가 아닌 Balboa였다. Keats와 그의 친구들이 당시에 이런 오류를 알고 있었는지는 확실치 않다. 나중에 그 오류를 알았을 수도 있지만, 어쨌든 이 시에서는 역사적 사실과 다른 상태로 고정되어 버렸다. 시가 궁극적으로 추구하는 것은 역사적 사실이 아닌 인간의 근본적인 진실이므로, Keats의 오류는 큰 문제가 아닐 수도 있다. 그러나 문학과 예술에서의 역사적 사실의 왜곡이나 부정확성을 어느 정도까지 용인할 수 있는가에 대해서는 그 기준을 정하기 쉽지 않다.

4 La Belle Dame sans Merci

I

O what can ail thee, knight-at-arms,
Alone and palely loitering?
The sedge has wither'd from the lake,
And no birds sing.

II

O what can ail thee, knight-at-arms!
So haggard and so woe-begone?
The squirrel's granary is full,
And the harvest's done.

III

I see a lily on thy brow
With anguish moist and fever dew,
And on thy cheeks a fading rose
Fast withereth too.

IV

I met a lady in the meads,
Full beautiful—a faery's child,
Her hair was long, her foot was light,
And her eyes were wild.

V

I made a garland for her head,
And bracelets too, and fragrant zone;
She look'd at me as she did love,
And made sweet moan.

VI

I set her on my pacing steed,

And nothing else saw all day long,
For sidelong would she bend, and sing
A faery's song.

VII

She found me roots of relish sweet,
And honey wild, and manna dew,
And sure in language strange she said—
"I love thee true."

VIII

She took me to her elfin grot,
And there she wept, and sigh'd full sore,
And there I shut her wild wild eyes
With kisses four.

IX

And there she lulled me asleep,
And there I dream'd—Ah! woe betide!
The latest dream I ever dream'd
On the cold hill's side.

X

I saw pale kings and princes too,
Pale warriors, death-pale were they all;
They cried—"La Belle Dame sans Merci
Hath thee in thrall!"

XI

I saw their starved lips in the gloam,
With horrid warning gaped wide,
And I awoke and found me here,
On the cold hill's side.

XII

And this is why I sojourn here,
  Alone and palely loitering,
Though the sedge is wither'd from the lake,
  And no birds sing.

주석

0] La Belle Dame sans Merci : The Beautiful Lady without Mercy.
1] ail : trouble, afflict.
knight at arms : 무장한 기사. arms : weapons.
6] haggard : gaunt, exhausted(초췌한, 지친).
woe-begone : sorrowful, suffering, troubled, miserable(슬픔에 잠긴, 고통스러워하는).
13] meads : 'meadows'(초원) 대신 주로 시에서 운율을 맞추기 위해 음절을 줄일 때 사용함.
14] full : very, quite(아주, 대단히).
18] zone : belt.
19] as : as if; while.
21] my pacing steed : 천천히 걷는 내 말. pace : take slow steps, go at a pace(말이 측대보로 걷다, 서행하다). steed : horse.
26] manna dew : 달콤한 이슬. 성경에 의하면, 이집트를 탈출한 이스라엘 민족이 광야에서 헤맬 때 하나님이 이슬을 내리셨는데, 그것이 굳어 그들의 양식인 만나(manna)가 되었다고 함.
27] sure : certainly, surely.
28] true : truly, truthfully.
29] grot : grotto, cave, cavern.
30] full sore : 아주 가슴 아프게.
31-31] I shut her wild wild eyes/ With kisses four : 1819년 4월 동생 George에게 보낸 편지에 이 구절에 관한 언급이 나온다: "Why four kisses—you will say—why four? Because I wish to restrain the headlong impetuosity of my Muse—she would have said 'score' without hurting the rhyme—but we must temper the imagination as the critics say with judgement"; "Two a piece quite sufficient."
34] betide : happen to, befall.
35] latest : last.
40] in thrall : enslaved, enthralled.
41] gloam : gloaming, twilight((Keats의 신조어)).
45] sojourn : stay temporarily.

I

오, 갑옷 입은 기사여, 무엇 때문에 괴로워하며
　창백한 얼굴로 홀로 배회하고 있소?
호숫가 사초는 시들었고
　새 한 마리 울지 않는데.

II

오, 갑옷 입은 기사여, 무엇 때문에 괴로워하며
　그토록 슬픔에 싸여 초췌한 얼굴을 하고 있나요?
청설모의 창고는 가득 찼고
　추수도 끝났는데.

III

그대의 이마에는 백합꽃이 보이고
　고뇌로 축축하고 열병으로 이슬져 있소.
그대 두 뺨의 색 바래가는 장미꽃 역시
　빠르게 시들고 있소.

IV

초원에서 한 여인을 만났소,
　아주 예쁜—요정 아가씨였어요.
머리칼은 길고, 걸음걸이는 가벼웠고,
　두 눈은 격정적이었지요.

V

나는 그녀의 머리에 화관을 만들어 씌워주고
　팔찌와 향기로운 허리띠도 만들어 주었소.

그녀는 사랑한다는 듯 나를 바라보았고
　달콤한 신음소리를 냈지요.

VI

나는 그녀를 내 말에 태워 천천히 길을 가면서
　종일 딴 것은 전혀 보지 못했소.
그녀가 몸을 굽히고
　요정노래를 불렀기 때문이오.

VII

그녀는 맛있는 뿌리와 야생꿀,
　신비로운 이슬을 찾아서 내게 주었소.
낯선 언어로 그녀는 분명히 말했지요—
　"당신을 진정 사랑해요."

VIII

그녀는 나를 요정동굴에 데려가서는
　그곳에서 울면서 몹시 깊은 한숨을 쉬었소.
나는 아주 격정적인 그녀의 두 눈을 감게 했지요
　네 번 입을 맞추어.

IX

그곳에서 그녀는 나를 잠들게 했고
　나는 꿈을 꾸었소—아! 슬픈 일이로다!
차가운 언덕배기에서 꾼
　마지막 꿈이었지요.

X

나는 창백한 왕들과 왕자들도 보았소,
　창백한 전사들, 모두들 죽은 듯 창백했지요.
그들은 소리쳤소-"무자비한 미녀가
　당신을 사로잡았구려!"

XI

나는 어둠 속에서 굶주린 입술들을 보았소,
　입을 떡 벌리고 무서운 경고를 했소.
그리고 잠에서 깨어나 내가 여기 있는 걸 알았지요,
　이 차가운 언덕배기에.

XII

그래서 여기에 내가 혼자 머물며
　창백한 얼굴로 헤매고 있소.
호숫가 사초는 시들었고
　새 한 마리 울지 않는데.

5 작품분석

이 시의 제목은 중세 프랑스 시인 Alain Chartier의 시에서 따온 것으로, 그 의미는 "무자비한 미녀"(The Beautiful Woman without Pity)이다. 100개의 연으로 된 Chartier의 시는 사랑하는 연인을 잃고 슬픔에 빠져 무감각해진 시인이 목격하게 된 어떤 남자와 그 남자의 사랑을 거부하는 여인간의 대화로 주로 이루어져 있다. 따라서 치명적 아름다움을 가진 초자연적인 여인에 의해 파멸되는 남자의 이야기를 다루고 있는 이 시와는 내용상 전혀 연관성이 없다.

Keats는 folk ballad를 본떠 단순하고 소박한 언어를 사용하고 인물들에 대한 묘사는 최소로 하며, 오로지 한 사건에만 초점을 맞추고 그 사건에 대해 어떤 평가도 내리지 않는 태도를 취한다. 작품의 어떤 부분은 일상적이고 사실적으로 보이며, 또 어떤 부분은 상식으로는 이해할 수 없는 기이한 느낌을 준다. 전체적으로는 소박하면서도 동시에 신비스러운 느낌을 주도록 되어 있다. 그래서 무자비한 미녀는 어떤 존재인지, 기사의 경험은 어떤 의미를 갖는지, 기사가 여인에게 속은 것인지 아니면 스스로 속은 것인지, 이 작품의 궁극적인 의미는 무엇인지 추측하기가 어렵다.

이 작품의 제1-3연은 시의 화자가 기사에게 던지는 질문으로 되어 있고, 제4연-12연은 그 질문에 대한 기사의 대답으로 구성되어 있다. 우리는 화자의 말을 액면 그대로 받아들이는 것이 보통이다. 말하자면 그가 우연히 길을 가다가 얼굴이 창백한 기사를 만나서 무슨 문제가 있는지 물었고, 그에 대해 기사가 대답한 것으로 생각하게 된다. 그러나 이 시 전체에서 벌어진 일은 화자의 상상 속에서 만들어진 것일 수도 있고, 그가 만났다는 기사는 바로 자신의 모습의 투영일 수도 있다.

화자가 질문하는 세 개의 연 중 제1, 2연은 거의 같은 내용과 구조로 되어 있다. 첫 행은 똑같이 '오, 갑옷 입은 기사여, 무엇 때문에 괴로워하며'로 시작하여 기사에게 질문을 하는데, 둘째 행은 첫 연의 경우 그의 육체적인 상태('창백한 얼굴로 홀로 배회하고 있소')에 주로 초점이 맞춰진 대신, 둘째 연의 경우 그의 심적인 상태('슬픔에 싸여')까지 묘사하고 있다. 발라드에서 이처럼 시구를 일부 변화시키면서 반복하는 것을 '점증 반복'(incremental repetition)이라고 하는데, 이것은 발라드의 가장 중요한 특징 중의 하나이다. 그는 기사가 늦가을 혹은 초겨울에 그처럼 황량한 곳에서 홀로 헤매는 이유를 이해하지 못하며 질문을 던지고 있다. 제3연에서는 기사의 신체적인 상태가 비유를 통해 구체적으로 묘사되고 있다. 얼굴의 창백함은 백합꽃과 시드는 장미에 비유되어 있다. 백합은 전통적으로 죽음의 상징으로 쓰여 왔으며, 아름다움의 상징인 장미는 여기에서 시들며 색이 바래가는 것으로 묘사되고 있다. 창백한 얼굴을 한 이 기사는 고뇌와 열병으로 이마에 땀을 흘리는 상태이다.

세 번째 연까지 질문이 계속되는 동안 아무런 대답이 없던 기사는 갑자기 네 번째 연부터 대답하기 시작한다. 기사의 대답으로 이루어진 연들은 크게 세 부분으로 나뉜다. 우선 제4-7연에는 기사와 여인의 만남이 묘사되어 있다. 제4연에서 기사는 자신이 요정 아가씨를 만났다는 사실과 그녀의 신체적 특징들을 얘기한다. 제5연에서 기사는 여인에게 화관과 팔찌, 꽃으로 만든 허리띠를 선물했다고 한다. 여기에서 'fragrant zone'이라는 말은 일반적으로 꽃으로 만든 허리띠로 보지만, 여성의 중요 부위를 가리키는 말일 수도 있다. 다음 행에서 그녀가 '사랑의 표정'으로 기사를 바라보고 '달콤한 신음소리를 냈다'는 말은 이런 해석이 가능하게 만든다. 제6연에서는 기사가 여인을 말에 태우고 다녔다는 언급이 나오는데, 둘이 말을 탔다는 것 역시 성적인 함축이 있는 말이다. 기사는 여인과 그런 황홀한 행위에 빠져 온종일 다른 것은 전혀 보지 못하게 된다. 제7연에서는 여인이 기사에게 맛있는 뿌리와 꿀, 이슬을 선물했다는 사실이 언급된다. 특히 'manna-dew'라는 말은 그녀가 초자연적인 존재임을 말해 준다. 여인은 '낯선 언어로'(in language strange)로 "당신을 진정 사랑해요"라고 말하는데, 어떻게 그가 그 언어를 이해할 수 있었는지는 알 수가 없다. 그저 자신이 듣고 싶은 대로 생각하고 해석한 것인지, 여인의 마법에 홀려서 그 언어를 이해할 수 있게 되었는지는 확실치 않다.

기사가 하는 대답의 두 번째 부분은 제8연이다. 여인은 기사를 요정 동굴로 데리고 들어가서는 울면서 깊은 한숨을 쉰다. 그녀가 왜 그랬는지는 설명이 없다. 다만 그녀의 격정적인 눈에 네 번 입맞춤을 하여 위로해 준다. 일반적으로 동화에서는 마법의 숫자가 3이므로 세 번 입맞춤을 했다는 표현이 더 적절할지 모른다. 네 번의 입맞춤이라는 표현은 Keats가 동생에게 보낸 편지에도 언급되지만, 둘째 행의 'sore'와 각운을 맞추면서도 양쪽 눈에 각각 두 번씩 입맞춤하는 것을 시인이 상상했던 것으로 보인다. 이 연은 두 사람이 절정의 사랑을 나눈 것을 암시해 주는 일종의 클라이맥스에 해당되는 부분이다.

기사가 하는 대답의 세 번째 부분은 나머지 제9-12연으로, 기사의 꿈과 기사가 꿈에서 깨어 헤매고 있는 모습이 묘사되어 있다. 제9연에서는 동굴에서 여인이 기사를 잠들게 하였고 그래서 꿈을 꾸게 되었지만, 그 꿈에서 깨어난 곳은 동굴이 아닌 어떤 차가운 언덕이었음이 드러난다. 제10연에서는 기사가 꿈에서 창백한 왕과 왕자, 무사들을 보게 되는데, 그들의 얼굴이 창백한 것은 그들 또한 이 시의 기사와 같은 운명을 맞았다는 것을 보여 준다. 제11연에서는 꿈에서 본 사람들의 끔찍한 모습이 묘사되고, 꿈에서 깬 기사는 자신이 차가운 언덕에 누워 있다는 사실을 알게 되었음이 다시 언급된다. 마지막 제12연에서 기사는 얘기를 마치면서, 이런 이유 때문에 자신이 이곳에서 헤매고 있다고 말한다. 특히 마지막 2행('호숫가 사초는 시들었고/ 새 한 마리 울지 않는데')은 이 시 첫 연의 마지막 2행과 같은 것으로서, 이 시를 처음 상황으로 돌아가게 만듦으로써 이 작품이 수미상관의 구조를 가지도록 만든다.

여기에 등장하는 여인은 인간이 아닌 '요정 아가씨'로서, '요정노래'를 부르고 인간의 언어와는 다른 '낯선 언어'를 쓰며 기사를 '요정동굴'로 데려가는 초자연적 존재이다. 이 시의 메시지 중의 하나는 초자연적 존재와 인간은 같은 차원에서 존재할 수 없다는 것이다. 혹은 여인이 속한 세계는 상상의 세계일 수도 있다. 여인은 기사를 사로잡아 이상적인 세계로 데리고 간다. 기사는 그녀의 음식과 노래, 그녀의 미모와 사랑에 취해 현실을 잊어버린다. 그러나 상상의 세계는 지속적일 수 없다. 그런 상상력의 세계에 계속 남아 있으려는 기사의 태도는 그를 파멸에 이르게 한다.

이 여인을 소위 '팜므파탈'(femmes fatales)로 볼 수 있을 것이다. 팜므파탈은 치명적인 성적 매력으로 남자를 유혹해 파멸에 이르게 하는 존재로서, 많은 문학작품이나 영화의 소재가 되어 왔다. 이것은 신화에 나오는 사이렌(Siren)이나 키르케(Kirke), 트로이의 헬렌(Helen), 성경 속의 살로메(Salome)나 데릴라(Delilah) 같은 인물에서 보이는 여성상이다. 팜므파탈은 아름다운 여성에 대해 남성들이 느끼는 욕망과 동시에 또 한편으로 느끼는 두려움을 투영한 것이다.

6 Ode on a Grecian Urn

Thou still unravish'd bride of quietness,
Thou foster-child of Silence and slow Time,
Sylvan historian, who canst thus express
A flowery tale more sweetly than our rhyme :
What leaf-fring'd legend haunts about thy shape
Of deities or mortals, or of both,
In Tempe or the dales of Arcady?
What men or gods are these? What maidens loth?
What mad pursuit? What struggle to escape?
What pipes and timbrels? What wild ecstasy?

Heard melodies are sweet, but those unheard
Are sweeter; therefore, ye soft pipes, play on;
Not to the sensual ear, but, more endear'd,
Pipe to the spirit ditties of no tone :
Fair youth, beneath the trees, thou canst not leave
Thy song, nor ever can those trees be bare;
Bold Lover, never, never canst thou kiss,
Though winning near the goal—yet, do not grieve;
She cannot fade, though thou hast not thy bliss,
For ever wilt thou love, and she be fair!

Ah, happy, happy boughs! that cannot shed
Your leaves, nor ever bid the Spring adieu;
And, happy melodist, unwearied,
For ever piping songs for ever new;
More happy love! more happy, happy love!
For ever warm and still to be enjoy'd,
For ever panting, and for ever young;
All breathing human passion far above,
That leaves a heart high-sorrowful and cloy'd,
A burning forehead, and a parching tongue.

Who are these coming to the sacrifice?
  To what green altar, O mysterious priest,
Lead'st thou that heifer lowing at the skies,
  And all her silken flanks with garlands drest?
What little town by river or sea-shore,
  Or mountain-built with peaceful citadel,
    Is emptied of its folk, this pious morn?
And, little town, thy streets for evermore
  Will silent be; and not a soul, to tell
    Why thou art desolate, can e'er return.

O Attic shape! Fair attitude! with brede
  Of marble men and maidens overwrought,
With forest branches and the trodden weed;
  Thou, silent form! dost tease us out of thought
As doth eternity : Cold Pastoral!
  When old age shall this generation waste,
    Thou shalt remain, in midst of other woe
  Than ours, a friend to man, to whom thou say'st,
"Beauty is truth, truth beauty,"—that is all
    Ye know on earth, and all ye need to know.

주석

0] ode: 송시(誦詩) 혹은 부(賦)라고 번역되는 이 시형식은 장중하고 명상적인 성격의 비교적 긴 서정시를 말한다. 원래 그리스어에서는 악기에 맞추어 부르는 노래를 의미했으나 나중에는 운율을 지닌 서정시를 가리키게 되었다. 오드에는 핀다로스 오드, 호라티우스 오드 등 몇 가지 형태가 있다. 주요 영문학 작품들로는 Thomas Gray의 "The Progress of Poesy"와 "The Bard", William Wordsworth의 "Intimations of Immortality", Shelley의 "Ode to the West Wind", Keats의 5 odes("Ode to a Nightingale", "Ode on Melancholy", "Ode on a Grecian Urn", "Ode to Psyche", "Ode on Indolence") 그리고 "To Autumn" 등이 있다.

a Grecian Urn: Keats가 묘사하고 있는 것과 같은 그리스 도자기는 실제로 존재하지 않는다. 아마도 대영박물관 등에서 본 예술작

품들의 기억을 조합한 것으로 보인다.

1] still unravish'd bride of quietness: 아직도 순결한 정적의 신부. 고대 그리스 시대에 만들어진 도자기가 흠 없이 아직도 잘 보존되어 있다는 뜻. '정적'이라는 말은 도자기는 말이 없기 때문에 쓴 것. 여기에서 'still'은 부사로 '아직'(as yet), 형용사로 '움직이지 않는'(motionless)의 두 가지 뜻을 가진다.

2] foster-child of Silence and slow Time: 친아버지에 해당되는 그리스의 도공이 이 도자기를 만든 후 오랜 세월 동안 침묵이 양자처럼 키워왔다는 것.

3] sylvan historian: 숲의 역사가((도자기에 숲속의 일들이 그려져 있기 때문에)). sylvan: wooded, woody, belonging to the woods.

5] leaf-fring'd legend: 나뭇잎으로 가장자리가 장식된 전설((도자기의 가장자리를 따라 나뭇잎 무늬가 새겨져 있으므로)). 이 부분은 다음 행의 'Of deities or mortals, or of both'에 연결된다.

7] Tempe: 아름다운 경치로 유명한 Thessaly의 계곡.
Arcady: Arcadia((Peloponnesus의 한 지역으로 목가적 아름다움으로 잘 알려진 곳. 목가시와 연상이 된다)).

8] men or gods: 제6행의 'deities or mortals'의 반복.
loth: loath, unwilling, reluctant(꺼리는, 싫어하는).

10] timbrels: tambourines.

11] those unheard: melodies which are imagined((도자기 속에 그려진 풍경으로 보아 상상되는 피리소리. 실제로 들리는 소리가 아니라 상상속의 멜로디)).

13] more endear'd: since they(ditties of no tone) are more endeared to the spirit than ditties with tone. 영혼에게는 소리가 들리는 노래보다 소리 없는 노래가 더욱 친밀하다는 것.

14] ditties: poems to be sung; short, simple songs.

15] leave: stop.

16] bare: 나뭇잎이 다 떨어졌다는 뜻.

19] thy bliss: 여자에게 키스하는 기쁨을 말함.

20] For ever: Forever.

21] shed: 나뭇잎을 떨구다(fall off leaves).

28] All breathing human passion far above: Far above all breathing human passion(살아 숨 쉬는 모든 인간의 정욕을 초월한).

29] high-sorrowful: most sorrowful.
cloy'd: wearied, surfeited(질린, 물린, 싫증난).

31] Who are these coming to the sacrifice?: 도자기의 다른 면에 그려진 제사행렬을 묘사하고 있는 부분. 이 장면은 Elgin경이 파르테논에서 가져와서 1816년 대영박물관에 진열해 두었던 소위 'Elgin Marbles'에 새겨진 행렬과 유사하다.

33] heifer: a young cow over one year old.
low: 소가 낮은 소리로 음매 음매하고 울다.

34] all her silken flanks with garlands drest: all her silken flanks dressed with garlands(꽃다발로 온통 장식한 어린 암소의 비단 같은 허리).
flank: 옆구리(the side of an animal).
36] citadel: fortress, stronghold(성채, 요새).
41] Attic: Greek(Attica는 고대 그리스 아테네가 있던 곳).
attitude: 자태.
brede: braid, embroidery. 여기서는 도자기에 새겨진 무늬, 그림을 말함.
42] overwrought: decorated all over(온통 장식된).
44] tease us out of thought: draw us out beyond the limits of thought. 이 구절은 Keats가 1818년 3월에 쓴 *Epistle to Reynolds*에도 나타난다. 'Things cannot to the will/ Be settled, but they tease us out of thought.'
46] When old age shall this generation waste: 세월이 흘러 이 세대가 사라져 없어질 때도.
49] "Beauty is truth, truth beauty": beauty와 truth는 Keats의 편지에 여러 번 연관되어 언급된다. 'What the imagination seizes as Beauty must be truth' (Nov. 22, 1817); ' … in close relationship of Beauty and Truth' (Dec. 21, 1817); 'I can never feel certain of a truth but from a clear perception of its Beauty'(Dec. 31, 1818). 이 시가 *Annals of the Fine Arts*에 처음 실렸을 때는 마지막 두 행에 따옴표가 없었으나 *Lamia*에서는 현재의 텍스트처럼 "Beauty is truth, truth beauty"만 도자기의 말처럼 따옴표가 붙고 나머지 부분은 시인이 말하는 것처럼 처리되었다. 이것 때문에 많은 혼란과 논란이 야기되었다. Keats가 *Lamia*의 출판을 준비하고 있었을 때 병중에 있었기 때문에 누가 이렇게 한 부분에만 따옴표를 붙였는지 알 길이 없다.

그대, 아직도 순결한 정적의 신부여,
그대, 침묵과 느린 시간의 양자여,
우리들의 시보다 꽃다운 이야기를 더 감미롭게
이처럼 표현할 수 있는 숲의 역사가여,
템페 혹은 아카디아 골짜기의 신들 혹은 인간들
혹은 둘 모두의 나뭇잎으로 가장자리가 장식된
어떤 전설이 그대 형상 주위에 깃들어 있는가?
이들은 어떤 사람들인가 혹은 신들인가? 어떤 처녀들이

싫다고 하는가?
얼마나 미친 추격인가? 도망치려고 얼마나 몸부림치는가?
무슨 피리들이며 북들인가? 얼마나 격렬한 황홀경인가?

들리는 가락은 감미롭지만, 들리지 않는 가락은
더 감미롭다. 그러므로 부드러운 피리들아, 계속 연주하라.
육신의 귀에다 불지 않고, 더욱 다정한
소리 없는 노래를 영혼에게 불어라.
나무 아래에 있는 아름다운 젊은이여, 그대는 노래를
그만둘 수도 없고, 나무들 또한 벌거벗을 수 없다.
대담한 연인이여, 그대는 거의 목표에 가까이 갔지만
결코, 결코, 키스를 하지는 못한다－그러나, 슬퍼하지 말라,
비록 그대가 기쁨을 얻지 못해도 그녀는 시들 수 없고,
영원히 그대는 사랑할 것이며 그녀는 아름다울 것이니!

아, 행복하고 행복한 가지들이여! 그대들은
잎을 떨어뜨릴 수도, 영원히 봄에게 작별을 고할 수도 없다.
그리고 영원히 새로운 노래를 영원히 피리로 부는
그대, 지칠 줄 모르는 연주자여.
더 행복한 사랑! 더 행복하고 행복한 사랑!
영원히 따뜻하고 언제나 즐길 수 있으며
영원히 숨 가쁘고 영원히 젊은.
슬픔에 차고 싫증이 난 가슴과
불타는 이마, 바싹 타는 혀를 남기는
살아 숨쉬는 모든 인간의 정욕을 초월한 사랑.

제사에 오고 있는 이들은 누구인가?
오, 신비스러운 사제여, 그대는 어느 초록 제단으로
꽃다발로 비단 같은 허리를 온통 장식한 채
하늘을 향해 우는 어린 암소를 데리고 가는가?
이 경건한 아침에, 강가 혹은 바닷가
혹은 평화로운 요새가 있는 산에 지어진 어느 마을에서
이 사람들이 모두 빠져나왔는가?
그리고 작은 마을이여, 그대의 거리는 영원히
조용할 것이며, 어째서 텅 비었는지
돌아와 말해줄 이 아무도 없으리라.

오, 아티카의 형상이여! 어여쁜 자태여!
숲의 나뭇가지와 짓밟힌 잡초들과 함께
대리석 사내들과 아가씨들의 그림으로 온통 장식된.
말 없는 형상이여, 그대는 영원처럼 우리를 조바심나게 하며
생각을 할 수 없게 만드는구나. 차가운 목가여!
오랜 세월이 흘러 우리 세대가 사라질 때도
그대는 우리가 겪는 것과 다른 고통 속에서
인간에게 친구로 남으리. 그대는 인간에게 말하지,
"미는 진리이고, 진리는 미"라고–이것이
여러분이 이 세상에서 아는 모든 것이고, 알 필요가 있는 모든 것이다.

7 작품분석

이 시는 시인이 고대 그리스 도자기를 앞에 두고 그 표면에 새겨져 있는 그림을 보며 하는 말로 구성되어 있다. 첫 연에서는 이 도자기를 세 가지로 의인화하여 부르며 묘사를 시작한다. 그는 도자기를 '아직도 순결한 정적의 신부', '침묵과 느린 시간의 양자', '숲의 역사가' 등으로 부른다. 이어서 도자기에 그려진 신들인지 인간들인지 모를 존재들, 쫓고 쫓기는 것처럼 보이는 남녀의 모습, 피리와 북들을 연주하는 광경 등에서 디오니소스 축제의 황홀경을 상상한다. 따라서 첫 연은 '정적', '침묵'을 보여주는 도자기의 정적인 모습에서 시작해서 '추격'과 '몸부림', '황홀경'의 역동적인 광경으로 끝난다.

둘째 연에서 시인은 첫 연 마지막에 언급되었던 피리들이 낼 법한 멜로디를 상상해 본다. 도자기에서 피리소리가 날리는 없지만 그는 실제의 피리소리보다 상상 속의 피리소리, '소리 없는 노래'가 더 아름답다고 말하며 피리를 계속 불도록 부탁한다. 이어서 나무 밑에서 노래하는 젊은이가 언급되는데, 이 젊은이가 이들 피리 부는 사람 중 하나인지, 다음 행에 나오는 '대담한 연인'과 같은 사람인지는 확실치 않다. 어쨌든 이 젊은이는 노래를 부르는 상태로 도자기에 그려져 고정되었기 때문에 노래를 멈출 수 없다는 것이다. 또한 이 젊은이를 위에서 가려주는 나무도 모두 낙엽이 져서 앙상하게 가지만 남은 상태가 될 수도 없다. 다음에 나오는 장면은 그 '대담한 연인'이 사랑하는 여인에게 키스하기 직전의 상태로 그려진 것으로 보인다. 그러나 슬퍼하지 말라고 한다. 왜냐하면, 키스의 기쁨은 영원히 누리지 못한다 해도 그는 늘 사랑하는 상태에 있을 것이며, 젊고 아름다운 그녀의 모습 또한 변치 않을 것이기 때문이다.

셋째 연에서는 도자기에 그려져 시간이 정지되어버린 나무들로 다시 시선을 돌려 이 나무들은 결코 잎들이 질 수 없을 것이라고 말한다. 도자기에 그려진 이 풍경이 봄의 풍경이므로 영원히 봄의 상태로 있을 것임은 물론이다. 또한 피리를 부는 사람은 절대 지치지 않고 '영원히 새로운 노래를 영원히 피리로 부는' 일을 계속할 것이라고 말한다. 도자기에 그려진 사람들이 하는 사랑은 현세 인간의 사랑보다 더 행복하고 영원히 젊은 사랑이며, '인간의 정욕을 초월한 사랑'이다.

넷째 연에서는 첫 연부터 셋째 연까지 묘사되었던 디오니소스 축제 같은 장면과는 전혀 다른 마을 제사 장면이 묘사되고 있다. 시인은 이제 이 도자기의 다른 쪽에 그려진 그림을 보고 말하는 것처럼 보인다. 실제로 한 도자기에 남녀의 사랑과 희생제사의 모습이 함께 그려져 있는 경우는 상상하기 어려울 것이다. 따라서 Keats가 서로 다른 도자기나 그림에서 본 광경들을 한 데 끌어와 조합하고 있다고 보는 게 더 타당할 것이다. 마을제사에서 보이는 광경은 희생제에 쓰일 송아지를 끌고 가는 사제와 마을 사람들의 행렬이다. 이어서 마을 사람들이 제사에 참여하기 위해 모두 빠져나와 텅 비어버린 마을의 모습을 상상한다. 물론 그 마을은 도자기에는 그려져 있지 않다. 그 마을은 강가나 바닷가에 있는 마을, 혹은 요새가 있는 산 위에 지어진 마을일 수도 있을 것이다. 그런데 마을 사람들이 모두 빠져나온 것처럼 보이는 풍경이 도자기에 시간이 멈춘 채 고착됨으로써 상상속의 그 마을은 영원히 사람이 빈 채로 있을 것이며, 아무도 왜 그렇게 마을이 텅 비었는지 돌아와서 얘기해 줄 사람은 하나도 없을 것이라고 한다.

마지막 연에서 시인은 도자기 자체에게 말을 한다. '어여쁜 자태'를 가진 이 '아티카의 형상', '말 없는 형상'은, <영원>이라는 풀 수 없는 문제가 그러하듯, 우리를 안달하게 하지만 결국 우리의 생각이 미칠 수 없는 신비로운 존재이다. 그러나 도자기에 그려진 숲의 나무들과 젊은 남녀들, 그리고 남녀가 사랑을 하느라 뭉개놓은 잡초들은 대리석처럼 딱딱한 형태를 띠고 있을 뿐이다. 그리고 시인이 묘사했던 목가는 차가운 도자기에 새겨진 모습에서 상상했던 노래일 뿐이다. 그래서 이 도자기는 이제 '차가운 목가'를 부르는 '말 없는 형상'으로 보인다. 여기에서 우리는 시인이 도자기의 풍경 속에 빠져있다가 현실로 돌아오면서 도자기와 거리를 두며 객관적으로 바라보기 시작했음을 알 수 있다. 그럼에도 불구하고, 이 도자기는 고대 그리스 시대부터 그때까지 살아남아 있듯이 앞으로도 덧없는 인간보다 오래 살아남아 우리 후손에게도 친구가 될 것이라고 시인은 말한다. 그래서 도자기는 인간에게 "미는 진리이고, 진리는 미"라는 메시지를 전할 것인데, 이것이 인간이 이 지상에서 알고 있고 또 알아야할 전부라는 것이다.

예술은 시간을 초월한 영원한 것이지만, 그것이 대상으로 하는 것은 시간에 매인 이 현상계, 덧없는 인간 삶의 모습이다. 삶의 가장 극적이며 강렬한 순간을 포착하여 고정시킴으로써 예술은 찰나를 영원으로 만든다. 이 시에서 고대 그리스 도자기가 그리고 있는 세계도 바로 그런 인간의 세계이다. 첫 연의 마지막 부분부터 셋째 연까지는 인간의 사랑, 인간의 사적인 삶의 세계를, 넷째 연에서는 인간의 종교, 인간의 공적인 삶의 세계를 담고 있는 도자기의 모습을 각각 그리고 있다. 따라서 이 시는 전체적으로 인간의 삶 전반을 다루고 있다.

이 시의 도자기속 세계의 묘사에는 늘 실제 인간세계가 대조적 배경으로 깔려 있다. 이를테면 도자기속의 젊은이는 영원히 젊고 아름다운 자기 애인을 영원히 사랑할 수 있다(제19-20행). 또한 그 사랑은 '영원히 따뜻하며', 그래서 '언제나 즐길 수 있으며', '영원히 숨 가쁘고 영원히 젊은' 행복한 사랑이다(제25-27행). 반면 현실속 인간의 사랑은 가슴에 늘 슬픔이 차고 곧잘 싫증이 나는 사랑이며, 이마는 불타고 혀도 바싹바싹 타는 그런 정욕의 사랑이다(제28-30행). 또한 둘째 연에서 도자기속 세계는 노래 소리가 영원히 그치지 않고, 나뭇잎도 떨어지지 않는 봄의 세계라고 말하는데, 이것은 노래가 영원히 지속될 수 없고, 가을, 겨울이 닥쳐와 무성한 나뭇잎도 결국 질 수 밖에 없는 현상의 세계, 이 지상의 세계와 대비시키는 표현이라고 할 수 있다.

인간의 세계는 생성, 소멸의 세계요, 삶과 죽음이 거듭되는 세계, 세대로 이어지는 세계, 좌절과 실망의 세계, 유한한 세계, 시간에 매인 세계이다. 반면 도자기로 대표되는 세계는 영원한 세계, 변치 않는 세계, 무한한 세계, 시간을 초월한 세계이다. 그러나 예술이 영원할 수 있는 것은 사실 그것이 살아있지 못하기 때문이다. 그것은 삶의 극적인 한 순간을 고착시켜 놓은 것일 뿐 그 자체가 살아 있는 것은 아니다. 인간은 살아있으므로 영원할 수 없고, 예술은 죽어 있음으로 비로소 영원성을 얻을 수 있다. 인간은 살아있으면서도 동시에 영원한 삶을 바라지만, 그것은 어디까지나 꿈일 뿐이다. 따라서 인간은 예술을 통해 그 바람을 실현하려고 하는 것이다.

이 시의 마지막 부분에서 도자기가 하는 말, "미는 진리이고, 진리는 미"라는 명제는 이런 관점에서 음미해 볼 수 있을 것이다. 예술이 추구하는 미는 이를테면 도자기의 모양이나 새김방식, 문양 등에서 오는 것이 아니라 그것이 인생의 유한성이나 인간적 사랑의 속성 등 삶의 진실, 인간성의 본질 등의 '진리'를 우리로 하여금 깨닫게 해 주는 데서 온다는 것이다. 인간은 영원하지 못하지만 그 삶의 진리를 예술을 통해 표현함으로써 영원할 수 있는 것이다.

빅토리아시대

(The Victorian Age: 1832-1901)

Alfred Tennyson(1809–1892)

Robert Browning(1812–1889)

Matthew Arnold(1822–1888)

Gerard Manley Hopkins(1844–1889)

Alfred Lord Tennyson
(1809–1892)

1 작가의 생애와 작품경향

Alfred Tennyson은 1809년 영국 Lincolnshire의 Somersby에서 목사의 열 두 자녀 중 넷째로 태어났다. 그의 할아버지는 관례를 무시하고 엄청난 재산을 큰아들인 자기 아버지가 아닌 작은 아버지에게 물려주고, 대신 아버지를 본인이 원치 않았던 성직자로 만들었다. 그의 부유한 고모나 성에서 살게 된 작은 아버지와는 달리 경제적으로 빈곤한 생활을 하면서 아버지는, 비록 성실하게 성직을 지켜갔지만, 극심한 우울증과 좌절감으로 술을 가까이 했다. 이런 가정환경 때문에 Tennyson도 늘 빈곤감을 느꼈고 평생 경제적인 문제를 걱정하며 살게 되었다. 경제적인 문제 말고도 Tennyson의 가족들 중 몇은 간질병 증세를 보였고, 과도한 음주로 병을 더욱 악화시켰다. Tennyson 자신도 몇 주 동안 병원신세를 졌고,

아버지의 상태가 악화되자 그 또한 폭력적이며 편집증적인 성향을 띠기도 했다.

1827년에 Tennyson은 두 형을 이어 Cambridge대학 Trinity College에 들어감으로써 이런 암울한 분위기에서 벗어날 수 있었다. 유년기부터 폭넓은 문학적 소양을 지닌 아버지로부터 교육받았던 Tennyson은 바로 위의 형인 Charles와 함께 *Poems by Two Brothers* (1827)를 출판하였다. 이 시집으로 두 형제는 대학에서 상을 받았고, Cambridge대학의 유명인사가 되었다.

그는 또 Cambridge대학에서 1829년 "The Apostles"(사도회)라는 문학 동인회에서 Arthur Henry Hallam을 만났다. Hallam은 많은 사람들의 기대를 한 몸에 받고 있던 재능 있는 젊은이었다. Tennyson과 Hallam이 교우한 것은 고작 4년뿐이었으나 그와의 만남은 그의 일생에 막대한 영향을 미쳤다. Hallam은 Tennyson의 여동생 Emily와 약혼하고 두 친구는 평생의 우정을 기대했으나, 갑자기 Hallam은 1833년 고작 22세의 나이에 병으로 죽었다. Hallam의 죽음이 가져온 엄청난 충격은 Tennyson으로 하여금 *In Memoriam A.H.H.*(1850년 출판), "The Passing of Arthur", "Ulysses"와 "Tithonus" 등의 작품을 쓰게 만들었다.

Tennyson은 1842년에 발간한 시집 *Poems*의 성공으로 유명시인이 되었고, 정부로부터 매년 200파운드의 연금을 받아 경제적 어려움에서 벗어나게 되었다. "The Princess"와 *In Memoriam*의 성공에 이어 1850년에는 계관시인으로 임명됨으로써 그는 Victoria시대의 가장 인기 있는 시인 중의 하나가 되었다. 그 밖의 주요 작품으로는 *Maud* (1855), *Idylls of the King* (1859), *Queen Mary* (1875) 등이 있다.

[2] from *In Memoriam A. H. H.* OBIIT MDCCCXXXIII : 27

I envy not in any moods
The captive void of noble rage,
The linnet born within the cage,
That never knew the summer woods;

I envy not the beast that takes
His license in the field of time,
Unfettered by the sense of crime,
To whom a conscience never wakes;

Nor, what may count itself as blest,
The heart that never plighted troth
But stagnates in the weeds of sloth :
Nor any want-begotten rest.

I hold it true, whate'er befall;
I feel it, when I sorrow most;
'Tis better to have loved and lost
Than never to have loved at all.

주석

0] OBIIT MDCCCXXXIII : 'he died in 1833.' 1833년은 Tennyson이 Cambridge대학에서 사귄 Hallam이 죽은 해. Tennyson은 친구의 죽음에 충격을 받고 이때부터 추모시를 쓰기 시작하여 모두 131개의 section으로 된 *In Memoriam A.H.H.*를 완성한다. 이 시는 친구의 죽음에 대한 애도를 넘어 Victoria 시대상을 비판하고, 당시의 과학과 종교의 대립문제 등에 대한 Tennyson 자신의 견해를 밝힘으로써 그의 인생관, 세계관을 보여 준다.
1] I envy not in any moods : 나는 조금도 부럽지 않다.
2] void : devoid; destitute(… 가 없는).
5-6] takes/ His license : 방종하다, 제멋대로 돌아다니다.
7] unfettered : unrestrained.
10] plight troth : (사랑의) 맹세를 하다.
12] any want-begotten rest : complacency resulting from

deficiency or want(결핍에서 비롯되는 편안함). 오히려 없기 때문에 느끼는 편안한 마음.

나는 조금도 부럽지 않다,
  고귀한 분노가 없는 포로,
  여름 숲을 전혀 알지 못하는
새장에서 태어난 방울새가.

나는 부럽지 않다,
  양심이 깨어나지 않아
  죄의식 없이
시간의 들판에서 방종하는 짐승이.

또한 부럽지 않다, 자신을 축복받은 것으로 여기지만
  사랑의 맹세를 해본 적이 없이
  나태의 잡초밭에서 썩어가는 마음,
결핍에서 태어난 편안함이.

무슨 일이 일어나도 나는 이것을 진리라 여긴다.
  몹시 슬플 때 이것을 느낀다.
  사랑해 본 적이 없는 것보다는
사랑을 잃는다 해도 사랑해 보는 것이 낫다고.

3 작품분석

이 시는 인생에 아무리 고난이 있어도 경험을 해보는 것이 아예 시도하지 않는 것보다는 낫다는 메시지를 전하고 있다. 경험에는 고통과 슬픔이 따르게 마련이지만 그것은 인생의 참 뜻을 알게 해 주기 때문에 의미 있는 일이 된다는 것이다. 시인은 경험이 없는 나태하고 편안한 삶들을 제1-3연에서 예로 들면서 그것들은 전혀 부러워할 바 없다고 말한다.

첫 연에서는 새의 예를 들고 있다. '고귀한 분노가 없는 포로'란 제4행에 나오는 방울새를 말하는 것으로서, 새장에서 태어나 새장 속에서만 살면서 바깥에 있는 숲에 대해서는 전혀 알지 못하는 새다. 우물 안 개구리처럼 자신의 세계를 벗어나 바깥에 있는 큰 세계를 경험하지 못하고, 자신이 포로와 같은 신세라는 사실도 알지 못한 채 그것에 분노할 줄도 모르고 살아가는 존재이다. 자신의 세계를 뛰어넘으려는 시도조차 해보지 못하는 그런 존재에 대해서 그는 전혀 부러움을 느끼지 못한다고 말한다.

둘째 연에서는 짐승의 예를 들고 있다. 그가 말하는 이 짐승은 양심도 없고, 잘못을 저질러도 죄의식도 느끼지 못하는 그런 존재이다. 이런 짐승 같은 존재는 인간으로서 가져야할 도덕성을 전혀 가지지 못한 채 흘러가는 시간에 자신을 떠맡기며 아무렇게나 분별없이 살아가게 된다. 양심도 없고 죄의식도 없으므로 괴로워할 일도 없을지 모른다. 시간의 소중함을 알지 못한 채 어떤 적극적인 경험을 하려는 의지 없이 마치 야생동물처럼 살아가는 존재이다. 그는 그런 존재에 대해서도 전혀 부러워하지 않는다고 말한다.

셋째 연에서는 사람의 예를 들고 있다. 사랑의 고통을 느껴보지 않는 사람은 스스로 축복받았다고 생각할지 모른다. 그러나 그런 인간은 나태의 잡초밭에서 살아가고 있는 것이며, 그런 인간이 느끼는 편안함이란 아무 것도 하지 않아 아무 것도 없기 때문에 느끼는 편안함, 즉 '결핍에서 태어난 편안함'일 뿐이다. 그래서 그는 그런 인간, 그런 편안함이 전혀 부럽지 않다고 말한다.

시인은 이렇듯 세 개의 연에서 날짐승, 들짐승, 인간의 예를 각각 들어가며 적극적인 경험 없이 현실에 안주하는 삶의 무의미함을 지적한다. 마지막 연에 가서는 이것들을 토대로 자신이 진리라고 믿는 것, 슬플 때 특히 분명히 느낄 수 있는 생각을 간명하게 정리한다. 그것은 바로 '사랑해 본 적이 없는 것보다는/ 사랑을 잃는다 해도 사랑해 보는 것이 낫다'는 것이다. 이것은 Tennyson 자신이 친구 Hallam을 잃고 난 후, Hallam을 알고 깊이 사귐으로써 그의 죽음이 자신에게는 엄청난 고통과 상실감을 안겨주었음에도 불구하고 그 사귐이 가치가 있는 일이었음을 확인하면서 스스로를 위로하는 말이기도 하다.

Robert Browning

(1812–1889)

1 작가의 생애와 작품경향

Tennyson과 함께 Victoria를 대표하는 시인인 Robert Browning은 1812년 런던 교외 Camberwell에서 태어났다. 그의 아버지는 총각시절 할아버지의 뜻에 따라 서인도제도의 설탕 플랜테이션으로 갔다. 그러나 노예제도에 혐오를 느낀 아버지는 유망한 사업을 포기하고 영국으로 돌아와 버렸다. 아버지는 귀국 후 영국은행에 근무하며 소소한 봉급으로 결혼하여 가정

을 꾸리며, 6000권이 넘는 장서를 만들었다.

이런 아버지 밑에서 자란 Browning의 교육은 주로 가정에서 이루어졌다. 아주 똑똑한 아이였던 Browning은 엄청난 독서광이기도 했다. 그는 열네 살 무렵에는 이미 라틴어와 그리스어, 프랑스어, 이탈리어를 알고 있었다. Browning은 1828년 University of London이 개교하던 해에 입학을 했다. 그러나 학교교육에 만족을 못한 그는 대학을 포기하고 혼자만의 독서를 계속했다. 자신만의 엄청난 독서와 사고는 그의 작품을 난해하게 만드는 요인이 되기도 했다.

1830년대에 Browning은 배우 William Macready를 만나 무대에 올릴 시극(verse drama)들을 썼다. 이 과정에서 그는 자신이 극적독백(dramatic monologue) 방식의 작품구성에 재능이 있음을 발견했다. *Paracelsus*(1835)의 평가는 좋았지만, 장시 *Sordello*(1840)는 난해성과 모호성 때문에 비평가들의 혹평을 받았다.

1845년에 그는 당시 유명 여류시인이었던 Elizabeth Barrett의 시를 읽고 나서 그녀를 만나기 위해 편지를 보내기 시작했다. Elizabeth의 아버지는 장애를 가진 딸이 Browning과 만나는 것을 극도로 반대했으나, 둘은 반대를 무릅쓰고 비밀결혼을 했다. 그 직후 그들은 이탈리아 Florence로 도피를 해서 1861년 죽을 때까지 그곳에서 살았다. Florence에서 보낸 세월은 두 사람에게 가장 행복한 시기였다. 그녀는 자신의 사랑을 *Sonnets from the Portugese*라는 작품집으로 표현했고, Browning은 그의 최상의 시들이 포함된 *Men and Women*(1855)을 그녀에게 바쳤다.

생전에 Browning보다 유명했던 그녀가 죽자 사람들은 Browning의 *Collected Poems*(1862), *Dramatis Personae*(1863)에도 관심을 보이기 시작했다. 로마의 한 살인사건과 재판을 다루고 있는 *The Ring and the*

Book(1868-9)으로 그는 마침내 대중들의 큰 인기를 얻게 되었다. 그는 1889년에 죽어 Westminster사원의 시인묘역에 묻혔다.

2 Meeting at Night

1

The grey sea and the long black land;
And the yellow half-moon large and low;
And the startled little waves that leap
In fiery ringlets from their sleep,
As I gain the cove with pushing prow,
And quench its speed I' the slushy sand.

2

Then a mile of warm sea-scented beach;
Three fields to cross till a farm appears;
A tap at the pane, the quick sharp scratch
And blue spurt of a lighted match,
And a voice less loud, thro' its joys and fears,
Than the two hearts beating each to each!

주석

0] 1845년 *Dramatic Romances and Lyrics*에 처음 실렸을 때는 "Parting at Morning"과 함께 "I Night, II Morning"으로 되어 있던 제목이 1849년에 지금과 같이 바뀌었다.
3] startled: disturbed or agitated suddenly(깜짝 놀란).
4] In fiery ringlets: 반짝이는 작은 고리모양으로.
5] gain: reach; get to(도착하다).
cove: a small bay or inlet(작은 만).
6] i' the slushy sand: in the slushy sand(질척한 모래밭에).
i'는 운율을 맞추기 위해 in을 줄인 것.
9] pane: windowpane.
scratch: 성냥 긋는 소리를 말함.
11] thro': through.

1

잿빛 바다와 길고 검은 땅.
낮게 뜬 커다란 노란 반달.
잠자다 깜짝 놀라 깨어나
반짝이는 작은 고리를 이루며 튀어 오르는 작은 물결.
마침내 나는 작은 만에 도착해 뱃머리를 밀어
질척한 모래밭에 배의 속도를 죽인다.

2

그 다음에는 따뜻한 바다 냄새 풍기는 해변 일 마일.
세 들판을 건너 나타나는 농가.
창문을 두드리는 소리, 빠르게 좌악- 긋는 소리.
성냥이 켜지면서 뿜어져 나오는 푸른 불꽃.
기쁨과 두려움 때문에 서로 맞대어 두근거리는
두 심장소리보다 낮은 목소리!

3 Parting at Morning

Round the cape of a sudden came the sea,
And the sun looked over the mountain's rim:
And straight was a path of gold for him,
And the need of a world of men for me.

주석

1] cape: promontory, headland(곶).
of a sudden: suddenly.
3] Him: the sun.

곶 둘레로 갑자기 바다가 나타났다.
태양은 산등성이 너머로 쳐다보고 있었다.
태양에게는 황금의 길이 곧게 뻗어 있었고,
나에게는 인간세상의 요구가 있었다.

4 작품분석

원래 제목이 단순히 "Night"과 "Morning"으로 되어 함께 묶여 있었던 이 두 시는 나중에 현재와 같이 나눠지며 제목도 길어졌지만, 역시 이들은 함께 읽어야 시의 문맥이나 의미가 제대로 살아난다. 첫 시는 독립적으로도 읽을 수 있지만, 특히 둘째 시는 따로 읽을 경우 시로서의 자족성이란 점에서 문제가 생길 수 있다. 둘째 시는 날이 밝아오면서 어두웠던 바다가 시야에 보이고, 산등성이 너머로 보이는 태양에게 갈 길이 있듯이 나도 인간 세상에서 해야 할 일이 있었다는 것이 내용의 전부인데, 왜 그런 이야기를 하는지, 그것이 어떤 의미가 있는지 첫 시와 연관시키지 않고서는 제대로 이해할 수 없기 때문이다.

"Meeting at Night"의 첫 연에서 화자는 애인을 만나기 위해 밤에 길을 나선다. 바다는 잿빛으로 보이고 땅은 검게 보이지만, 다행히 달빛이 있어서 그 빛에 의지하여 배를 저어간다. 배를 저어가는 것으로 보아 애인의 집이 가까운 것 같지 않다. 배에 부딪치는 물결은 달빛에 반사되어 작은 불 고리 모양을 이룬다. 마침내 그는 해변에 닿아 모래밭에 배를 정박시킨다.

제2행과 3행에 거듭되는 'And'는 애인을 만나러 가는 그의 마음이 매우 급하다는 느낌을 준다. 자신이 현재 보는 광경보다는 다음 광경에 빨리 도달하고 싶어 하는 것처럼 보인다. 그래야 애인에게 가는 길이 짧아지기 때문이다. 사실은 첫 연에서 묘사하고 있는 풍경은 상당히 낭만적으로 보인다. 이런 풍경은 시인 혹은 화자로 하여금 깊은 명상에 잠기게 할 법도 하다. 그러나 화자는 그런 명상에 잠길 틈이 없다. 애인을 만나는 일이 급하기 때문이다.

둘째 연에서 그는 해변 일 마일을 걸은 후, 세 개의 들판을 지나서야 애인이 살고 있는 농가에 도착한다. 이어서 바로 창문을 두드리는 소리와 방안에 있는 애인이 켜는 성냥불, 그리고 두 사람의 포옹에 대한 묘사가 숨이 가쁘도록 빠르게 진행된다. 이 숨이 가쁨은 시인의 숨가쁨이 아니라 이 시의 남성 화자가 느끼는 숨 가쁨이다.

하필이면 왜 밤에 그가 배를 저어 그 먼 길을 왔는지 그 이유를 이제 알 수 있게 된다. 낮에 자신의 일이 바빠서 그런 것 같지는 않다. 정문으로 들어가지 않고 몰래 창문을 두드리고, 두 사람이 기쁨과 함께 두려움도 느꼈다는 것으로 보아 아마 두 사람은 집안의 반대를 무릅쓰고 비밀스런 연애를 하고 있거나, 사람들의 질책을 받을 수 있는 부적절한 만남을 하고 있는 것이 아닌가 생각된다. Browning은 자신의 시에서 전기적인 사실을 끌어내는 것을 극도로 경계했다. 그럼에도 불구하고 이 시는 Elizabeth Barrett 아버지의 반대를 무릅쓰고 Browning이 그녀와 몰래 나누었던 사랑을 간접적으로 묘사하고 있다는 느낌을 준다.

이 시의 묘사는 마치 점묘법처럼 보인다. 동사는 마지막 부분에 나타날 뿐, 모두 술어 부분이 없이 명사구만 나열된다. 그래서 마치 갑자기 모든 동작이 멈춘 채 화폭에 담긴 하나의 유화처럼 느껴지게 된다. 그런데 이 시의 시제가 모두 현재형이라는 사실에 주목할 필요가 있을 것이다. 한 폭의 그림이 되었지만, 바로 현재 눈앞에서 전개되는 것처럼 생생한 느낌을 주기 위한 장치이다.

반면에 두 번째 시 “Parting at Morning”은 과거형으로 되어 있다. 시간적인 순서로 보면 첫째 시에서 묘사된 상황이 있은 후에 두 번째 시의 상황이 벌어졌으니 시제가 뒤바뀐 셈이다. 두 번째 시가 과거형을 사용하고 있다면 논리적으로 볼 때 첫 시는 적어도 과거형을 사용했어야 할 것이다. 시인이 첫 시에서 현재형을 사용하고, 두 번째 시에서 과거형을 사용한 것은 다분히 의도적이다. 첫 시에서는 두 애인이 현재를 숨 가쁘게 환희와 두려움 속에 즐기는 모습이 중요했지만, 두 번째 시에서는 그런 밤의 사랑은 이제 과거의 일이 되었기 때문이다. 두 번째 시에서는 남자가 날이 샌 후 길을 나설 때의 상황도 이미 과거의 일로 되어 있다. 두 사람이 밤새 사랑을 하고 쾌락을 즐겼어도, 그것은 이미 지난 일일 뿐, 날이 밝아오면 남자에게는 세상이 자신에게 요구하는 일이 있는 법이라는 것이다.

돌이켜보자면 첫 시에서 제5행의 “I”가 없었다면 첫 시는 화자가 아닌 전지적 시점의 작가가 객관적 상황을 묘사하는 것처럼 보였을 것이다. 말하자면 첫 시 자체도 화자 자신의 얘기가 아니라 마치 제 삼자의 얘기처럼 느껴지기도 한다. 시의 화자인 남자가 그만큼 감정적으로 몰입되어 있지 않았다는 느낌이 든다는 것이다. 또한 첫 시는 남자가 애인을 몰래 만나 안고 있는 장면에서 갑자기 끝난다. 그것은 만나기 전까지 남자가 거쳐 왔던 긴 과정에 비해 너무 허망한 느낌이 든다. 아마 독자들은 적어도 한 개 이상의 연이 두 사람의 사랑을 묘사하는데 필요하다고 생각할지도 모른다. 더 이상의 연이 없는 것은 이 시가 두 사람의 극적인 만남 자체에 초점을 두고 있기 때문일 것이다. 그러나 또 한편으로 이미 두 사람이 만나서 사랑함으로써 남자로서의 모든 목적이 달성되었기 때문일 수도 있다. 그래서 뜨거운 밤을 이미 보내고 난 남자에게는 다음 날 아침에는 어젯밤의 사랑은 이미 먼 과거의 일이 되어버리고 이제 자신의 앞길에는 세상에서 해야 할 일이 기다리고 있을 뿐이다.

Matthew Arnold

(1822-1888)

1 작가의 생애와 작품경향

Victoria 시대의 3대 시인 중 Matthew Arnold는 기질상 가장 현대적인 특성을 가지고 있는 시인이었다. 명상적이면서도 수사학적인 Arnold의 시에는 소외와 고독, 우수의 정서가 짙게 배어난다.

Arnold는 영국 명문 사립 고등학교 Rugby교의 교장인 Thomas Arnold 박사의 장남으로 태어났다. 그는 Rugby교를 거친 후 Oxford대학 Balliol College에서 공부했다. 1844년 대학을 졸업한 후 그는 Rugby교로 돌아가 고전을 가르치는 선생이 되었다.

1851년 결혼을 한 후 Arnold는 장학관의 길을 걷기 시작했고, 이것은 그의 평생 직업이 되었다. 장학사는 매우 힘든 직업이었지만 영국과 유럽 전역을 여행할 수 있는 기회를 그에게 주었다. 장학사로 있으면서 Arnold는 교육에 대해 관심을 가지게 되었고, 이는 그의 비평과 시에 영향을 주었다.

1849년에 Arnold는 첫 시집 *The Strayed Reveller, and Other Poems*를 출판했고, 그 후에 나온 *Empedocles on Etna, and Other Poems*(1852), *Poems*(1853) 등은 그의 시인으로서의 명성을 확고히 해

주었다. 1857년에는 Oxford대학의 시학 교수직 제안을 받고 1867년까지 그 자리에 있었다. Arnold는 Latin어가 아닌 영어로 강의하는 최초의 교수가 되었다. 그는 시학 교수로 있으면서 시보다는 문명비판, 인간문제에 관한 평론 쪽으로 관심을 돌렸다. 이 시기에 그는 엄청나게 많은 비평문을 써서 *Essays in Criticism*(1865), *Culture and Anarchy*(1869), *St. Paul and Protestantism* (1870), *Literature and Dogma*(1873) 등의 책으로 출판했다.

그의 가장 영향력 있는 문학적 비평문인 "The Function of Criticism"(1865)과 "The Study of Poetry"(1880)에서 Arnold는 새로운 서사시를 요구했다. 그가 말하는 시란 독자들의 도덕적 요구에 부응하며 독자들을 생기 있고 품위 있게 할 수 있는 그런 종류의 시였다. 새로운 종교적 신앙 및 고전적 미학과 도덕성에 대한 Arnold의 주장은 Victoria 시대의 지적인 관심을 대변하는 것이었다. 그의 점잖고 섬세한 문체는 비평이 하나의 예술양식으로 자리를 잡을 수 있게 해 주었으며, 그의 비평적 태도와 방법은 T. S. Eliot과 Lionel Trilling, Harold Bloom 등 많은 현대 비평가들에게 영향을 주었다.

[2] Dover Beach

The sea is calm to-night.
The tide is full, the moon lies fair
Upon the straits — on the French coast the light
Gleams and is gone; the cliffs of England stand,
Glimmering and vast, out in the tranquil bay.
Come to the window, sweet is the night-air!
Only, from the long line of spray
Where the sea meets the moon-blanched land,

Listen! you hear the grating roar
Of pebbles which the waves draw back, and fling,
At their return, up the high strand,
Begin, and cease, and then again begin,
With tremulous cadence slow, and bring
The eternal note of sadness in.

Sophocles long ago
Heard it on the A gaean, and it brought
Into his mind the turbid ebb and flow
Of human misery; we
Find also in the sound a thought,
Hearing it by this distant northern sea.

The Sea of Faith
Was once, too, at the full, and round earth's shore
Lay like the folds of a bright girdle furled.
But now I only hear
Its melancholy, long, withdrawing roar,
Retreating, to the breath
Of the night-wind, down the vast edges drear
And naked shingles of the world.

Ah, love, let us be true
To one another! for the world, which seems
To lie before us like a land of dreams,
So various, so beautiful, so new,
Hath really neither joy, nor love, nor light,
Nor certitude, nor peace, nor help for pain;
And we are here as on a darkling plain
Swept with confused alarms of struggle and flight,
Where ignorant armies clash by night.

주석

3] the straits: 도버해협(the Straits of Dover).
the light: 등댓불

4] the cliffs: 도버해변의 높은 흰 절벽.

7] the long line of spray: 물보라 치는 긴 해안선.

8] moon-blanched: whitened by the moonlight(달빛을 받아 하얀).

11] the high strand: upper part of a coastline.

12] Begin, and cease: 제9행의 'you hear the grating roar of pebbles'에 연결되는 목적보어. 다음 행의 'bring'도 마찬가지다.

13] tremulous cadence slow: 떨리는 느린 선율.

15-18] Sophocles: 기원전 5세기 그리스 시인. 이 부분은 Sophocles의 *Antigone*, 제583행 이하 참조: 'Blest are those whose days have not tasted of evil. For when a house has once been shaken by the gods, no form of ruin is lacking, but it spreads over the bulk of the race, just as, when the surge is driven over the darkness of the deep by the fierce breath of Thracian sea-winds, it rolls up the black sand from the depths, and the wind-beaten headlands that front the blows of the storm give out a mournful roar.'

16] it: the grating roar of pebbles.
the Aegean: the Aegean Sea(에게해, 다도해).

17] turbid: clouded, obscured, opaque.

23] like the folds of a bright girdle: 겹겹으로 된 찬란한 띠처럼((지상에 찬란한 신앙이 충만해 있었음을 말함)).
girdle: belt. 'furled'는 'Lay'의 보어.

26-27] to the breath /Of the night wind: 밤바람의 숨결에 따라.

28] naked shingles: beaches covered with pebbles(자갈이 덮인 해변).

32] So various, so beautiful, so new: 앞의 행 'To lie'의 보어.

37] ignorant armies: 1848년 아일랜드와 유럽 여러 곳에서 일어난 봉기나 정치적 이변, 혹은 1849년 프랑스의 로마점령과 같은 사건을 언급하고 있는 듯하다. 이러한 야간전투의 이미지는 그리스의 역사가 Thucydides의 Epipolae전투에 관한 묘사에서 암시를 얻은 것이다: The phrase 'by night' and the word 'armies' make a direct influence less likely than their joint indebtedness to Thucydides' account, in his history of the Peloponnesian War, of the night fight at Epipolae, which took place "upon a plain at the top of a cliff, in the moonlight, so that the soldiers could not distinguish clearly between friend and foe, with the resulting flight of certain

Athenian troops, and various 'alarms,' watchwords, and battle-cries shouted aloud to the increasing confusion of all" Because the enemy learned the Athenians' password, they could not tell friend from enemy.

오늘 밤 바다는 고요하오.
만조군요. 달은 아름답게
해협에 누워 있고—저 프랑스 해안에서는 불빛이
반짝이다 사라지오. 영국의 해안 절벽은
희미하게 빛나며 거대하게도 고요한 만에 우뚝 서 있소.
창가로 오시오, 밤공기가 향긋하오!
다만, 바다가 달빛을 받아 하얗게 보이는 육지를 만나는
물보라 치는 긴 해안선으로부터,
귀 기울여 보시오, 파도가 물러났다가
다시 들어오면서 높은 해안에 던져 올리는 자갈들이
서로 부딪치는 소리가
떨리는 느린 선율로
시작되었다가 그쳤다가 다시 시작되면서
슬픔의 영원한 가락을 들여오고 있소.

옛날 소포클레스는
에게해에서 저 소리를 듣고, 마음속에
인생고의 밀물과 썰물을
떠올렸소. 우리도
이 먼 북쪽 바닷가에서 저 소리를 들으며
어떤 생각을 하게 되지요.

신앙의 바다도 역시

한 때는 만조여서, 지구의 해변 둘레에
겹겹의 찬란한 띠처럼 접혀 있었소.
그러나 지금 내 귀에 들리는 것은
밤바람의 숨결에 따라
이 세계의 황량하고 광막한 끝,
드러난 자갈밭 아래로 물러나는
바닷물의 구슬프고 긴 후퇴의 포효소리뿐이오.

아, 여보, 우리 서로에게
진실합시다! 우리 앞에
너무도 다양하고, 너무도 아름답고, 너무도 새로운
꿈나라처럼 놓여 있는 세계는
사실 기쁨도, 사랑도, 빛도 없고,
확실함도, 평화도, 고통으로부터의 벗어남도 없으니까요.
우리는 상대를 분간 못하는 군인들이 야간 전투를 벌이는 곳,
전투와 패주의 혼란스런 아우성이 휩쓰는
여기, 어두운 전쟁터 같은 곳에 있는 것이오.

3 작품분석

이 작품은 화자가 보이지 않는 청자에게 말하는 일종의 dramatic monologue라 할 수 있다. 그러나 화자가 독백을 하는 가운데 자신의 성격이나 문제점을 자기도 모르게 드러내는 엄격한 의미의 dramatic monologue와는 달리, 이 시는 화자가 파도치는 바다를 보며 인간과 신앙의 문제를 생각해보는 명상적 성격을 띠는 작품이다.

시 전체는 네 부분으로 되어 있는데, 각 부분의 행의 수도 일정치

않고 어떤 일정한 각운체계도 없으므로, 연(stanza)보다는 section이나 paragraph로 부르는 게 더 합당하다. 첫 section을 보면 화자는 사랑하는 사람과 함께 Dover해안의 어느 호텔에서 머물면서 바다를 내려다보고 있다. 이를 Arnold가 부인과 함께 있는 상황으로 보아도 좋을 것이다. 처음에 묘사된 광경은 아주 평화로워 보인다. 만조가 된 바다는 고요하고, 달빛은 바다 위를 아름답게 비춘다. Dover해협 건너 멀리 보이는 프랑스의 해안에서는 등대불이 깜박거리고, 높이 솟아 있는 영국 해안의 흰 절벽은 희미하게 빛난다. 밤공기도 향긋하게 느껴진다. 그래서 그는 부인에게 창가로 와 보라고 한다. 그러나 제7행에 오자 그는 밀려갔다가 밀려오는 파도가 해변에 자갈을 몰고 다니며 내는 소리를 부인에게 들어보라고 말한다. 그는 그 소리 속에서 '슬픔의 영원한 가락'을 듣게 된다.

첫 section에 나오는 바다, 해변의 자갈, 그리고 자갈들이 부딪치며 내는 소리 등은 나머지 section에서 중요한 의미를 띠는 이미지로 작용한다. 무엇보다 밀물과 썰물이 반복되는 이 바다는 시인에게 두 가지의 비유적 '밀물과 썰물'을 생각하게 만든다. 우선 둘째 section에서는 인간불행의 밀물과 썰물을 언급한다. 자신의 극작품에서 인간사의 비극을 그려냈던 Sophocles도 에게해에서 바닷물 소리를 들으며 '인생고의 밀물과 썰물'을 떠올렸을 거라고 생각한다. 그러면서 자신들도 그 소리에서 어떤 생각을 하게 된다고 말한다.

'그 어떤 생각'이란 셋째 section에서 믿음의 밀물과 썰물로 나타난다. 그러니까 그가 생각하는 두 번째의 비유적 '밀물과 썰물'이란 바로 신앙의 밀물과 썰물이다. 한때 이 세상을 마치 빛의 띠처럼 둘러싸고 있었던 기독교신앙은 만조의 바닷물처럼 세상에 가득하여 그 빛의 띠가 겹쳐질 지경이었다고 한다. 그러나 이제는 그 신앙의 바다가 퇴조하여 해변에 자갈밭만 드러나게 되었다는 것이다. 따라서 셋째 section의 전반부는 과거의 신앙의 만조를, 후반부는 현재의 신앙의 간조를 표현하고 있다. 과거 만조 때는 빛이 가득했으나, 간조인 지금은 바닷물이 물러나면서 내는 '구슬픈' '포효소리'와 '밤바람', '세계의 황량하고 광막한 끝' 밖에 없다는 것이다.

신앙이 사라진 이 불모와 공허의 시기를 어떻게 살아야 할지를 시인은 마지막 section에서 얘기하고 있다. 그는 바다의 밀물과 썰물에 대한 명상에서 비롯된 혼란스런 감정 상태에서 자기 부인에게로 시선을 돌려, 이런 무의미한 삶에서 유일한 도피구는 사랑밖에 없다는 말을 한다. 그래서 '서로에게 진실하자'고 한다. 왜냐하면 그들 앞에 놓여 있는, 다채롭고 아름답고 새롭게, 마치 꿈나라같이 보이는 이 세상에는 실제로는 기쁨도, 사랑도, 빛도, 확실함도, 평화도 없고, 인간은 고통으로부터 결코 벗어날 수 없기 때문이다. 그는 이 세상이 마치 아군과 적군을 분간하지 못한 채 야간 전투를 벌이는 혼란스런 아우성들이 난무하는 어두운 전쟁터 같다고 말한다.

Arnold는 이미 기독교가 죽었다고 생각하고 있다. 이제 더 이상 사람들은 과거처럼 기독교를 믿을 수 없게 되었지만, 그는 기독교가 다시 부활해야 한다고 생각하지는 않는다. 인간에게는 삶에 의미와 힘을 주고, 의지할 수 있는 그 무엇이 필요하다. 그러나 과학과 이성이 그 역할을 할 수는 없다. 그는 시대 전체의 신앙 상실을 극복하는 방안으로 인간과 인간 사이의 신뢰와 사랑을 얘기한다. 그런 점에서 이 시는 사랑시라고 할 수도 있을 것이다. 그러나 시를 끝맺는 마지막 부분의 혼란스럽고 암울한 느낌은 결국 이 시 전체를 지배하는 분위기로 남게 된다. 사랑하는 사람들이 호젓하게 호텔에 함께 있으면서 느낄 수 있는 편안하고 황홀한 감정이 아닌, 슬프고 우울하고 황량한 감정이 이 시를 다 읽고 난 독자들의 머릿속에 남을 수밖에 없게 된다. 우수와 고독감을 보여주는 이 시는 Arnold가 지금 우리 현대인들이 늘 느끼게 되는 정서를 이미 공유하고 있었음을 보여 준다.

Gerard Manley Hopkins

(1844–1889)

1 작가의 생애와 작품경향

Hopkins는 영국 Essex의 Stratford에서 태어나 Oxford대학에서 공부했다. 영국 국교회 내에서 전통적 신앙의 제의와 교리의 부활을 주장하여 결국 가톨릭의 추기경이 되었던 Newman의 Oxford Movement의 영향을 받은 그는 로마 가톨릭으로 개종을 하고 성직자가 되기로 결심했다. 시가 자신의 신앙생활과 병치될 수 없다고 생각한 Hopkins는 이전에 썼던 시들을 모두 불태워버리고, 1868년 예수회 수도원에 들어갔다.

그러나 1875년 독일로부터 추방된 5명의 가톨릭 수녀가 탄 배가 Thames강에서 침몰하자, 이 참사를 다룬 시 "The Wreck of the Deutschland"를 쓴 일을 계기로 하여 시 창작을 다시 시작하게 되었다. 1877년 마침내 예수회 사제서품을 받은 그는 자연물에 대한 찬미를 통하여 신에게 영광을 돌리는 일련의 시들인 "God's Grandeur", "The Windhover", "Pied Beauty", "The Starlight Night" 등의 소위 'bright sonnets'로 알려진 작품들을 썼다. 그러나 1885년 이후에 나온 "No Worst, There Is None" 등의 소위 'dark sonnets'들은 신앙에 대한 그의 극도의 회의를 보여주기도 한다.

Hopkins는 끊임없이 내적인 갈등을 겪었는데, 그것은 자신을 온전히 신에게 바칠 수 없다는 생각 때문이었다. 그의 시나 편지들은 흔히 시인으로서나 하느님의 종으로서의 자신의 부적절함을 괴로워하는 내용을 담고 있다.

Hopkins는 시에서 강렬한 이미저리를 사용하고, 과감한 형식적 실험을 하여 구문을 압축하거나 생략하기도 했다. 특히 고대 영시 리듬의 전통을 이어받으면서도 일상 언어의 리듬에 가까운 'sprung rhythm'을 개발함으로써 현대적 시인으로서 평가를 받는다.

Hopkins는 44세의 나이에 장티푸스로 사망했다. 그는 생전에 자신의 작품을 출판하는 것을 허락지 않았기 때문에, 그가 죽은 후 친구 Robert Bridges가 1918년 유고시집을 발간함으로써 비로소 알려지기 시작했고, 그 이후 많은 현대 시인들에게 영향을 주게 되었다.

2 God's Grandeur

The world is charged w th the grandeur of God.
  It will flame out, like shining from shook foil;
  It gathers to a greatness, like the ooze of oil
Crushed. Why do men then now not reck his rod?
Generations have trod, have trod, have trod;
  And all is seared with trade,; bleared, smeared with
    toil;
  And wears man's smudge and shares man's smell:
    the soil
Is bare now, nor can foot feel, being shod.

And for all this, nature is never spent;

There lives the dearest freshness deep down things;
And though the last light off the black West went
Oh, morning, at the brown brink eastward, springs –
Because the Holy Ghost over the bent
World broods with warm breast and with ah! bright wings.

주석

2] shook foil: shaken gold foil(흔들리는 금박).
4] like the ooze of oil/ Crushed: 압착한 올리브에서(from the crushing of olives) 기름이 스며나오듯.
rod: authority.
9] for: despite.
13] bent: crooked, evil(굽은, 사악한).
13-14] the Holy Ghost … with ah! bright wings: 성령은 흔히 비둘기의 형상으로 표현된다(「마태복음」제3장 16절; 「마가복음」 제1장 10절 등 참조).

세계는 신의 장엄함으로 가득 차 있다.
그것은 불꽃처럼 터져 나오리라, 흔들리는 금박 광채처럼.
그것은 모여 거대해지리라, 눌러 짠 올리브에서 스며나오는 기름처럼. 그런데 어째서 오늘날 사람들은 신의 권위를 무시하는가?
인간은 세대를 거듭하며 짓밟고, 짓밟고, 또 짓밟아왔다.
그래서 모든 것은 생업 때문에 말라죽고, 노역 때문에 흐릿해지고 더럽혀졌다.
그리고 인간의 때가 묻어 있고, 인간의 냄새를 풍긴다. 땅은 이제 불모지가 되었지만, 신발을 신고 있어서 발은 느낄 수가 없다.

이 모든 것에도 불구하고, 자연은 결코 다함이 없다.

사물의 깊숙한 속에는 가장 소중한 신선함이 살아 있으니.
그래서 마지막 빛이 검은 서쪽으로 사라진다 해도
아, 아침이 갈색 동쪽 끝에서 솟아오른다—
성령이 이 구부러진 세계를
따뜻한 가슴과 아! 빛나는 날개로 품고 있으니까.

3 작품분석

이 작품은 이탈리아 소네트 형식으로 되어 있다. 내용상 보통 전반부 8행(octave)과 후반부 6행(sestet)으로 나누어지는 이탈리아 소네트는 전반부 octave에서 문제를 제시하고, 후반부 sestet에서 문제를 해결하는 구조로 되어 있다. 이 소네트의 경우에는 전반부에서 인간들에 의해 자연이 황폐화되었음을 지적하고, 후반부에서는 그럼에도 불구하고 신의 사랑이 언제나 자연을 재생시킬 거라고 말한다.

전반부의 첫 quatrain(제1-4행)은 이 세계에 내재한 신성에 대해 언급하고 있다. Hopkins는 전기가 '충전된'(charged) 것처럼 신의 장엄함이 자연에 충만해 있다고 말한다. 이 장엄함은 두 가지 방식으로 드러난다. 그 중 한 방식은 불꽃처럼 급속하고 강렬하게 터져 나오는 것이다. 둘째 행의 불꽃으로 터져 나올 것이라는 표현은 첫 행에 나오는 전기 이미지의 연장이다. 장엄함이 드러나는 또 다른 방식은 천천히 부드럽게 드러나는 것이다. 마치 눌러 짠 올리브에서 기름이 스며나와 모이듯이 말이다. 넷째 행에서 시인은 이렇듯 신의 장엄함은 어떤 방식으로든 드러나기 마련인데, 그럼에도 불구하고 인간들은 신의 권위를 무시한다는 점을 지적한다.

전반부의 둘째 quatrain(제5-8행)은 인간이 신의 권위를 무시하며 세대를 거듭하면서 짓밟아놓은 세계의 현 상태를 묘사하고 있다. 산업화 과정에서 인간은 신이 창조한 자연을 파괴하고 더럽혀왔다. 그래서 모든 것은 인간의 때가 묻은 채 황폐화되어 있다. 인간은 자연을 통해 그 속에 깃든 신성을 발견할 수 있을 것인데, 자연이 파괴되고 오염되어버렸기 때문에 신의 장엄함을 느낄 수 없는 상태이다. 신발을 신고 있기 때문에 느낄 수 없다는 것은 우선 인간의 정신적, 영적 무감각을 말한다. 동시에 그것은 인간이 만들어 놓은 모든 것이 온 지상을 덮고 있기 때문에 신의 장엄함이 깃든 땅에 직접 접촉할 수 없다는 말이다. 대지의 직접적인 접촉을 막는 신발의 이미지는 인간의 자연으로부터의 소외를 단적으로 표현해 준다.

후반부 6행(제9-14행)에서 시인은 인간의 자연파괴에도 불구하고 사물의 깊숙한 속에는 신선함이 살아있어서 자연은 늘 새로워질 것이라고 말한다. 하루해가 져도 다음날 새로운 아침해가 솟아오르듯이 말이다. 이처럼 자연이 늘 새롭게 소생될 수 있는 것은 성령이 이 사악한 세상을 사랑으로 품고 있기 때문이다. 전통적으로 성령은 날개를 가진 새의 이미지로 표현되어 왔는데, 여기서는 마치 새가 알을 품어 새끼를 부화시키듯 성령이 이 세계라는 알을 품어 다시 새로운 세계로 태어나게 할 것이라는 점을 보여주고 있다.

4 Pied Beauty

Glory be to God for dappled things –
For skies of couple-colour as a brinded cow;
For rose-moles all in stipple upon trout that swim;
Fresh-firecoal chestnut-falls, finches' wings;
Landscape plotted and pieced – fold, fallow, and

plough;
And all trades, their gear and tackle and trim.

All things counter, original, spare, strange;
Whatever is fickle, freckled (who knows how?)
With swift, slow; sweet, sour; adazzle, dim;
He fathers-forth whose beauty is past change :
Praise him.

주석

0] pied : of two or more colors in blotches, variegated(얼룩무늬의).
1] dappled : 얼룩덜룩한. 제목의 'pied'도 마찬가지 뜻.
2] brinded : early form of 'brindled'(streaked). 줄무늬를 한.
3] rose-moles : rose-colored spots.
4] Fresh-firecoal chestnut-falls : 나무에서 막 떨어진 벌어져 속이 보이는 햇밤의 빛깔이 마치 그 속에 석탄불이 켜진 것처럼 보인다는 뜻. -falls : windfalls.
5] fold : enclosure((자본주의 초기에 지주들이 울타리를 쳐서 목축용으로 사유지화한 땅)). 목초지.
fallow : land that has been left unseeded for one or more seasons(휴경지).
plough : 여기서는 '경작지'(ploughed land)의 뜻.
7] counter : contrary, opposite.
original : unique.
spare : rare
8] fickle : changeable. 시간적으로 일정치 못한 것, 즉 시간에 따라 변하는 것을 말함(irregularity in duration).
freckled : spotted. 공간적으로 무늬가 균일치 못함을 말함(irregularity in pattern).
9] adazzle : shining brilliantly.
11] Praise him : 돈절법(頓絕法 aposiopesis : 문장을 도중에서 중단하는 어법).

얼룩진 것을 만드신 신께 영광을 돌릴지어다—
얼룩소처럼 두 가지 색깔을 가진 하늘,
헤엄치는 송어에 온통 점점이 박혀 있는 장밋빛 반점,
벌건 석탄불 같은 떨어진 햇밤. 핀치새의 날개,

구획되고 조각난 풍경—목초지와 휴경지, 농경지,
그리고 모든 생업, 그 장치와 도구와 장비들을 만드신 신께.

모든 것은 상반되고 독특하고 희귀하고 기이하다.
변하는 것은 무엇이나 알록달록하다(누가 그 오묘한 이치를 알랴?)
빠른 것과 느린 것, 단 것과 신 것, 눈부신 것과 어두운 것으로.
변화를 초월한 아름다움을 가지신 분이 이 모든 것을 낳으신다.
그 분을 찬미할지어다.

5 작품분석

이 작품은 축약된 형태의 소네트로서 시 전체가 10행 반밖에 안 된다. 그러나 전체적으로 보통의 소네트처럼 내용상 abc abc의 각운을 가진 전반부 6행과 후반부 4½행으로 나누어진다.

전반부에서는 자연에서 보이는 여러 가지 다채로운 아름다움을 열거하면서, 그것들을 창조하신 신께 영광을 돌리라고 권유한다. 제목에 나온 'pied'나 첫 행에 나오는 'dappled'라는 말에서 보이듯 시인은 단색으로 된 풍경이 아닌 여러 가지 색이 알록달록하게 함께 보이는 풍경들에 주목하고 있다. 이러한 풍경들은 사람들에게 그다지 아름다워 보이지 않을 수도 있다. 그러나 시인은 이런 것들 속에서 신의 피조물로서의 아름다움을 발견한다.

시의 화자는 성경에 나오는 천지창조의 순서를 따르듯, 하늘과 물속과 땅위에 있는 얼룩진 모습들을 순차적으로 언급한다. 얼룩소의 무늬 같이 두 가지 색깔을 가진 하늘, 물속에서 헤엄치는 송어에 새겨진 장밋빛 반점, 비바람이 불어 땅에 떨어진 벌건 석탄불 같은 햇밤, 희거나 검은 반점들이 박혀 있는 핀치새의 날개 등이 그의 눈에 포착된 풍광들이다. 다섯째 행과 여섯째 행은 사실상 신이 창조하신 자연 그대로의 모습이 아니라 인간이 문명을 통해 자연을 변화시키며 새로 만들어낸 것들이다. 다섯째 행은 농업이나 목축업과 관계된 것으로서, 인간이 땅을 개간하면서 '목초지와 휴경지, 농경지' 등 여러 가지 형태로 만들어놓은 땅의 모습들이 언급된다. 다음 행에서는 주로 공업과 관계된 것으로서, 인간들이 각각의 생업을 추구하면서 사용하는 도구와 장비들이 나온다. 따라서 이 시의 전반부는 전체적으로 신이 창조한 자연물과 역시 신의 피조물인 인간의 문명이 만들어 놓은 여러 가지 얼룩진 풍광들을 묘사하면서, 그 모든 것들의 원인이 되는 신에게 영광을 돌리기를 바라고 있다고 할 수 있다.

후반부의 첫 행은 그런 다채로운 것들 속에서 발견할 수 있는 일반적인 특질을 요약하고 있다. 세상의 모든 것들은 서로 '상반되고 독특하고 희귀하고 기이하다'고 말한다. 말하자면 만물은 모두가 다른 것들과 구별되는 나름의 특성을 각각 가지고 있다는 것이다. 다음 행에서는 시간이 흘러가면서 변하는 모든 피조물들은 순일한 성격을 가지고 있다기보다는 서로 상반된 특질이 섞여 있다는 점을 지적한다. 그래서 '빠른 것과 느린 것, 단 것과 신 것, 눈부신 것과 어두운 것'들로 알록달록하다고 말한다. 그러나 이렇듯 서로 다른 것들이 얼룩져 있는 것들의 아름다움은 피조물의 아름다움에 불과하며 영속적이지 못하다. 반면 이 모든 다채로운 아름다움의 근원은 신이며, 신의 아름다움은 변화를 초월한 영원한 아름다움이라는 것이다. 그런 영원불변의 아름다움을 가진 신을 찬미하기를 권유하면서 이 시는 끝을 맺게 된다. 결국 이 시는 이 세계가 보여주는 여러 가지 다채로운 아름다움을 얘기하고, 그 유일한 근원이 되는 존재인 신의 불변하는 아름다움을 언급하면서 신을 칭송하는 작품이다.

이 시의 첫머리에서는 신에게 영광을 돌리고, 마지막에서는 신을 찬미하기를 권유하고 있는데, 이는 Hopkins가 속했던 예수회 교단의 학생들이 작문을 할 때 썼던 motto와 같다는 점에 주목할 필요가 있다. 학생들은 글의 첫머리에 A.M.D.G.(Ad majorem Dei gloriam - To the greater glory of God), 마지막에 L.D.S.(Laus Deo semper- Praise be to God always)라고 썼다. 말하자면 Hopkins는 이 시를 마치 예수회 교단 학생들이 작문을 할 때와 같은 심경과 태도로 쓴 것으로 보인다.

20세기

(The Twentieth Century : 1901-)

Thomas Hardy(1840–1928)

William Butler Yeats(1865–1928)

D. H. Lawrence(1885–1930)

T. S. Eliot(1888–1965)

W. H. Auden(1907–1973)

Dylan Thomas(1914–1953)

Ted Hughes(1930–1998)

Thomas Hardy

(1840–1928)

1 작가의 생애와 작품경향

Hardy는 영국남부 Dorset에서 석공(石工)의 아들로 태어났다. 고향에서 학교를 다니다가 16세가 되던 해에 교회건축전문가인 John Hicks의 도제로 들어가 6년간 건축가 수업을 받았다. 도제기간이 끝나자 런던으로 가서 건축사무소에 취직했는데, 이때 그는 여가시간에 방대한 독서를 하며 시와 소설을 쓰기 시작했다. 1867년에는 건강이 악화되자 다시 고향으로 돌아가 Hicks 밑에서 건축 일을 하면서 소설을 썼다.

Wessex Poems
and Other Verses
By
THOMAS HARDY
Author of "Tess of the D'Urbervilles" etc.
With
30 Illustrations by the Author
NEW YORK AND LONDON
HARPER & BROTHERS PUBLISHERS
1899

31세에 그는 첫 소설집 *Desperate Remedies*(최후의 수단, 1871)를 출판했고, 이후 *Far from the Madding Crowd*(광란의 무리를 떠나서, 1874)에 이르기까지 계속 소설들을 내놓았다. 작품들이 성공을 거두자 그는 아예 건축 일을 접고 소설에 전념했다.

34세가 되던 1874년에는 결혼을 하고, *The Return of the Native*(귀향, 1878),

The Mayor of Casterbridge(캐스터브리지의 시장, 1886), *Tess of the d'Urbervilles*(테스, 1891) 등을 발표했다. 그의 작품의 무대는 모두 자신이 Wessex라는 옛 명칭으로 부른 고향 Dorchester였다. 1896년에는 *Jude the Obscure*(미천한 사람 주드, 1896)를 발표했는데, 부도덕하며 비관적이라는 이유로 혹평을 받자 이때부터 소설을 포기하고 시 창작으로 방향을 돌렸다.

Hardy는 58세 되던 해인 1898년에 주로 20대 후반에 썼던 시들을 모아 첫 시집 *Wessex Poems*(웨섹스시편)를 내놓았다. 이후 그는 나폴레옹전쟁을 다룬 방대한 서사적 극시 *The Dynasts*(패왕, 1903~08) 3부작을 발표하는 등 많은 시집들을 출간했다. 하디의 시작품들은 소설에서와 마찬가지로 주로 우연의 힘에 의해 지배되는 인간의 비극적 운명을 그리고 있다. 그러나 자기연민적인 다른 빅토리아 시인들과는 달리, Hardy는 인간의 상실감을 절제된 단호한 태도로 표현하는 현대성을 보여 준다.

2 Hap

If but some vengeful god would call to me
　From up the sky, and laugh : "Thou suffering thing,
Know that thy sorrow is my ecstasy,
　That thy love's loss is my hate's profiting!"

Then would I bear, and clench myself, and die,
　Steeled by the sense of ire unmerited;
Half-eased, too, that a Powerfuller than I
　Had willed and meted me the tears I shed.

But not so. How arrives it joy lies slain,

And why unblooms the best hope ever sown?
—Crass Casualty obstructs the sun and rain,
And dicing Time for gladness casts a moan …
These purblind Doomsters had as readily strown
Blisses about my pilgrimage as pain.

주석

0] hap: chance(우연). 제11행의 'casualty'도 같은 의미.
6] steeled: hardened.
ire: anger.
unmerited: undeserved, unjust(부당한).
8] willed: wanted.
meted: allotted, given.
9] How arrives it joy lies slain … : How arrives it (that) joy lies slain …
10] unblooms: does not bloom.
11] Crass Casualty: 'insensible' chance ((Hardy의 주석)).
12] for gladness: instead of gladness.
13] purblind Doomsters: half-blind judges. purblind: partly or nearly blind. Doomsters: agents of fate.

단지 어떤 앙심에 찬 신이 하늘로부터 나에게
웃으며 소리치기를 "그대 고통 받는 자여,
너의 슬픔은 내 기쁨이며,
너의 사랑의 손실은 내 증오의 이득임을 알라"고 말한다면,

나는 참아내고 이를 악물며 죽을 것이다,
부당한 분노를 샀다는 생각에 몸이 굳어지면서도
나보다 **더 강한 존재**가 내가 눈물 흘리기를 원했기에
그 눈물을 내 몫으로 주었다는 생각에 반쯤 편안해진 채.

하지만 그렇지 않다. 어찌하여 기쁨이 죽고
일찍이 뿌린 최상의 희망이 왜 꽃피지 못하는가?

–우둔한 **우연**이 해와 비를 막고,
주사위 놀이하는 **시간**이 기쁨 대신 신음의 수를 던지기 때
문 …
이 반쯤 눈이 먼 **재판관들**은 나의 인생길에
행복도 고통만큼 선뜻 뿌렸었지.

3 작품분석

이 시는 1898년에 출판된 Hardy의 시집 *Wessex Poems*에 처음 실렸지만, 실제로 쓴 것은 그가 26세 때(1866년)였다. 소네트 형식을 가진 이 작품은 전체적으로 'if-then-but'의 구조를 가진 세 개의 quatrain(4행 연구)과 한 개의 couplet(2행 연구)으로 되어 있다.

첫 두 개의 quatrain은 가정법의 if절과 주절에 해당되는 부분으로, 만일 시인 자신이 현재 당하는 고통이 어떤 신적인 존재에 의해 의도된 것이라면, 기꺼이 받아들이겠다고 말한다. 그런 고통을 주는 것으로 보아 그 신은 아마도 앙심에 찬 신으로, 그의 슬픔은 그 신의 기쁨이 되고, 그의 실연은 그 신의 증오심에 득이 될 것이라는 생각을 한다. 그와 신이 슬픔/기쁨, 사랑/증오, 상실/이득과 같이 서로 상반되는 상황에 처하게 되는 것은 그와 신의 이해관계가 상반됨을 보여 준다.

그는 자신이 그런 악의적인 신에 의해 고통을 당한다면, 그 고통을 참으며 이를 악물고 죽을 것이라고 말한다. 자신이 부당한 신의 분노를 샀다는 생각에 몸이 '강철처럼 굳어지면서도'(Steeled), '반쯤은 마음이 놓일 것'(Half-eased)이라고 하는데, 그 까닭은 어쨌든 자신보다 더 강한 어떤 신이 존재해서 그런 고통과 눈물을 그의 몫으로 주었다는 생각을 할 수 있기 때문이다.

그러나 셋째 quatrain에 와서 시인은 그런 악의적인 신조차도 이 우주에는 존재하지 않는다고 말한다. 시인의 기쁨이 죽고, 희망의 씨를 뿌렸어도 결실을 걷지 못하는 것은 악의적인 신 때문이 아니라 오로지 **우연** 때문이라는 것이다. 인간의 행복이나 불행에 둔감한 '우둔한 **우연**'이 해와 비를 막아버렸기 때문에 희망의 씨가 싹을 틔우고 자라서 결실을 맺을 수 없는 것이다. '주사위 놀이하는 **시간**'은 시간이 흘러가면서 드러나게 되는 이 **우연**의 다른 이름으로, 주사위를 던져서 나오는 우연한 수에 의해 인간의 행복과 불행을 결정하는 존재이다.

마지막 couplet에서는 **우연**의 또 다른 이름으로 '반쯤 눈이 먼 **재판관들**'이 등장한다. 모든 것이 우연에 의해 정해지기 때문에 이 **재판관들**은 인간에게 늘 불행만 주는 것이 아니다. 시인은 이들이 순례길과 같은 자신의 험난한 인생길에 지금 당하는 고통 못지않게 과거에 행복도 뿌려주었었다고 말한다. 말하자면 이 **우연**은 어떤 정해진 규칙이나 원리에 따라 인간에게 행복과 불행을 주는 것이 아니라, 오로지 우연에 의해 인간사를 지배한다는 것이다. 악의적인 신이라도 있다면 이 우주가 그 신의 섭리에 의해 움직인다고 생각할 수 있을 것인데, 그런 악의적인 신조차도 없기 때문에 이 우주는 우연의 힘에 의해 움직일 수밖에 없다는 사실에 그는 끝내 절망한다.

4 Neutral Tones

We stood by a pond that winter day,
And the sun was white, as though chidden of God,
And a few leaves lay on the starving sod;
　— They had fallen from an ash, and were gray.

Your eyes on me were as eyes that rove
Over tedious riddles of years ago;
And some words played between us to and fro
  On which lost the more by our love.

The smile on your mouth was the deadest thing
Alive enough to have strength to die;
And a grin of bitterness swept thereby
  Like an ominous bird a-wing …

Since then, keen lessons that love deceives,
And wrings with wrong, have shaped to me
Your face, and the God-curst sun, and a tree,
  And a pond edged with grayish leaves.

주석

0] neutral tones: 중간색조, 푸르스름하거나 희끄무레한 색조. neutral: bluish or grayish.
2] chidden of God: rebuked (scolded) by God(신에게 꾸지람을 들은).
3] starving: frozen. starve: ((영국방언)) perish or suffer extremely from cold.
3] sod: turf, lawn; ground(잔디, 잔디밭).
8] On which lost the more : On the question of which of us lost the more(우리 중에 누가 더 손해를 보았는지 하는 문제에 대해).
12] a-wing: flying.

그 겨울날, 우리는 연못가에 서 있었네.
태양은 신에게 꾸지람을 들은 듯 창백했고
얼어붙은 잔디밭에는 낙엽이 몇 장 떨어져 있었지.
  – 그것들은 물푸레나무에서 떨어진 잿빛의 낙엽.

나를 바라보는 당신의 눈빛은 해묵은
지루한 수수께끼를 푸느라 두리번거리는 눈빛 같았지.

우리 사이에 오간 몇 마디 말은
　우리 사랑으로 누가 더 상처를 받았는지에 관한 것.

당신 입가에 감도는 미소는 아주 생기가 없이
겨우 죽을 기운만 남아 있었네.
쓰디쓴 웃음이 입가를 스쳐갔지,
　날아가는 불길한 새처럼 …

그 이후로, 사랑은 속이고 부당하게 괴롭힌다는
뼈저린 교훈이 내 마음 속에 새겨넣었네,
당신의 얼굴과 신에게 저주 받은 태양, 나무 한 그루,
　가장자리에 잿빛 낙엽들이 떨어져 있는 연못의 모습을.

5 작품분석

쓰라린 사랑의 실패가 자신의 인생에 준 영향을 토로하고 있는 이 시는 Hardy가 27세(1867년) 때 쓴 작품으로, Hardy 자신의 경험을 토대로 하고 있는 것으로 보인다. Hardy는 젊은 시절 몇 번의 연애경험이 있었고, 이 시는 그런 경험 중의 하나와 관계 있는 것으로 볼 수 있다.

특히 비평가들의 주목을 받는 관계는 외사촌인 열한 살 연하의 Tryphena Sparks와의 사랑이다. 사촌지간은 언제나 가까이할 수 있어서 쉽게 친해지고 서로 시시덕거릴 수 있는 사이로, 당시 영국인들에게는 감정적인 교류나 성적 경험을 하기에 좋은 관계였고, 그래서 사촌 사이에 결혼하는 일도 적지 않았다. Hardy와 Sparks 사이에는 혼외 자식까지 있었다고 주장하는 학자도 있고 또 그것을 부정하는 학자들도 있지만, 분명한 것은 둘 사이의 관계가 매우 깊었다는 사실이다.

이들 둘 사이의 사랑은 1867년에 시작되었고, 둘 사이의 관계가 깨지게 된 것은 Hardy가 나중에 부인이 된 Emma Gifford를 만나 구애를 시작하던 1871년경이다. 따라서 많은 이들이 동의하고 있듯 이 시가 Sparks와의 사랑과 결별을 토대로 하고 있다면, 이 시는 1867년이 아니라 그보다 몇 년 후에 쓴 작품으로 보는 것이 옳을 것이다.

이와는 달리, 이 시에서 언급되고 있는 두 연인의 결별은 Hardy 자신의 직접적인 경험과는 아무런 상관없는 가상의 상황일 수도 있다. 말하자면 Hardy 자신의 비극적, 염세적인 세계관을 전개하기 위해 상상력을 통해 만들어낸 가공의 이야기라는 것이다. 이 시가 Hardy의 체험에 기초를 두었건 그렇지 않건, 어쨌든 Hardy가 이 작품을 통해 독자들에게 보여주고자 하는 세계는 다를 바 없다.

Hardy가 보여주는 세계는 "Neutral Tones"라는 작품 제목처럼 중간색조의 세계, 말하자면 무채색의 세계, 흐릿한 잿빛의 세계이며, 동시에 차갑고 싸늘한 세계이다. 첫 연에 등장하는 겨울날 연못가에 떨어져 있는 낙엽과 창백한 태양은 이 작품의 배경이면서 동시에 여기에 등장한 두 연인의 관계를 비유적으로 보여주는 사물들이다. 이 시가 두 사람 사이의 싹트는 사랑을 말하고 있다면 작품 속의 계절은 겨울이 아닌 봄이 될 가능성이 높다. 태양은 생명의 원천이요, 열정적인 사랑의 상징으로 쓰이기도 하지만, 여기에 나타난 태양은 창백하다. 마치 신의 꾸지람을 들은 것처럼 보인다는 말은 둘의 사랑을 신도 허락하지 않는다는 의미로 보인다. 얼어붙은 연못가 잔디밭 위에 있는 몇 잎의 낙엽은 물푸레나무에서 떨어진 것이다. 떨어진 낙엽은 둘 사이의 져버린 사랑을 의미하며, 그래서 지나간 사랑의 기억처럼 이제 죽은 잎사귀들만 황량한 겨울 연못가에 남아 있다. 'ash'는 물푸레나무이면서 동시에 재라는 의미이다. 둘 사이에 불타던 사랑이 꺼져버리고 이

제 재만 남은 상태이다. 그러므로 그 낙엽은 잿빛인 것이다.

이 시의 첫머리에 '우리'(we)로 함께 묶여 언급되던 두 사람은 둘째 연부터는 '당신'(you)과 '나'(I)로 분리되어 언급된다. 이제 두 사람은 감정적으로 하나가 아니라는 암시이기도 하다. 물론 둘째 연 후반부에 '우리 사이에'(between us), '우리의 사랑'(our love)이라는 말이 나오지만, 이 경우에는 두 사람 사이에 벌어지는 말다툼을 언급하고 있을 뿐, 둘이 한데 결합된 의미로 쓰이고 있는 것이 아니다. 이제 화자인 '내'가 거리감을 두고 상대를 관찰하며 서로의 관계를 자신의 관점에서 해석해 내려가고 있다. 연인 사이에 주고받는 눈길이나 대화는 서로의 사랑을 확인하는 수단이 된다. 그러나 여기에서 자신을 바라보는 상대방의 시선이 '해묵은/ 지루한 수수께끼를 푸느라 두리번거리는 눈빛 같았다'는 말은 두 사람 사이에 아무런 진전 없는 싸움만 반복적으로 오래 해왔다는 뜻으로 보인다. 또 두 사람 사이의 오해를 풀 수도 있을 대화는 자신들이 나눈 사랑 때문에 '누가 더 상처를 받았는지에 관한 것'일 뿐이다. 'some words played between us to and fro'이라는 표현은 그들의 대화는 장난처럼, 마치 테니스를 칠 때 상대 코트에 공을 넘기듯 서로에게 책임을 떠넘기려는 듯했다는 느낌을 준다.

그들이 짓는 웃음조차 화해의 의미를 가지거나 화합의 역할을 하지 못하는 상황이 셋째 연에서 전개된다. 화자는 상대방의 미소가 억지 미소일 뿐이며, 그 웃음은 씁쓸한 미소로서 마치 자신들의 사랑을 채갈 것 같은 불길한 새처럼 보였다고 말한다. 기쁨과 행복의 표현인 미소는 여기에서 '가장 죽어 있는 것'으로 묘사되어 있다. 또한 '죽을 기운이 있는 정도만큼만 살아있었다'는 표현은 그들의 상황을 잘 보여주는 매우 효과적인 모순어법(oxymoron)이다. 그러나 이것을 모순어법이 아니라고 생각할 수도 있다. 상대방이 미소를 짓는 것은 두 사람이 헤어지면서 사나운 꼴을 만들지 않고 그나마 체면을 차리기 위해 애써 외교적인 미소를 짓는 것이라고 보면 말이다. 말하자면 상대방이 마음에 담고 있는 화자에 대한 좋지 못한 감정을 가까스로 억누르면서 짓는 고통스런 미소이다.

셋째 연까지 과거형으로 되어 있던 시제는 마지막 연에 와서 현재(완료)형으로 변한다. 그래서 여태까지의 얘기는 현재시점에 있는 화자가 일종의 플래시백을 통해 과거회상을 한 것이었음이 드러난다. 마지막 연에서는 첫 연에서 언급했던 두 사람이 헤어질 때의 연못가의 풍경이 다시 반복됨으로써 이제 이 작품이 결론에 다가가고 있다는 느낌을 준다. 그런데 첫 연에서 '신에게 꾸지람을 들은 듯했던'(as though chidden of God) 태양은 이제는 '신에게 저주 받은'(God-curst) 태양으로 표현됨으로써, 화자의 과거 경험이 악몽과 같은 상태로 자신의 뇌리에 남게 되었음을 말해 준다. 마지막 연은 과거의 그런 연애실패담을 통해 얻은 일종의 삶에 대한 '깨달음'을 정리하고 있다. 그 깨달음이란 다름 아닌, 인간의 삶에서 사랑이란 마냥 행복과 기쁨만 주는 것이 아니라 사람을 속이기도 하며 말도 안 되게 사람을 괴롭힐 수도 있다는 것이다.

특이한 것은 이 깨달음이 그것 자체로 머릿속에 새겨지는 것이 아니라 일종의 시각적 기억으로 남게 된다는 사실이다. 그의 뇌리에는 아픈 사랑의 기억이 아픔 그 자체로 남아 있다기보다는 마지막 두 사람이 헤어질 때 연못가에서 보았던 광경의 시각적 형태로 남아 있다고 한다. 이것은 인간의 다른 모든 경험의 경우에도 마찬가지일 것이다. 인간이 주변에서 경험하는 모든 죽음과 고통, 행복의 기억들은 그것들을 경험할 때에 느꼈던 감정의 형태로 기억되기보다는 그때 보았던 주위 사물들에 대한 시각적 기억이나 그때 들었던 여러 가지 소리나 음악에 대한 청각적 기억의 형태로 남아 있게 된다. 나중에 오랜 세월이 지난 후에도 인간은 그와 유사한 사물을 보거나 그와 유사한 소리와 음악을 듣게 되면, 그 기억을 떠올리고 그 고통과 행복의 감정을 다시 떠올리는 것이다.

6 The Darkling Thrush

I leant upon a coppice gate,
When Frost was spectre-gray,
And Winter's dregs made desolate
The weakening eye of day.
The tangled vine-stems scored the sky
Like strings of broken lyres,
And all mankind that haunted nigh
Had sought their household fires.

The land's sharp features seemed to be
The Century's corpse outleant,
Its crypt the cloudy canopy,
The wind its death-lament.
The ancient pulse of germ and birth
Was shrunken hard and dry,
And every spirit upon earth
Seemed fervorless as I.

At once a voice arose among
The bleak twigs overhead,
In a full-hearted evensong
Of joy illimited.
An aged thrush, frail, gaunt and small,
With blast-beruffled plume,
Had chosen thus to fling his soul

Upon the growing gloom.

So little cause for carolings
Of such ecstatic sound
Was written on terrestrial things
Afar or nigh around,
That I could think there trembled through
His happy good-night air
Some blessed Hope, whereof he knew,
And I was unaware.

주석

0] Darkling Thrush: Thrush in the dark(어둠속의 지빠귀).

1] coppice gate: gate leading to a small wood or thicket(잡목 숲으로 통하는 문).

4] The weakening eye of day: the pale sun setting below the horizon(저물어가는 해).

5] scored: cut or scratched.

7] nigh: near.

10] outleant: stretched out(뻗어 있는).

11] crypt: underground burial vault or chapel in a church; vault; cavern(묘지로 쓰이던 교회 지하실).
canopy: 천개, 하늘(sky).

12] death-lament: elegy, monody, threnody.
cf. Shelley's "Ode to the West Wind"
Thou dirge
Of the dying year, to which this closing night
Will be the dome of a vast sepulchre.

13] germ: 싹(bud), 기원(origin).

19] evensong: evening prayer, vesper(저녁예배, 저녁기도).

20] illimited: unlimited.

21] gaunt: haggard, extremely thin and bony(수척한).

23] fling his soul: 온 마음으로 노래하다(sing with all his heart)는 의미.

25] carolings: joyful songs; carols, Christmas songs or hymns.

27] terrestrial: earthly(지상의).

30] air: song.

나는 잡목 숲으로 통하는 문에 기대어 있었다.
서리가 유령처럼 잿빛을 띠고
겨울의 찌꺼기가 약해져가는 낮의 눈을
황량하게 만들 때.
부서진 칠현금의 줄처럼 뒤엉킨 덩굴줄기는
하늘에 날카롭게 금을 그었고,
가까이에 나타나던 모든 사람들은
자기네들 집 난롯가를 찾았다.

대지의 뚜렷한 형상은
이 세기의 뻗어버린 시체,
구름 덮인 하늘은 그의 납골당,
바람은 그의 장송곡처럼 보였다.
배아와 탄생의 오래된 맥박은
움츠려들어 딱딱하게 말라버렸고,
지상에 있는 모든 사람들은
나처럼 활기가 없어 보였다.

홀연히, 머리 위에 있는 앙상한 가지에서
한 목소리가 솟아올랐다
그것은 무한한 환희의
가슴 벅찬 저녁기도.
연약하고 수척하며 작고 늙은 지빠귀 한 마리가
거센 바람에 깃털이 헝클어진 채
짙어 오는 어둠에
자신의 영혼을 던지기로 작정했던 것.

그렇게 황홀한 소리로
축가를 부를 만한 이유가
멀리 있건 가까이 있건
지상에 있는 사물에는 적혀 있지 않았으므로
나는 생각할 수 있었다
지빠귀의 행복한 밤 작별 노래 속에
그는 알고 있고 나는 의식치 못하는
어떤 복된 **희망**이 살아 떨리고 있다는 것을.

7 작품분석

이 시는 19세기 마지막 날인 1900년 12월 31일에 쓴 작품으로서, 원래의 제목은 "The Century's End" 혹은 "By the Century's Deathbed"로 알려져 있다. 이 시에서 Hardy는 한 세기의 마지막 날에 지난 세기를 돌아보며 다가올 새로운 세기를 예견해 보고 있다.

첫 연에서는 이 시의 배경이 묘사되고 있는데, Hardy 자신의 시 "Neutral Tones"의 배경과 유사해 보인다. 황량한 겨울 저녁, 서리가 낀 잿빛 풍경 속에 다른 사람들은 모두 집으로 들어가 난롯가를 찾고 시인 홀로 잡목 숲으로 통하는 문에 기대어 있는 상황이다. 'spectre'라는 말이나 'haunted'라는 말은 모두 이 시 전체의 어둠과 죽음의 분위기와 잘 맞아 떨어진다. 뒤엉킨 덩굴줄기가 '부서진 칠현금의 줄처럼' 보인다는 것은 조화로운 음악이 사라져버린 채 모든 것이 파국에 이른 것 같은 느낌을 준다. 그 덩굴줄기가 '하늘에 날카롭게 금을 그었다'는 말 또한 그런 암울한 느낌을 효과적으로 표현해 준다.

둘째 연에서 시인은 이 세기를 의인화시키며 자신의 눈에 보이는 모든 삭막한 풍경을 세기의 죽음에 연결시킨다. 그래서 그는 대지의 모습을 보고 이제는 죽어버린 19세기의 시체가 뻗은 채 누워 있는 것으로 상상한다. 세기가 죽었으니 그 세기를 묻을 묘지와 그 죽음을 슬퍼하는 애가가 필요할 것이다. 시인은 구름이 뒤덮여 있는 하늘을 죽은 지난 세기를 묻고 있는 무덤으로, 윙윙 불어대는 바람을 그의 죽음을 슬퍼하는 장송곡으로 생각한다. 이렇듯 모든 것이 죽어버린 듯한 상황에서는 태고로부터 내려오는 배아와 탄생의 맥박이 느껴질 리가 없을 것이다. 그래서 이 지상에 있는 시인이나 다른 사람들이나 모두 활기를 느낄 수 없게 된다.

둘째 연까지의 이런 암울한 분위기는 셋째 연부터 갑작스럽게 변한다. 시인에게 정반대의 기분을 갖도록 만든 것은 어처구니없게도 다 늙어빠진 작고 수척한 지빠귀의 노래 소리이다. 이 지빠귀는 당시 환갑에 이른 늙은 시인 자신을 연상시킨다. 시인이 아마 확실한 희망의 전조를 보여주려 했다면 그런 늙은 새가 아닌 보다 젊고 생기에 찬 새를 등장시켰어야 했을 것이다. 그러나 시인은 이 지빠귀 한 마리가 짙어오는 어둠에 자신의 온 영혼을 쏟아 붓는 것처럼 기도하듯 노래했다고 말한다.

마지막 연에서 시인은 지빠귀가 어떻게 그런 환희의 노래를 부를 수 있었는지 의아해 한다. 시인이 주위를 아무리 둘러봐도 그런 노래를 부를 만한 희망의 전조가 대지에서는 보이지 않기 때문이다. 그래서 시인은 비록 자신은 의식치 못했지만, 지빠귀는 노쇠에도 불구하고 가슴속에 희망을 품고 있었으리라고 상상한다. 늙은 지빠귀가 희망을 버리지 않듯 시인을 포함한 지상의 인류가 희망을 포기해야할 이유가 없음을 깨닫는 것이다.

전체적으로 볼 때 이 시는 첫 연에서 겨울저녁의 풍경을 묘사하고 둘째 연에서 그 황량한 풍경을 세기의 종말과 연결시키면서, 세기말에 예견되는 인류의 어둡고 쓸쓸한 희망 없는 미래를 암시한다. 그러나 셋째 연부터 작품의 분위기가 반전되면서 지빠귀의 환희의 노래와 그 노래 속에 깃든 희망을 언급함으로써 암담한 미래의 전망 가운데서도 한 가닥 희망의 빛줄기를 보게 된다. 그런 점에서 이 시는 작품 제목을 세기말, 혹은 세기의 죽음을 암시하는 애초의 제목에서 어둠 속에서도 희망의 노래를 부르는 지빠귀에 초점을 맞추는 현재의 제목으로 바꾸었을 것으로 보인다.

William Butler Yeats

(1865–1928)

1 작가의 생애와 작품경향

Yeats는 Ireland의 Dublin에서 태어났다. 아버지 John Yeats는 초상화가였으며, 증조할아버지와 할아버지는 목사였다. 외가인 Pollexfen가는 Ireland의 서북부 항구 Sligo에서 선박회사를 운영하는 부유한 집안으로, Yeats는 어린 시절 많은 시간을 외갓집에서 보냈다. 그때 그는 외삼촌 등으로부터 Sligo 인근에 알려진 Ireland 민담과 설화들을 들었고, 그것들은 나중에 Yeats의 시와 극의 중요한 소재가 되었다.

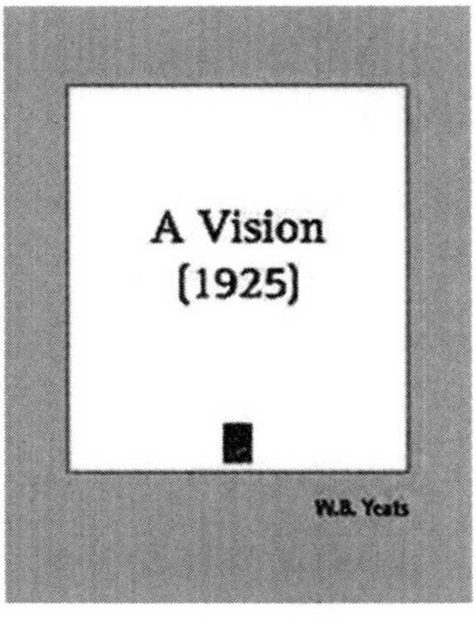

Yeats는 Dublin의 Erasmus고등학교를 졸업하고 Metropolitan School of Art에 들어갔으나 작가가 되기 위해 결국 미술을 포기했다. 스무 살 때 그의 최초의 서정시들이 *Dublin University Review*에 실렸다. Yeats는 연금술이나 접신술 등 신비주의 사상에 빠져들어 Dublin Hermetic

Society(더블린 연금술협회)를 만들고, 당시 유럽에서 명성을 떨치던 접신술가인 Madame Blavatsky를 만나기도 했다. 또 이 무렵 그는 민담 수집과 정리에도 관심을 가져 George Russell 및 Thomas Hyde와 함께 *Fairy and Folk Tales of the Irish Peasantry*(1888)를 펴냈다.

24세 때인 1889년 Yeats는 민족주의자 John O'Leary의 소개로 독립운동가이며 배우였던 Maud Gonne을 만났다. Maud Gonne은 Yeats의 시는 높이 평가했으나 오랜 기간에 걸친 그의 수차례의 청혼을 번번이 거절했고, 결국 1903년 독립운동가 John MacBridge 소령과 결혼함으로써 Yeats에게 깊은 좌절을 안겨주었다. 그녀는 흔히 Yeats의 시에서 이상적인 미의 상징인 Helen of Troy로 표상되어 나타난다.

Yeats는 24세 때 첫 시집 *The Wanderings of Oisin and Other Poems*(1889)를 발표한 이후 많은 변모를 거치며 수많은 걸작 시집들을 내놓았다. 또한 Lady Gregory와 함께 Ireland문예부흥운동의 중심인물로서 나중에 Abbey Theatre가 된 Irish National Theatre를 창립했다. 이 극장에서는 그가 주로 Ireland전설을 바탕으로 하여 쓴 시극(詩劇) *The Countess Cathleen* (1892), *The Land of Heart's Desire* (1894), *Cathleen ni Houlihan* (1902) 등이 상연되었다.

1916년 부활절 봉기의 주모자중 한 사람으로 체포된 Macbride 소령이 처형되고 나서 또 다시 Maud Gonne에 대한 청혼에 실패한 후, Yeats는 1917년 52세의 나이에 강신무인 Georgie Hyde-Lees와 결혼했다. 그는 Yeats처럼 신비주의에 관심을 가진 그녀의 도움으로 자동기술(automatic writing)에 의해 자신의 상징체계를 정리하여 60세의 나이에 *A Vision*(1925)을 펴냈다.

1923년 Yeats가 Nobel상을 받은 것은 주로 그의 극작품에 대한 평가 때문이었으나, 전체적으로 볼 때 더 높은 평가를 받는 것은 시작품들로서, 많은 수가 Nobel상을 받은 후 나온 것들이다. 그의 중요 시집으로는 *The Wild Swans at Coole* (1919), *Michael Robartes and the Dancer* (1921), *The Tower* (1928), *The Winding Stair and Other Poems* (1933), *Last Poems and Plays* (1940) 등이 있다.

Yeats는 1922년 Ireland가 영국으로부터 독립하자 상원의원으로 추대되었다. 그는 한 때 회춘수술을 받기도 했으나 건강이 악화되자 프랑스로 요양을 갔다가 1939년 74세의 나이로 숨져 프랑스 땅에 묻혔다. 그의 유해는 2차 대전이 끝나고 난 후인 1948년에 고국으로 송환되어 Sligo의 Ben Bulben 산기슭에 있는 교회묘지에 묻혔다.

[2] Down By the Salley Gardens

Down by the salley gardens my love and I did meet;
She passed the salley gardens with little snow-white feet.
She bid me take love easy, as the leaves grow on the tree;
But I, being young and foolish, with her would not agree.

In a field by the river my love and I did stand,
And on my leaning shoulder she laid her snow-white hand.
She bid me take life easy, as the grass grows on the weirs;
But I was young and foolish, and now am full of tears.

주석

1] salley: sallow((버드나무의 일종)).
3] take love easy: 사랑을 느긋하게 생각하다. 사랑을 편안히 받아

들이다.

4] being young and foolish: as I was young and foolish.
with her would not agree: I would not agree with her(그녀의 말에 동의하지 않았다, 그녀의 말을 받아들이려 하지 않았다).

7] take life easy: 인생을 느긋하게 생각하다. 인생을 자연스럽게 살다.
weirs: dam. 둑.

버드나무 정원에서 내 님을 만났지.
그녀는 눈처럼 희고 작은 발로 버드나무 정원을 지나갔네.
그녀는 사랑을 쉽게 생각하라고 말했지, 나무에서 잎이 피어 나듯.
그러나 나는 젊고 어리석었던 탓에 그녀의 말을 들으려하지 않았네.

강가 들판에서 내 님과 함께 서있었지.
그녀는 눈처럼 흰 손을 기울어진 내 어깨에 얹었네.
그녀는 인생을 느긋하게 살라고 말했지, 둑에서 풀이 자라듯.
그러나 나는 젊고 어리석었던 탓에 지금은 눈물만 가득하네.

3 작품분석

Yeats의 주석에 따르면, 이 시는 Sligo지방 Ballysodare 마을의 어떤 농부할머니가 일부만을 기억하여 혼잣말처럼 종종 부르곤 했던 노래 3행을 토대로 옛 노래를 복원해 본 것이라고 한다. Shields는 이 노래의 원천이 "The Rambling Boys of Pleasure"라고 말했는데, 이것에는 몇 가지 버전이 있으나 대체로 5연에 총 20행으로 되어 있다.

"The Rambling Boys of Pleasure"는 방랑자인 화자가 자기처럼 쾌락을 좇아 방랑하는 젊은이들에게 과거 자신의 사랑경험을 얘기하는 내용으로 되어 있다. 그 얘기에 의하면, 화자는 방랑을 즐기던 어느 날 버드나무 정원에서 예쁜 아가씨를 만났고, 그 아가씨는 나무에서 잎이 피어나듯 사랑을 쉽게 생각하라고 충고했지만, 그때 자신은 너무 젊고 어리석어서 그녀의 말을 받아들일 수가 없었다는 것이다. 그러나 다음에 그녀를 또 만났을 때, 그녀의 마음은 마치 날씨가 변하듯 변해 있었는데, 그 원인은 돈 때문이었다고 한다. 그는 돈은 악의 근원이요, 많은 남녀를 헤어지게 만드는 원인이 된다고 말한다. 화자는 자신이 진짜 애인과 함께 Dublin에 있으면서(어떤 판본은 Belfast 혹은 New York 등으로 되어 있다), 둘 사이의 관계를 잘 지속시킬 수 있을 만큼 많은 돈과 넘치는 술이 있었으면 하고 바란다. 둘은 젊고 세상은 넓으니 방랑하며 돈과 술로 인생을 즐기고 싶다는 것이다. 자신을 슬프게 하는 사실은, 뜨내기로 불리면서 자신이 태어난 고향을 떠나있다는 것, 사랑하는 여자와 헤어져 있다는 것이다. 그래서 노래의 마지막에 가서 화자는 자신이 방랑자가 되어 알지도 못한 여자와 잠자리를 해야 할 것인지 스스로 묻는다. 말하자면 원래의 노래는 돈 때문에 사랑하는 여자를 잃고 객지를 떠돌면서도 사랑하는 여자와 함께 술과 쾌락을 즐기며 넓은 세상을 마음껏 경험하고 싶어 하는 어떤 방랑자의 꿈을 담고 있다고 할 수 있다.

이 시는 "The Rambling Boys of Pleasure"의 둘째 연을 토대로 하고 있는데, 그 중 한 가지 버전의 둘째 연은 다음과 같다.

어느 날 저녁 늦게 나는 버드나무 정원으로 길을 나섰네.
거기서 별안간 이 어여쁜 소녀를 보게 되었다네. 그녀는 내게
  분명히 이런 말을 했지.
그녀는 사랑을 쉽게 생각하라고 충고했지, 나무에서 잎이 피어나듯.
그러나 나는 젊고 어리석었던 탓에 내 님의 말을 들으려하지 않았네.

It was down by Sally's Garden one evening late I took my
  way.
'Twas there I spied this pretty little girl, and those words to
  me sure she did say
She advised me to take love easy, as the leaves grew on the tree.
But I was young and foolish, with my darling could not agree.

인용된 이 구절을 보면 Yeats의 시는 이 노래를 약간 다듬었을 뿐, 거의 그대로 옮겨 썼음을 알 수 있다. Yeats시의 둘째 연은, 마치 노래 가사의 2절이 1절을 부분적으로 약간씩 바꾸면서 반복하듯, 이 노래를 토대로 만든 첫 연의 핵심구절들을 조금씩 바꾸면서 구성하고 있다. 그래서 첫 연의 'snow-white feet'는 둘째 연의 'snow-white hand'와, 첫 연의 'meet'는 둘째 연의 'stand', 첫 연의 'take love easy'는 둘째 연의 'take life easy'와, 첫 연의 'as he leaves grow on the tree'는 둘째 연의 'as the grass grows on the weirs'와 대구를 이루면서 반복되고 있다. 이런 대구에 의한 반복은 민요의 특징으로, 시에 음악성을 부여해 주는 중요한 역할을 한다.

Yeats의 시는 "The Rambling Boys of Pleasure"의 둘째 연만을 토대로 구성하고 있기 때문에 원래의 노래처럼 주제가 산만하지 않고 오히려 한 가지 주제에 집중되어 있다고 할 수 있을 것이다. 앞에서 살펴본 대로 원래의 노래는 사랑과 배신, 돈, 술과 쾌락, 방랑 등 여러 가지 내용이 얽혀 있고, 그 어느 것에 주로 초점이 맞추어져 있는지 알기 어렵다. 그러나 예이츠가 재정리한 이 시의 주제는 비교적 분명해 보인다. 그것은 사랑하는 아가씨의 충고대로 자신이 과거에 사랑과 인생을 자연스럽고 편안하게 받아들이며 즐기지 못해 지금은 후회한다는 것이다.

말하자면 이 시는 어떤 남자가 자신의 젊은 시절에 대한 회한과 미련을 표현하고 있는 작품이라고 할 수 있다. 그런데 이 남자가 하는 후회는 사람들이 보통 하는 후회와는 사뭇 다르다. 아마도 사랑이나 쾌락의 문제와 관련해서 사람들이 일반적으로 하게 되는 후회는 젊은 시절에 너무 방종했고, 그래서 나이가 들어서야 그런 행위를 뉘우치게 되는 그런 종류의 후회일 것이다. 그러나 이 시의 경우는 정반대이다. 이 시의 화자는 여자의 충고대로 사랑이나 인생을 느긋하고 편안하게 받아들이지 못했던 점을 후회하고 있다. 말하자면 그는 지나친 도덕률이나 완벽한 인생설계 혹은 인생관 때문에 자신의 내면적 욕구에 따라 사랑도 하지 못하고, 인생을 너무 빡빡하게 산 사람이다. 여자가 그런 충고를 한 것을 보면, 그 여자는 이 남자보다는 사랑과 인생에 대해 훨씬 여유 있는 태도를 가지고 있고, 이 남자보다 훨씬 삶에 대해 잘 알고 있는 것처럼 보인다. 사랑을 쉽게 생각하라는 여자의 충고는 단적으로 말하자면 욕망을 너무 절제하지 말라, 육체적 쾌락을 즐기자는 요구라고 볼 수 있다. 대담한 여자의 요구를 받아들이지 못한 채 젊은 시절을 보낸 화자는 뒤늦게야 젊은 시절을 제대로 즐기지 못했음을 후회하는 것이다. 그는 그것을 젊고 어리석었던 탓이라고 생각한다. 인간은 젊어서는 어리석지만 지혜를 얻을 때쯤에는 노쇠할 수밖에 없다는 것은 Yeats가 흔히 다루는 주제이지만, 이 시의 화자는 젊은 시절에는 어리석기만 했을 뿐, 그 젊음을 제대로 누려보지 못하고 뒤늦게야 후회하는 안타까운 모습을 보여 준다.

4 The Lake Isle of Innisfree

I will arise and go now, and go to Innisfree,
And a small cabin build there, of clay and wattles made:
Nine bean-rows will I have there, a hive for the
  honeybee,
And live alone in the bee-loud glade.

And I shall have some peace there, for peace comes
  dropping slow,
Dropping from the veils of the morning to where the
  cricket sings;
There midnight's all a glimmer, and noon a purple glow,
And evening full of the linnet's wings.

I will arise and go now, for always night and day
I hear lake water lapping with low sounds by the shore;
While I stand on the roadway, or on the pavements grey,
I hear it in the deep heart's core.

주석

1] I will arise: 성경에 나온 방탕한 아들(Prodigal Son)의 비유 (「누가복음」 제15장 18-19절) 참조: 'I will arise and go to my father, and I will say to him, "Father, I have sinned against heaven and before you; I am no longer worthy to be called your son; treat me as one of your hired servant."'(내가 일어나 아버지께 가서 말씀드리기를 "아버지여 내가 하늘과 아버지께

죄를 지었사오니, 더 이상 아버지의 아들이라 불릴 가치가 없습니다. 나를 아버지의 품꾼 중 하나로 보소서" 하리라)

2] wattles: twigs(작은 나뭇가지). 욋가지((흙벽에 엮어서 넣는 나뭇가지)).

4] the bee-loud glade: 벌이 붕붕대는 소리가 요란한 숲속(의 공터).

6] the veils of the morning: 아침에 끼는 안개를 말하는 듯.

7] glimmer: a faint light(은은한 빛).
a purple glow: Innisfree는 'heather island'라는 뜻으로, 자주색 heather꽃이 만발한 모습을 표현하고 있다.

8] linnet: 홍방울새.

10] lapping: 철썩대다.

나 일어나 이제 가리라, 이니스프리로 가리라.
거기에 가지 엮고 진흙 발라 조그만 오두막을 지으리라.
아홉 이랑 콩밭을 일구며, 꿀벌을 위해 벌통도 하나 놓고,
벌이 붕붕대는 숲속에서 나 혼자서 살리라.

거기서는 얼마쯤 평화를 얻으리라, 평화는 천천히 떨어지면서 오니까,
안개 낀 아침부터 귀뚜라미가 우는 저녁까지 떨어지리라.
거기서는 한밤중은 은은한 빛이요, 한낮은 자줏빛으로 타오르고
저녁에는 홍방울새 날개짓 소리 가득하리라.

나 일어나 이제 가리라. 밤이나 낮이나 언제라도
호수물이 나지막하게 물가에서 철썩대는 소리를 들을 테니.
찻길에서나 잿빛 보도에 서 있을 때
그 물소리 내 마음 속 깊은 곳에서 들려오네.

5 작품분석

작품에 나오는 Innisfree는 Ireland 서부 Sligo의 Lough Gill 호수에 있는 작은 섬이다. Yeats는 어린 시절에 거의 매년, 외가가 있었던 Sligo에 가서 지냈고, 가끔 Lough Gill 호수로 산책을 나갔다. Yeats의 아버지는 미국의 초절주의자(Transcendentalist)인 Henry David Thoreau의 *Walden*을 그에게 읽어주었는데, 그것은 외딴곳에서 혼자 유유자적한 삶을 즐기려는 꿈을 Yeats에게 심어준 계기가 되었다.

이 시의 기원을 설명하는 글이 나오는 Yeats의 *Autobiography*를 보면 그는 어떤 때는 자신이 love-story의 주인공이 되는 모험에 찬 삶을 꿈꾸기도 하고 또 어떤 때는 고독하고 금욕적인 삶을 꿈꾸기도 하다가 또 어떤 때는 이 두 가지 이상을 섞어서 고독하고 금욕적인 삶을 살되 가끔 일탈에 빠지는 삶을 계획했다는 것이다. Yeats가 Thoreau를 모방하여 Innisfree에서 살고자 하는 생각을 한 것은 자신이 십대 때 Sligo에서 갖게 된 생각이라고 한다. Innisfree에서 살고자 했던 삶은 위에서 말한 세 가지 삶 중의 두 번째인 고독하고 금욕적인 삶일 것이다.

이 시를 쓰게 된 직접적인 계기가 된 것은 그가 향수에 젖은 채 런던의 Fleet Street을 걷고 있을 때 어떤 가게 앞 분수를 보고 그 물소리로부터 Lough Gill 호수의 물소리를 떠올리게 되어서이며, 그 갑작스런 기억으로부터 이 시가 탄생했다고 한다. 말하자면 이 시는 Yeats가 런던이라는 대도시의 번잡한 문명세계에 살면서, 어린 시절의 추억이 담긴 Innisfree라는 자연세계를 그리며 평화롭고 고독한 삶이 있는 자연으로 돌아가고 싶은 마음을 담은 작품이다.

첫 연은 시인이 Innisfree에 가서 만들 자신의 집의 모습을 그리고 있다. 그 삶은 소박하면서도 자연과 가까운 모습으로, 그는 욋가지에 진흙을 발라 조그만 오두막을 짓고, 콩밭을 일구고 꿀벌을 치며 벌이 붕붕대는 소리로 가득한 숲속에서 혼자 살겠다고 한다.

둘째 연은 Innisfree에 가고자 하는 이유가 설명되어 있다. 그는 그 곳에 가면 평화로운 삶을 누릴 수 있을 거라고 말한다. 그런데 여기에서 추상적 개념인 '평화'는 마치 눈에 보이는 이슬방울이나 물방울이 떨어지는 것처럼 천천히 떨어지며 자신에게로 오는 것으로 표현되어 있다. 이것은 Innisfree섬에서 보게 될 이슬방울이나 물방울이 떨어지는 소리와 모습에서 그가 평화로움을 느끼게 된다는 의미일 것이다. 그는 그 이슬방울이나 물방울을 아침에 안개가 끼는 곳에서도, 저녁에 귀뚜라미가 우는 곳에서도 듣고 볼 수 있을 것이라고 말한다. 또한 Innisfree섬은 한밤중에는 은은한 빛을 띠고, 한낮에는 heather꽃이 만발하여 온 섬이 자줏빛으로 불타는 듯 하고, 저녁에는 홍방울새가 날개짓하는 소리로 가득한 모습으로 묘사된다.

셋째 연은 Innisfree섬으로 가고자 하는 자신의 결의를 다시 반복한다. '찻길에서나 잿빛 보도'라는 말이 암시하듯 그는 현재 도회지에 살고 있지만 자신의 가슴 속 깊은 곳에서는 Lough Gill의 호숫물 소리가 언제나 들린다고 말한다. 이것은 자연을 사랑하는 마음이 고질병처럼 된 일종의 천석고황(泉石膏肓)이라고 할 수 있을 것이다.

특히 이 시의 첫머리에 쓰이고 셋째 연에서 다시 반복되는 '나 일어나 이제 가리라'(I will arise and go now)라는 말은 성경의 <탕아의 비유>에서 쓰인 표현이라는 사실에 주목할 필요가 있을 것이다. 말하자면 시인이 도시를 떠나 자연으로 돌아가고자 하는 것은 <귀거래사>(歸去來辭)와 같은 단순한 전원복귀의 꿈이나 자연친화적인 소망의 발로가 아니라 그릇된 길을 가던 자가 자신의 잘못을 뉘우치고 바른 길로 다시 돌아온다는 의미를 담고 있다. 말하자면 도시에 사는 삶은 탕아의 삶처럼 잘못된 삶이요, 자연으로 돌아오는 것은 정도(正道)로 돌아온다는 의미가 된다.

6 The Wild Swans at Coole

The trees are in their autumn beauty,
The woodland paths are dry,
Under the October twilight the water
Mirrors a still sky;
Upon the brimming water among the stones
Are nine-and-fifty swans.

The nineteenth Autumn has come upon me
Since I first made my count;
I saw, before I had well finished,
All suddenly mount
And scatter wheeling in great broken rings
Upon their clamorous wings.

I have looked upon those brilliant creatures,
And now my heart is sore.
All's changed since I, hearing at twilight,
The first time on this shore,
The bell-beat of their wings above my head,
Trod with a lighter tread.

Unwearied still, lover by lover,
They paddle in the cold,
Companionable streams or climb the air;
Their hearts have not grown old;
Passion or conquest, wander where they will,

Attend upon them still.

But now they drift on the still water,
Mysterious, beautiful;
Among what rushes will they build,
By what lake's edge or pool
Delight men's eyes, when I awake some day
To find they have flown away?

주석

0] Coole: Yeats가 자주 방문했던 Gregory여사의 장원.
7] The nineteenth autumn: 이 시는 1916년에 쓴 작품으로, Yeats가 Coole Park에 처음 왔던 1897년 이후 19년이 흘렀음을 말함. 실제로 Yeats가 이곳에 처음 왔던 것은 20년 전인 1896년의 일로, 이때는 잠시 방문한 것으로 되어 있다.
8] made my count: 백조의 수를 헤아려보았다는 것.
9] before I had well finished: 백조의 숫자를 채 다 세기도 전에.
10] mount: ascend.
13] those brilliant creatures: 백조들을 말함.
14] now my heart is sore: 최근의 Maud Gonne에 대한 청혼 실패에 대한 언급.
20] paddle: swim; dabble(첨벙거리다, 물장난 치다).
23] conquest: 정복욕, 패기.
wander where they will: wherever they will wander.
27] rush: 골풀, 등심초.

나무들은 아름다운 가을옷을 입고 있고
숲속 오솔길은 말라있다.
시월의 황혼 아래서 물은
고요한 하늘을 거울처럼 비춘다.
돌 사이로 넘쳐흐르는 물 위에는
쉰아홉 마리의 백조들.

내가 처음으로 백조의 수를 헤아린 이래
열아홉 번째 가을이 내게 다가왔다.

나는 보았다, 내가 수를 채 세기도 전에
모두가 갑자기 날아올라
요란스럽게 날개를 치고 부서진 큰 원을 그리며
선회하다가 흩어지는 것을.

저 눈부신 새들을 지금까지 보아왔지만
지금 내 가슴은 쓰리다.
모든 것이 변했다, 황혼녘에
이 호숫가에서 맨 처음
머리 위에서 백조들의 영롱한 날개소리를 들으며
보다 가벼운 발걸음으로 걸었던 이래로.

여전히 지칠 줄 모르고, 사랑하는 것들끼리 짝을 지어
백조들은 차가운 물속에서 정답게 헤엄을 치거나
공중으로 날아오른다.
그들의 가슴은 늙을 줄 모르고,
어디를 헤매든 열정과 패기가
언제나 그들을 따른다.

하지만 지금 백조들은 고요한 물 위에서 떠다닌다,
신비롭게, 아름답게.
어느 골풀 사이에다 그들은 둥지를 틀고
어느 호숫가나 웅덩이에서
사람들의 눈을 즐겁게 할 것인가? 어느 날 내가 잠깨어
그들이 날아가 버린 것을 알아차릴 그 때에.

7 작품분석

이 시는 Yeats가 51세 되던 1916년 가을에 쓴 작품이다. 1916년은 Ireland에서 부활절 봉기가 있던 해이고, Maud Gonne의 남편이었던 John Macbride소령은 이 사건의 주모자 중 한 사람으로 처형되었다. Yeats는 혼자의 몸이 된 Maud Gonne에게 청혼을 했으나 또 다시 거절을 당했다. 그 직후에 Gregory여사의 장원에 온 Yeats는 19년전 이 장원에 처음 왔을 때를 회상하면서 실연의 아픔과 인생무상, 시간과 영생 등 인간의 보편적인 문제들에 대해 명상하고 있다.

첫 연에는 시의 배경이 나타나는데, 때는 가을, 10월의 황혼녘이다. 가을과 황혼녘은 각각 계절과 하루가 거의 끝나가는 시점으로, 이미 황혼기에 접어든 시인의 상태를 암시하는 것이기도 하다. 그러나 첫 연에서는 아직 시인의 어떤 서글픔 같은 것이 느껴지지는 않는다. 나무들은 울긋불긋 단풍이 들어 아름답고, 잔잔한 호수는 고요한 하늘을 거울처럼 비추고 있다. 그리고 호수에서는 백조들이 헤엄을 치고 있다.

백조에 눈길이 가자, 둘째 연에서 시인은 백조들을 처음으로 이 물가에서 보았던 19년 전에 대한 과거회상으로 돌아가게 된다. 시인이 백조들의 수를 헤아려보려 할 때 백조들은 한꺼번에 하늘로 날아올라 요란스럽게 날개를 치며 선회하다가 흩어졌다는 것이다. 이로써 첫 연이 보여주었던 고요하고 평정한 분위기가 순간 깨어지는데, 이것은 이제 시인의 마음 또한 동요하고 있음을 보여 준다.

셋째 연에서는 그때 이후로 시인은 때때로 이 Gregory여사의 장원에 와서 백조들을 계속 지켜보아왔다고 한다. 백조들을 계속 지켜보아왔다는 말은 아마도 자신의 삶과 사랑에 대한 희망을 얼마 전까지도 계속 간직하고 있었음을 암시하는 것처럼 보인다. 그러나 Maud Gonne에 대한 마지막 청혼마저 실패로 돌아감으로써 시인은 갑자기 세월의 흐름을 절감하게 된다. 19년전 이 물가에 처음 와서 황혼녘에 '머리 위에서 백조들의 영롱한 날개소리를 들으며' 지금보다는 '가벼운 발걸음으로 걸었던' 젊은 그때의 희망을 회상할 때 노쇠해가는 지금의 사랑 실패는 그의 가슴을 더욱 쓰리게 한다.

젊음과 노쇠, 사랑과 실연의 문제는 넷째 연에 와서 백조들에게 투사된다. 시인은 자신과는 대비되는 존재로서 백조들을 설정하여, 백조들이 늘 젊음과 사랑을 누리는 존재인 것처럼 상상하게 된다. 백조들은 19년 전이나 마찬가지로 아직도 '지칠 줄 모르고' '그들의 가슴은 늙을 줄 모르며' 어디에서든 '열정과 패기'가 따른다고 한다. 이것은 이제는 늙고 지쳐서 열정도 패기도 사라져버린 시인 자신의 모습과 대비된다. 또 백조는 '사랑하는 것들끼리 짝을 지어' '정답게 헤엄을 친다'고 말한다. 또 이것은 쉰 살이 넘은 나이에도 아직 Maud Gonne과의 사랑을 이루지 못한 채 홀로 외로움을 달래야 하는 시인의 모습과 대비된다.

마지막 연에서는 다시 첫 연의 광경으로 돌아온다. 시인은 고요한 물 위에서 떠다니는 백조를 신비스럽고 아름답게 바라보고 있다. 그러면서 지금 늙어가는 자신이 죽고 난 후에도 이들 백조들은 여전히 사랑을 하고 그래서 골풀 사이에 둥지를 틀고 알을 낳아 새끼를 칠 것이며, 호숫가나 웅덩이에서 보는 사람들을 언제나 즐겁게 해줄 것이라고 말한다. 시인은 이제 늙음과 죽음을 삶의 필연적인 부분으로 인식하며 받아들이는 달관된 태도를 보여주고 있다. 그러면서 자신은 사라져도 이 지상에서는 그런 젊음과 사랑, 아름다운 생이 지속되리라는 믿음을 드러낸다.

8 Sailing to Byzantium

That is no country for old men. The young
In one another's arms, birds in the trees
— Those dying generations — at their song,
The salmon-falls, the mackerel-crowded seas,
Fish, flesh, or fowl, commend all summer long
Whatever is begotten, born, and dies.
Caught in that sensual music all neglect
Monuments of unaging intellect.

An aged man is but a paltry thing,
A tattered coat upon a stick, unless
Soul clap its hands and sing, and louder sing
For every tatter in its mortal dress,
Nor is there singing school but studying
Monuments of its own magnificence;
And therefore I have sailed the seas and come
To the holy city of Byzantium.

O sages standing in God's holy fire
As in the gold mosaic of a wall,
Come from the holy fire, perne in a gyre,
And be the singing-masters of my soul.
Consume my heart away; sick with desire
And fastened to a dying animal
It knows not what it is; and gather me
Into the artifice of eternity.

Once out of nature I shall never take
My bodily form from any natural thing,
But such a form as Grecian goldsmiths make
Of hammered gold and gold enameling
To keep a drowsy Emperor awake;

Or set upon a golden bough to sing
To lords and ladies of Byzantium
Of what is past, or passing, or to come.

주석

1] That: 일차적으로 Ireland를 지칭하지만, 자연계 전반을 의미하는 것으로 보는 게 좋음.
3] generations: '세대'와 '생식'의 의미를 모두 가지고 있음.
5] Fish, flesh, or fowl: 물고기, (길)짐승, 날짐승(새). 각각 salmon, mackerel(제4행), the young(제1행), birds(제2행)를 지칭. 물과 땅과 하늘에 사는 모든 생물들을 망라한 것. 'f-' alliteration(두운, 頭韻)에 주목할 것.
commend: praise, acclaim, laud, extol.
8] Monuments of unaging intellect: '예술작품'을 지칭함.
10] A tattered coat upon a stick: 허수아비(scarecrow)의 이미지.
12] mortal dress: 육신(body)을 뜻함.
14] Monuments of its own magnificence: 제8행의 'Monuments of unaging intellect'와 마찬가지로 예술작품을 뜻함.
18] sage: wise man.
19] perne in a gyre: 나선형으로 선회하다.
perne: Yeats가 pern(실패, 실감개)에서 만든 말로 '선회하다' (spin round or gyrate)는 뜻.
gyre: 소용돌이 모양, 나선형의 움직임(a circular or spiral movement)을 뜻하는 말로, Yeats의 상징체계에서는 인류역사와 인간의 개성을 설명하는 용어로 쓰임.
23] It, it: my heart를 지칭. 혹은 앞의 'It'은 my heart를, 뒤의 'it'은 my soul을 지칭하는 것으로 보기도 함.

저곳은 노인들이 살 나라가 못된다. 젊은이들은
서로 껴안고 있고, 나무에 있는 새들은
— 저 죽어가는 세대들은—노래를 부르며,
연어폭포, 고등어 우글대는 바다,
물고기와 짐승, 새들은 온 여름 내내 찬미한다,
잉태되고 태어나고 죽는 모든 것들을.
관능의 음악에 사로잡혀 모두가 소홀히 한다,
늙지 않는 지성이 만드는 기념비적 작품들을.

늙은이는 한낱 하찮은 존재,
막대기에 걸쳐놓은 누더기 옷일 뿐이다.
육신의 옷이 갈가리 헤어져감을 기뻐하며
영혼이 손뼉치고 노래소리를 더욱더 높이지 않는다면.
노래하는 학교는 모두
자신의 장엄한 기념비를 공부한다.
그래서 나는 바다를 건너
성스런 도시 비잔티움으로 왔다.

오, 금빛 모자이크 벽에 새겨진 것처럼
신의 성스런 불꽃 속에 서 있는 현인들이여.
성스런 불꽃에서 나선형으로 선회하며 나와서
내 영혼의 노래하는 스승이 되어 주시오.
내 심장을 태워 없애 주시오. 욕망으로 병들고
죽어가는 동물성에 매어서
내 심장은 스스로를 모르니. 나를 거두어
영원한 예술품으로 만들어 주시오.

일단 자연에서 벗어나면 나는 어떤 자연물에서도
내 육신의 형상을 취하지 않고,
그리스 금세공업자들이
졸고 있는 황제를 깨우기 위해
망치로 두들기고 금 유약을 발라 만든,
혹은 비잔티움의 귀족과 귀부인들에게
지나갔거나 지나가고 있거나 앞으로 올 것들을 노래하기 위해
황금가지에 얹어놓은 그런 형상을 취하리라.

9 작품분석

작품에 나오는 'Byzantium'은 터키 Istanbul의 옛이름으로, 동로마 제국의 수도가 있었던 곳이다. Yeats는 *A Vision*에서, 만일 자신이 과거로 돌아가 한 달을 지낼 수 있다면, Justinianus황제가 다스리던 6세기경의 Byzantium으로 가고 싶다고 말했다. Yeats가 보기에 초기 Byzantium은 인류역사에서 유일무이하게 종교와 예술과 실생활이 하나였고, 예술가들이 일반대중들과 대화가 통하던 곳이었기 때문이다. 이 작품에서 시인은 Byzantium을 예술의 세계 혹은 예술품의 상징으로 사용하고 있다.

이 시는 자연(Nature)의 세계와 예술(Art)의 세계라는 두 개의 축을 중심으로 전개되고 있다. 자연의 세계는 시간에 사로잡힌, 생성-성장-소멸하는 세계이며, 생물적 활동과 관능적, 육체적 세계이다. 예술의 세계는 초시간적인 영원한 세계이며, 영혼의 세계이다. Yeats가 이 시를 지은 것은 1926년 가을로서, Byzantium으로 항해를 한다는 말은 이미 환갑을 넘긴 나이에 이른 시인이 더 이상 의지할 수 없이 노쇠해가는 자신의 육체로부터 관심을 돌려 영원한 예술의 세계를 지향한다는 뜻이다.

첫 연에서는 역동적인 자연의 세계가 묘사되어 있다. 그러나 시인은 그 세계에 대해 거리감을 두고 '저곳'이라고 지칭하며, 자신 같은 노인에게는 걸맞지 않다고 말한다. 그 세계에서는 한 세대는 다음 세대를 남기고 죽어가며, 또 다음 세대는 그 다음 세대를 남기면서 죽어간다. 그러므로 '저 죽어가는 세대들'(Those dying generations)은 계속 다음 세대를 남기며 죽어가면서 세대가 계속되도록 만든다. 여기에서 'generations'이라는 말은 '세대'라는 뜻과 함께 '생식'이라는 뜻도 동시에 가지고 있음에 주목할 필요가 있다. 세대를 이어가게 만드는 것은 기본적으로 남녀 혹은 암수의 육체적 생식행위에 의해서라는 것이다. 첫 연에 묘사된 자연의 세계는 이러한 생식행위와 관계된 묘사들로 가득 차 있다. 젊은 남녀가 껴안는 것은 물론 사랑의 행위이며, 나무에 있는 새들이 노래를 부르는 것은 짝짓기를 위해 수컷들이 부르는 구애의 노래를 암시한다. 연어가 폭포를 거슬러 올라가는 것은 바다로부터 자신이 태어난 하천으로 돌아와 알을 낳기 위한 것이다. 고등어가 우글대는 바다에 대한 묘사는 고등어가 낳은 알들이 부화되어 우글대는 풍요로운 자연의 세계를 말해 준다. 이런 풍요로움은 모든 생물들이 자신들의 세대를 이어가도록 만드는 동물적, 육체적 생식행위에서 비롯되는 것임은 물론이다. 자연세계의 모든 영역, 아래로는 물속에서, 땅위에서, 위로는 하늘에서 사는 생물들, 즉 이들 '물고기와 짐승, 새들'은 자연이 가장 왕성한 시기인 여름 내내 자신들의 육체적 생식의 세계를 찬미한다. 시인이 보기에 이 생물들은 이렇듯 '관능의 음악'에 사로잡혀 있어서 인간의 지성이 만들어내는 영원한 예술의 세계를 소홀히 하는 것이다.

둘째 연에서는 자연 세계에서 노인이 차지하는 위치와 노인이 지향해야할 세계가 언급되고 있다. 시인은 이런 젊음의 세계, 육체가 중시되는 세계에서는 늙은이란 '막대기에 걸쳐놓은 누더기 옷', 즉 허수아비처럼 하찮은 존재라고 말한다. 육체는 영혼을 감싸는 옷에 불과하며 육체가 소멸됨으로써 육체로부터 비로소 영혼이 해방될 수 있으므로 낡은 옷이 갈기갈기 찢어지는 것처럼 육체가 쇠퇴하는 것을 도리어 기뻐하지 못한다면 노인은 허수아비와 마찬가지가 된다는 것이다. 육체의 세계를 중시하는 관점을 벗어나지 않는 한, 육체가 노쇠한 노인은 허수아비에 불과할 것은 자명한 일이다. 노인이 노래를 해야 할 것은 육체의 세계가 아니라, 인간의 지성이 만든 '장엄한 기념비', 즉 예술의 세계이다. 그래서 시인은 자연의 세계, 육체와 관능의 세계를 떠나 영혼의 세계, 예술의 세계의 상징이라 할 수 있는 성스런 도시 비잔티움으로 항해해 왔다고 말한다.

셋째 연에서는 비잔티움에 와 있는 시인의 모습이 그려지고 있다. 그는 비잔티움 모자이크 벽화 속에 그려진 것처럼 신성한 불꽃 속에 있는 현인들에게 자신의 영혼의 노래 스승이 되어달라고 부탁한다. 그가 비잔티움으로 오기는 했지만 그의 심장은 여전히 '욕망으로 병들고/ 죽어가는 동물성에 매어서' 자신의 참모습을 제대로 인식하지 못한 상태이다. 그는 자연세계의 때를 아직 완전히 벗지 못한 자신의 영혼을 정화시켜달라고 현인들에게 갈구한다. 그리하여 자신의 육체를 완전히 소멸시키고 더 나아가 스스로가 하나의 예술품이 되기를 바라고 있다.

마지막 연에서는 시인 자신이 되고 싶은 예술품의 모습이 어떤 것인지 묘사되고 있다. 여기에서는 예이츠가 가지고 있었던 영혼전이, 혹은 윤회의 관념이 나타나 있다. 그는 자신이 일단 자연의 세계를 벗어나면, 즉 육신의 옷을 한번 벗게 되면, 다시는 인간이나 동물 같은 어떤 자연물의 형상을 입고 태어나지 않을 것이라고 말한다. 대신 그리스 장인들이 만든 황금새로 태어나 황금 가지 위에 앉아서 '비잔티움의 귀족과 귀부인들에게' '지나갔거나 지나가고 있거나 앞으로 올 것들을 노래하고' 싶어 한다. 시간에 매인 자연계를 떠나 영원한 예술세계의 상징인 비잔티움으로 들어가는데 그치지 않고 스스로가 비잔티움의 예술품이 되기를 희구하는 시인의 모습을 보여주는 이 작품은 그야말로 예술지상주의적인 시라고 할 수 있을 것이다.

D. H. Lawrence
(1885–1930)

1 작가의 생애와 작품경향

소설가이며 시인, 극작가인 David Herbert Lawrence는 영국의 Nottinghamshire에서 태어난 최초의 노동자계급출신 작가이다. 대가족을 거느린 광부 아버지에 대해 부정적인 태도를 갖고 있었던 것과는 반대로, Lawrence는 전직 교사였던 교양 있는 어머니를 무척 좋아했고, 이런 성장과정은 그의 소설의 주된 심리적 배경이 되었다.

열다섯 살이 되던 해에 Lawrence는 학교를 그만두고 의료기 공장의 서기로 일을 하기도 했다. 그는 Nottingham대학을 졸업한 후 1909년부터 3년간 런던 교외의 초등학교에서 교사로 있었다. 결핵 증세가 보이자 그는 고향으로 돌아갔고, 거기서 대학은사의 부인인 6세 연상의 Frieda von Richthofen과 사랑에 빠지게 되었다. 1912년에는 독일로 갔다가 다시 이탈리아로 갔고, 거기서 어머니와 아들들의 애정관계를 다룬 자서전적인 소설 *Sons and Lovers*(1913)를 완성했다. Lawrence와 Frieda는 영국으로 돌아와서 1914년에 정식으로 결혼을 했다. Lawrence는 1915년에는 *The Rainbow*를 출판하고, 1916년에는 *Women in Love*를 완성했다(영국에서는 1921년에야 출판됨).

제1차 대전이 끝나던 1919년부터 Lawrence와 Frieda 부부는 이탈리아와 독일, 오스트리아 등 세계각지를 전전하기 시작했다. 이 시기에 Lawrence는 Sigmund Freud에 관한 두 개의 연구서 *Psychoanalysis and the Unconscious*, *Fantasia of the Unconscious*(1921/1922)를 써냈다. 그는 또 호주에 머무르며 소설 *Kangaroo*(1923)를 썼고, 멕시코로 가서는 아즈텍 문명에 매료되기도 했다. 1925년에는 영국으로 돌아왔다가, 다시 이탈리아로, 그리고 마지막에는 프랑스로 갔다. 이 마지막 시기에 그는 *Lady Chatterley's Lover*를 썼는데, 이 소설은 1928년 피렌체에서 발행되었으나 영국에서는 외설적이라는 이유로 1960년에야 비로소 완판본 출간이 허용되었다. 또 그는 이와 함께 많은 시와 단편소설, 그리고 소책자 *Pornography and Obscenity*를 써냈고, 1930년 프랑스에서 44세의 나이로 세상을 떠났다.

Lawrence는 일반적으로 소설가로 알려져 있지만, 그가 처음으로 출판한 것(1909년)은 시작품들이었다. 영국과 미국의 시인들에게 영향을 주었던 그의 시들은 주로 자연세계에 대한 세밀한 묘사를 바탕으로 하고 있다. 그의 초기시는 Ezra Pound와 Imagist들의 영향을 받은 것으로 알려져 있지만, Lawrence의 시는 이들과는 독자적인 길을 걸었음을 보여 준다. Lawrence의 최상의 시편들은 동식물의 생명력을 다룬 것들과 함께 청교도주의와 전통적인 앵글로색슨 사회의 위선에 대한 분노를 풍자적으로 표현하고 있다. 그는 당시의 보편적 견해와는 판이한 매우 급진적인 사고를 가진 시인으

로, 인간의 성(性)과 잠재의식적 본능을 현대산업사회의 악에 대한 치료제로 생각했다. 그의 시집으로는 *Love Poems and Others*(1913), 자신의 아내에 대한 시편들 *Look! We Have Come Through*(1917)와 *Birds, Beasts, and Flowers*(1923), *Pansies*(1929) 등이 있다.

[2] Piano

Softly, in the dusk, a woman is singing to me;
Taking me back down the vista of years, till I see
A child sitting under the piano, in the boom of the tingling strings
And pressing the small, poised feet of a mother who smiles as she sings.

In spite of myself, the insidious mastery of song
Betrays me back, till the heart of me weeps to belong
To the old Sunday evenings at home, with winter outside
And hymns in the cosy parlour, the tinkling piano our guide.

So now it is vain for the singer to burst into clamour
With the great black piano appassionato. The glamour
Of childish days is upon me, my manhood is cast
Down in the flood of remembrance, I weep like a child for the past.

주석

2] Taking me back down the vista of years: 나를 지나온 과거의 추억 속으로 데려가.

3] A child: 어린 시절의 화자 자신.
in the boom of the tingling strings: 귀를 윙윙거리게 만드는 피아노 현들의 쾅쾅대는 소리 속에서.

5] **In spite of myself**: 나도 모르게.
5-6] **the insidious mastery of song/ Betrays me back**: 그 능숙한 노래가 교묘하게 나를 (속여) 과거로 돌아가게 한다.
8] **the tinkling piano our guide**: 딩동 거리는 피아노가 우리의 안내자였던((피아노 반주에 맞추어 노래를 불렀다는 뜻)).
9] **burst into clamour**: 큰소리를 내지르다.
10] **appassionato**: ((음악용어)) 열정적으로.
glamour: 마력, 마법.

황혼녘에 한 여인이 나에게 부드럽게 노래를 불러주어
나를 지나온 과거의 추억 속으로 데려가주어서 마침내 나는 본다, 한 아이가
귀를 윙윙거리게 만드는 현들이 쾅쾅대는 피아노 밑에 앉아서
노래하며 미소를 짓는 엄마의 균형 잡힌 작은 두 발을 누르고 있는 것을.

나도 모르게 그 능숙한 노래가 교묘하게 나를
옛날로 돌아가게 해서 내 마음은 운다,
창밖은 겨울이고 울리는 피아노 반주에 맞추어 아늑한 응접실에 찬송가가 울려퍼지던
고향의 옛 일요일 저녁으로 돌아가고파서.

그래서 이제는 가수가 커다란 검은 피아노를 열정적으로 연주하며
큰소리로 노래를 불러봤자 헛된 일이다. 어린 시절의
마력이 나를 덮쳐서 내 성년은 추억의 홍수 속에
던져져 버리고, 나는 옛날이 그리워 어린아이처럼 운다.

3 작품분석

이 작품에서 시인은 피아노를 연주하며 노래를 부르는 여인을 통해 어머니와 함께 했던 어린 시절의 추억을 떠올리고 있다. 그것은 어머니와 특별히 친밀했던 작가 로렌스 자신의 모습을 보여주는 것이기도 하다.

첫 연에서 화자는 황혼녘에 피아노를 치며 부르는 한 여인의 노래를 듣고 추억에 잠기게 된다. '한 여인'으로 지칭되는 이 여성과 화자의 관계가 어떤 것인지는 시에 확실히 드러나 있지 않다. 이 여인이 화자인 '나'에게 노래를 불러 준다는 것으로 보아 일단 여인의 노래를 듣는 사람은 화자 한 사람으로 보이며, 단지 한 사람에게만 노래를 불러 준다는 점에서 두 사람은 연인사이가 아닌가 생각된다. 그러나 그는 부드럽게 불러주는 그녀의 노랫소리에 집중하기보다는, 피아노를 치고 노래를 부르는 그녀의 모습에서 어머니가 치시던 피아노 밑에 기어들어가 어머니의 발을 만지던 유년시절의 자신의 모습을 기억해내게 된다.

둘째 연도 마찬가지의 내용을 말해 주고 있는데, 여기에서 여인의 노래는 능숙하고도 교묘한 것으로 표현되어 있다. 그래서 자신도 모르게 그 노래가 그를 속여 옛 추억에 잠기게 한다고 말한다. 그가 기억해낸 것은 밖은 추운 겨울이지만 온가족이 따뜻한 응접실에 모여 피아노 반주에 맞추어 함께 찬송가를 부르던 고향에서의 어느 일요일 저녁이다.

마지막 연에서도 마찬가지 상황이 묘사되는데, 이제는 여인의 노래와 연주가 아무리 크고 열정적이어도 그에게는 들리지 않는다. 이미 그에게는 '어린 시절의/ 마력이 덮쳐'버렸기 때문이다. 그래서 자신이 어른이라는 사실을 잊어버리고 옛날 생각에 '어린아이처럼' 울게 된다.

피아노 밑에 기어들어가 어머니의 발을 건드리는 아이의 모습은 귀엽게 보일 수 있지만, 추운 겨울, 따뜻한 응접실, 가족의 합창, 고향의 일요일 저녁 등은 조금은 상투적으로 보이는 추억의 장면들이다. 더구나 둘째 연의 '내 마음은 운다', 셋째 연의 '나는 옛날이 그리워 어린아이처럼 운다'와 같은 표현들은 매우 감상적으로 보인다.

그러나 이 작품을 전체적으로 읽고 나면 감상적이라든지 상투적이라는 느낌이 그다지 들지 않는다. 그 이유는 무엇일까? 아마도 화자는 어쩔 수 없이 자신도 모르게 추억에 잠겨 어린 시절로 돌아가지만, 이 시의 도처에는 화자 스스로가 이제는 어른이라는 의식과 무작정 추억에 빠지지 않겠다는 생각이 들어 있기 때문인 것으로 보인다. 어린아이의 세계와 어른의 의식세계가 대립되고 그것에서 나오는 긴장감이 이 시를 저급한 작품이 되지 않도록 구해 주고 있는 것 같다.

그는 자신이 추억에 잠기게 되는 것은 자신의 의지와는 상관없이 '나도 모르게'(In spite of myself) 일어나는 일이라고 말한다. 더구나 '교묘한'(insidious) 이 여인의 노래는 '자신을 속여'(Betrays me) 과거로 돌아가게 만든다고 표현한다. 말하자면 자신이 추억에 빠져드는 것은 단지 속았기 때문이라는 식으로 얘기하는 것이다. 또한 마지막 연에서 자신의 어린 시절을 'childlike' 대신 'childish'라는 말로 표현하는 점에도 주목할 필요가 있을 것이다. 즉 어른이 된 자신의 생각으로는 자신의 유년 시절은 역시 유치하다는 의식이 깔려있음을 말해 준다.

어린아이의 세계와 어른의 의식세계의 대립에 주목하면, 첫 연에서 언급되었던 아들과 애인 vs. 아들과 어머니의 관계를 지나치게 확대해석하지 않도록 만들어 준다. 물론 이 시는 이를테면 Lawrence의 *Sons and Lovers* 같은 작품이 보여주는 아들과 어머니의 특별한 감정적 관계에 초점을 맞추어 분석할 수도 있을 것이다. 그러나 이 시에서 어머니에 대한 직접적인 언급은 사실 첫 연에 한정되어 있고, 나머지 연은 가족 전체가 이루는 아늑하고 평화로운 분위기나 화자 자신의 유년 시절에 대한 그리움에 집중되어 있다. 첫 연의 경우도 시의 초점은 어머니에게 있다기보다 어머니가 치는 피아노 밑에 기어들어가 어머니의 발을 지긋이 눌러보던 화자 자신의 어린 시절의 모습에 있다. 따라서 노래를 부르는 여인→어머니→유년의 화자의 순으로 이어지는 연상의 끝은 어머니라기보다는 역시 화자 자신의 유년시절이다. 둘째 연에서도 가족과 같이 지내던 고향의 일요일 저녁으로 돌아가고 싶은 것은 화자의 유년에 대한 향수를 말해 준다. 마지막 연에서는 현재 화자 눈앞에 전개되는 현실의 세계는 사라지고, 화자의 성년은 추억의 홍수 속에 쓸려가 버린다. 그러나 시간을 돌이킬 수 없는 것은 자연의 이치로, 화자가 우는 것은 실제로 어머니에 대한 그리움이라기보다 돌아갈 수 없는 유년시절에 대한 그리움 때문이라고 할 수 있다.

4 Snake

A snake came to my water-trough
On a hot, hot day, and I in pyjamas for the heat,
To drink there.

In the deep, strange-scented shade of the great dark
carob tree
I came down the steps with my pitcher
And must wait, must stand and wait, for there he was at
the trough before me.

He reached down from a fissure in the earth-wall in the gloom
And trailed his yellow-brown slackness soft-bellied down, over the edge of the stone trough
And rested his throat upon the stone bottom,
And where the water had dripped from the tap, in a small clearness,
He sipped with his straight mouth,
Softly drank through his straight gums, into his slack long body,
Silently.

Someone was before me at my water-trough,
And I, like a second-comer, waiting.

He lifted his head from his drinking, as cattle do,
And looked at me vaguely, as drinking cattle do,
And flickered his two-forked tongue from his lips, and mused a moment,
And stooped and drank a little more,
Being earth-brown, earth-golden from the burning bowels of the earth
On the day of Sicilian July, with Etna smoking.

The voice of my education said to me
He must be killed,
For in Sicily the black, black snakes are innocent, the gold are venomous.

And voices in me said, If you were a man
You would take a stick and break him now, and finish him off.

But must I confess how I liked him,

How glad I was he had come like a guest in quiet, to
drink at my water-trough
And depart peaceful, pacified, and thankless,
Into the burning bowels of this earth?

Was it cowardice, that I dared not kill him?
Was it perversity, that I longed to talk to him?
Was it humility, to feel so honoured?
I felt so honoured.

And yet those voices :
If you were not afraid, you would kill him!

And truly I was afraid, I was most afraid,
But even so, honoured still more
That he should seek my hospitality
From out the dark door of the secret earth.

He drank enough
And lifted his head, dreamily, as one who has drunken,
And flickered his tongue like a forked night on the air,
so black,
Seeming to lick his lips,
And looked around like a god, unseeing, into the air,
And slowly turned his head,
And slowly, very slowly, as if thrice adream,
Proceeded to draw his slow length curving round
And climb again the broken bank of my wall-face.

And as he put his head into that dreadful hole,
And as he slowly drew up, snake-easing his shoulders,
and entered farther,
A sort of horror, a sort of protest against his withdrawing
into that horrid black hole,

Deliberately going into the blackness, and slowly drawing
himself after,
Overcame me now his back was turned.

I looked round, I put down my pitcher,
I picked up a clumsy log
And threw it at the water-trough with a clatter.

I think it did not hit him,
But suddenly that part of him that was left behind
convulsed in undignified haste,
Writhed like lightning, and was gone
Into the black hole, the earth-lipped fissure in the wall-
front,
At which, in the intense still noon, I stared with
fascination.

And immediately I regretted it.
I thought how paltry, how vulgar, what a mean act!
I despised myself and the voices of my accursed human
education.

And I thought of the albatross,
And I wished he would come back, my snake.

For he seemed to me again like a king,
Like a king in exile, uncrowned in the underworld,
Now due to be crowned again.

And so, I missed my chance with one of the lords
Of life.
And I have something to expiate :
A pettiness.

주석

1] water trough: a long and narrow water container(수조, 물 받는 긴 통).
4] carob tree: 캐롭나무((빨간 꽃이 피는 콩과의 지중해산 교목)).
8] trailed his yellow-brown slackness soft-bellied down: 황갈색의 부드러운 배를 느릿느릿 끌고 내려와.
12] gum: 잇몸.
20] Being earth-brown, earth-golden from the burning bowels of the earth: 대지의 불타는 창자에서 나온 토갈색, 토금색을 하고서.
32] perversity: 괴팍함, 비뚤어진 마음.
43] flickered his tongue like a forked night on the air, so black: 번개로 갈라진 밤하늘처럼 아주 새까만 혀를 날름거렸다.
66] albatross: Coleridge의 *The Rime of the Ancient Mariner* 참조.
73] expiate: atone for sin or wrongdoing(속죄하다).

뱀 한 마리가 내 물받이 통으로 왔다
덥고 더운 어느 날. 나도 더워서 잠옷 바람으로
그곳에 물을 마시러 갔다.

크고 짙은 캐롭나무의 이상한 향기가 풍기는 깊은 그늘 속에서
나는 주전자를 들고 계단을 내려갔다
그리고 기다려야만 했다, 서서 기다려야만 했다. 그가 나보다 먼저 물받이 통에 와 있었기 때문에.

그는 어둠 속 흙담의 갈라진 틈에서 나와서는
황갈색의 부드러운 배를 느릿느릿 끌고 내려와 돌 물받이 통 가장자리를 넘어서서
자기 목덜미를 돌 밑바닥에 기대고는
꼭지에서 작고 맑은 물방울이 떨어지는 곳에서
곧은 입으로 홀짝거리고는

곧은 잇몸을 통해 느릿하고 긴 몸뚱이 속으로 부드럽게 들이 마셨다,
말없이.

누군가가 내 물받이 통에 와 있었다.
그래서 나는 뒤에 온 사람처럼 기다리고 있었다.

그는 물을 마시다가 머리를 쳐들었다, 가축들이 그러듯이.
그리고 멍하게 나를 쳐다보았다, 물 마시는 가축들이 그러듯이.
그리고는 두 갈래난 혀를 입술에서 날름거리며 잠시 생각에 잠겼다가
몸을 구부려 조금 더 마셨다
대지의 불타는 창자에서 나온 흙빛갈색, 흙빛금색을 하고서,
에트나산이 연기를 뿜고 있는 시칠리아의 7월 어느 날.

내가 받은 교육의 목소리는 내게 말했다
그를 죽여야 한다고.
시칠리아에서 검은, 검은 뱀들은 해가 없지만, 황금색 뱀들은 독이 있으니까.

그리고 나의 내면의 목소리들은 말했다, 네가 사내라면
막대기를 집어 들어 지금 그를 쳐야한다고, 그를 끝장내야 한다고.

그러나 고백해야 할까? 내가 얼마나 그를 좋아했는지.
그가 조용히 손님처럼 와서 내 물받이 통에서 물을 마시고는
갈증을 풀고 평화롭게, 감사하다는 말도 없이

이 대지의 불타는 창자 속으로 떠나간 것이 얼마나 기뻤던지.

비겁한 일이었나, 내가 감히 그를 죽이지 못한 것이?
괴팍한 일이었나, 내가 그에게 말을 걸고 싶었던 것이?
비굴한 일이었나, 그렇게 영광스럽다고 느낀 것이?
나는 참으로 영광스럽다고 느꼈다.

그렇지만 그 목소리들:
네가 두려워하지 않는다면, 그를 죽일 텐데!

내가 두려워한 것은 사실이었다. 아주 두려웠다.
그러나 그럼에도 불구하고 그보다 더욱 영광스러웠다.
그가 비밀스런 대지의 어두운 문으로부터 나와
내 환대를 찾았다는 사실이.

그는 물을 실컷 마시고는
술 취한 사람처럼 꿈꾸는 듯 고개를 쳐들고
번개로 갈라진 밤하늘처럼 아주 새까만 혀를 날름거리고
입술을 핥는 듯이 보였다.
그리고 아무 것도 보지 않으면서도 신처럼 주위를 둘러보고는
천천히 머리를 돌려,
천천히, 아주 천천히, 마치 세 겹의 꿈을 꾸는 것처럼
긴 몸뚱이를 둥그렇게 구부리며 천천히 끌어당겨
우리집 담 표면의 무너진 둑으로 올라가기 시작했다.

그리고 그가 그 무서운 구멍으로 자기 머리를 집어넣었을 때,

그가 천천히 몸을 끌어당겨서는, 뱀들이 그러하듯 어깨를 펴서 더 멀리 들어갔을 때,
그가 그 무시무시한 검은 구멍 속으로 물러나는 것에 대한,
짐짓 그 암흑 속으로 들어가는 것에 대한, 그리고 뒤에 남은 제 몸을 끌어당기는 것에 대한, 일종의 공포심, 일종의 저항감이
나를 엄습했다, 그가 등을 돌렸을 때.

나는 주위를 둘러보고는 주전자를 내려놓고,
볼품없는 나무 조각 하나를 집어 들어
탁! 소리가 나도록 물받이 통에 던졌다.

내 생각으로는 뱀을 맞추지는 않은 것 같은데,
갑자기 뒤에 남아 있던 그의 몸의 일부가 품위 없이 급하게 버둥거리다가
번개처럼 몸을 뒤틀고는 사라져버렸다.
그 검은 구멍, 담 표면에 있는 대지의 입술 같이 갈라진 틈 속으로.
그곳을 뜨겁고 고요한 한낮에 나는 매혹당한 채 응시하고 있었다.

곧바로 나는 후회했다.
나는 생각했다, 그 얼마나 시시하고, 얼마나 비속하고, 얼마나 비열한 짓이었는지를!
나는 내 자신과 내 저주받은 인간교육의 목소리들을 경멸했다.

나는 앨버트로스를 생각했다

그리고 그가 돌아오기를 바랐다, 나의 뱀이.
그는 또다시 내게 왕처럼 보였기 때문에,
추방당한 채 왕관을 쓰지 못하고 지하에 있는,
이제는 다시 왕관이 씌워져야할 왕처럼.

그렇게 해서 나는 생명의 왕 중 하나와 만날 기회를
놓쳐버렸다.
그래서 나는 속죄해야 할 것이 있다:
쩨쩨함을.

5 작품분석

이 시는 1920년과 1921년 사이에 Lawrence가 부인 Clara와 함께 Sicily섬에 살고 있을 때 실제로 겪은 경험을 기초로 한 작품이다. 처음에 시의 화자는 샘터에 온 뱀을 마치 인격적 존재인 것처럼 대한다. 그래서 뱀보다 나중에 온 그는 앞 사람이 물을 다 뜨거나 마시기를 기다리는 것처럼 뱀이 물을 마실 때까지 기다려 준다.

그러나 뱀에 대한 호의적인 태도는 그의 마음속에 교육의 목소리가 들리면서 변하게 된다. 황금색의 뱀은 독이 있으니 죽여야 한다는 것이다. 남자라면 막대기를 집어 들고 쳐서 뱀을 끝장내야할 것이라고 말한다. 그러나 사실 그는 정말 뱀을 좋아했고, 손님처럼 자기 물터에 와서 물을 마시고 갈증을 풀고 간 것이 얼마나 기뻤는지 모르겠다고 말한다. 뱀은 감사하다는 말도 없었지만, 그것은 오히려 그럴 만한 것이라고 생각하는 것 같다. 왜냐하면 그의 나중 고백에서 나오지만 뱀은 신(제45행)이나 왕(제68-70행) 같은 존재로 보였기 때문이다.

그러나 다시 교육의 목소리가 들리며 그가 두려워하지 않는다면 뱀을 죽여야 할 것이라고 말한다. 그는 실제로 자신이 두렵기도 했음을 인정한다. 그러나 두려움보다는 뱀이 '비밀스런 대지의 어두운 문으로부터 나와' 그의 '환대를 찾았다는 사실' 때문에 영광스러움이 더 컸다고 말한다(제38-40행). 이제 물을 마시는 뱀의 모습은 마치 신처럼 느껴지기도 한다.

뱀이 물을 다 마시고 담 표면의 틈으로 기어들어갈 때 뱀의 그런 행동에 대해 '일종의 공포심, 일종의 저항감'(제52행)을 느끼게 되자, 그는 나무 조각을 집어 들어 뱀에게 던지게 된다. 그리고 곧 자신의 행위가 '얼마나 시시하고, 얼마나 비속하고, 얼마나 비열한 짓이었는지' 후회하며, 자기 자신과 저주받은 인간교육의 목소리들'을 경멸한다(제63-65행). 그는 이때 albatross를 생각하게 된다. 이는 Coleridge의 *The Rime of the Ancient Mariner*에서 늙은 뱃사람이 아무런 죄 없는 길조 albatross를 쏘아 죽인 것처럼, 무해한 뱀에 대해 몹쓸 짓을 저지른 자신의 죄를 속죄해야 할 것이라는 의식을 갖게 되었음을 말해 준다. 뱀을 쫓아버리고 나서 그는 '나의 뱀'(제67행)이라고 말하는데, 이것은 자신의 외적 행위와는 상관없이 이미 그의 마음은 뱀과 하나가 되었음을 보여 준다.

그래서 이제 그는 뱀이 하계에 추방당한 채 왕관을 쓰지 못하고 있지만 왕관을 쓰는 것이 마땅한 왕이라고 느끼게 된다. 그는 이 시의 마지막 부분에서 뱀을 '생명의 왕'(제71-72행)이라고 말하며, 자신의 어리석음 때문에 그 생명의 왕과 만날 기회를 놓쳐버렸고, 그래서 그런 자신의 '쩨쩨함'을 속죄해야 할 것이라고 고백한다.

시의 맨 첫 부분에서 그는 잠옷 바람으로 물을 길러 가는 것으로 되어 있다. 날씨가 더운 탓이기는 하지만, 잠옷 바람으로 뱀을 대한다는 것은 비교적 어떤 선입견 없이 뱀을 만났다는 의미일 것이다. 그러나 돌연 교육의 목소리라는 사회적 통념에 지배당함으로써, 그는 뱀을 쫓아버리게 되고 그리하여 생명의 왕과의 만남의 기회를 잃게 된다.

그는 뱀에 대해 처음부터 이중적인 감정을 갖고 있었던 것으로 보인다. 그는 한편으로는 뱀의 출현에 대해 영광스러워하면서도(제33-34행) 또 한편으로는 공포를 느낀다(제37행). 뱀에 대해 갖고 있는 서구의 일반적 관념 자체도 이중적이다. 뱀은 한편으로 어머니인 대지의 여성적 힘과 지혜의 상징으로, 생명의 신비와 연관이 된다. 또 한편으로는 기독교적 문화의 영향 때문에 뱀은 에덴동산에서 이브를 유혹하여 지혜의 나무 열매를 따먹게 함으로써 인류를 죄악에 빠뜨린 사탄의 상징으로 여겨지기도 한다.

화자가 뱀을 '생명의 왕'으로 지칭하고 있듯, 이 작품에서 Lawrence가 생각하고 있는 뱀은 단순히 생물학적인 뱀만은 아닌 것으로 보인다. 이와 관련하여 1917년에 나온 Lawrence의 에세이 "The Reality of Peace"는 많은 점을 시사해 준다.

> 내 영혼 속에 비밀스럽고 수치스런 욕망의 뱀이 있다고 해도, 막대기로 그 뱀을 쳐서 내 의식 밖으로 내몰아서는 안 되겠다. 뱀은 저 멀리, 내가 막대기를 들고 쫓아갈 수 없는 소위 잠재의식의 늪 속에 도사리고 있다. (중략) 뱀은 자신의 존재이유를 가지고 있다. 뱀은 그 자체로 아름다움과 실재성을 가진다. 내가 느끼는 공포조차 뱀의 실재성을 입증하는 것이 된다. 그리고 나는 내가 진짜로 공포를 느낀다는 점을 인정하여 받아들이고 내 이해의 범주에서 배제해서는 안 된다. (중략) 내 뱃속에는 자연의 늪이 있고, 거기에는 뱀이 자연스럽게 터를 잡고 있다. 뱀은 나의 의식 속으로 기어들어오지 않을까? 뱀이 그 납작한 머리를 드는 것을 내가 보자마자 뱀을 막대기로 쳐서 죽여야 할까? 내가 뱀을 죽이거나 뱀을 본 눈알을 뽑아 내버려야 할까? 그래도 뱀은 늪 속에서 우글거릴 것이다.
>
> If there is a serpent of secret and shameful desire in my soul,

> let me not beat it out of my consciousness with sticks. It will lie beyond, in the marsh of the so-called subconsciousness, where I cannot follow it with my sticks … It has its own raison d'etre. In its own being it has beauty and reality. Even my horror is a tribute to its reality. And I must admit the genuineness of my horror, accept it, and not exclude it from my understanding … There is a natural marsh in my belly, and there the snake is naturally at home. Shall he not crawl into my consciousness? Shall I kill him with sticks the moment he lifts his flattened head on my sight? Shall I kill him or pluck out the eye which sees him? None the less, he will swarm within the marsh.

이 에세이가 이 시보다 몇 년 전에 나왔다는 점을 고려한다면, Lawrence는 이미 뱀을 하나의 상징으로 생각하기도 했었다는 사실이 분명해진다. 그가 생각하는 뱀은 인간내면에 숨어 있는 비밀스런 욕망, 성적 에너지, 원시적 생명력 같은 것을 상징하는 것으로 보인다. Lawrence는 그 뱀이 아름다우면서도 실재적인 것이라고 말한다. 인간의 잠재의식적 욕망이나 성적인 에너지는 기피해야할 추한 것이 아니라 아름다운 것이며, 단순한 환상이 아니라 실제로 존재하는 것이라는 말이다. 이 시에서 화자는 처음에 그런 자신의 내면적, 본능적, 충동적 세계를 마주하고 황홀한 기분에 젖지만, 일순간 인간의 리비도적 욕망을 죄악시하는 기독교 사회의 윤리교육의 관념에 지배당함으로써 자신의 내면을 끝내 제대로 마주하지 못하고 닫아버린다. 그리고는 뒤늦게 그것이 바로 '생명'의 원천이었음을 깨닫고 후회한다.

T. S. Eliot

(1888–1965)

1 작가의 생애와 작품경향

T. S. Eliot은 St. Louis의 저명한 청교도 집안에서 태어났다. 그의 아버지는 성공한 사업가였고, 할아버지는 St. Louis에 처음으로 Unitarian교회를 세우고 Washington대학을 설립한 목사였다.

Eliot은 1906년에 Harvard대학에 입학했다. 대학에서 그는 16-17세기 영시와 이탈리아 르네상스, 동양의 종교, 철학 등에 관심을 가졌다. 이때 무엇보다 그에게 큰 영향을 준 것은 Baudelaire, Rimbaud, Mallarme, 특히 Jules Laforgue 등의 19세기 상징주의 작가들이었고, 상징적 이미지에 대한 감각적이면서도 정확한 포착은 Eliot적인 모더니즘의 특징을 이루는 것이 되었다.

Eliot은 1910년에 Harvard에서 석사학위를 받은 후, 프랑스와 독일로 가서 공부를 계속했다. 1차 세계대전

이 발발하자 그는 영국에 정착해 Oxford대학에서 연구하면서 Lloyd 은행에서 일했다. 1915년에는 육체적 정신적으로 허약했던 발레리나 Vivienne Haigh-Wood와 결혼했다(Eliot은 1933년에 그녀와 이혼하였고, 1947년 Vivienne이 사망한 후 1957년에 개인비서인 Valerie Fletcher와 재혼하고 정신적인 안정을 찾았다).

1917년에는 이미 Eliot은 "The Love Song of J. Alfred Prufrock"이 포함된 첫 시집 *Prufrock and Other Observations*로 큰 명성을 얻고 있었다. Eliot의 성공은 당시 현대시의 한 축을 이루고 있었던 Ezra Pound의 격려와 도움에 크게 힘입고 있었다. 또한 Eliot은 스위스 요양원에 있을 때 신경쇠약에서 회복하는 과정 중에 *The Waste Land*(1922)를 썼다. 이 시는 Pound가 초고의 반을 잘라내는 등의 대폭적 수정을 한 후에 영시 가운데 가장 영향력 있는 시 중의 하나로 탄생되었다.

Eliot은 1922년에는 계간지 *Criterion*을 창간하여 1939년 종간할 때까지 편집을 맡았다. 이미 모더니즘의 거두가 된 Eliot은 시를 쓰고 잡지편집을 하는 일 이외에도 많은 철학리뷰와 비평적 에세이를 써냈다. 특히 "Tradition and the Individual Talent"를 통하여 그는 전통의식의 중요성과 시에서의 개성배제를 주장했다. 또한 "Hamlet"이라는 에세이에서는 Shakespeare의 *Hamlet*을 비판하면서 표현에 있어서의 '객관적 상관물'(objective correlative)의 중요성을 강조했다. 그의 "The Metaphysical Poets"이라는 에세이는 그동안 묻혀 있었던 17세기초의 형이상학파 시인들을 재발견하여 그들의 시적 방법을 현대시가 나가야할 새로운 방향으로 설정하기도 했다.

1927년에 영국국교도가 된 Eliot은 1930년에는 6부작 *Ash Wednesday*를 펴냈고, 1935년에는 Thomas Becket대주교의 살해사건을 다룬 *Murder in the Cathedral*을 시작으로 하여 *The Family Reunion*(1939),

The Cocktail Party(1949), *The Confidential Clerk*(1953), *The Elder Statesman*(1959) 등 종교적 주제를 가진 5편의 시극을 출간했다. 1939년에 그는 또 나중에 Broadway의 뮤지컬 *Cats*의 원형이 된 어린이들을 위한 시집 *Old Possum's Book of Practical Cats*를 펴냈다. Eliot의 필생의 대작 *Four Quartets*는 *Burnt Norton*(1936)이 발간된 이래 *East Coker*(1940), *The Dry Salvages*(1941), *Little Gidding*(1942) 등 총 4부로 완결되었고, 1943년에 미국에서 합본된 형태로 출판되었다. Eliot은 1948년에 Nobel상 수상자가 되었고, 1965년에 77세의 나이로 세상을 떠나 조상의 고향 East Coker의 St. Michael Church에 묻혔다.

2 The Love Song of J. Alfred Prufrock

S'io credesse che mia risposta fosse
A persona che mai tornasse al mondo,
Questa fiamma staria senza piu scosse.
Ma perciocche giammai di questo fondo
Non torno vivo alcun, s'i'odo il vero,
Senza tema d'infamia ti rispondo.

Let us go then, you and I,
When the evening is spread out against the sky
Like a patient etherised upon a table;
Let us go, through certain half-deserted streets,
The muttering retreats
Of restless nights in one-night cheap hotels
And sawdust restaurants with oyster-shells :
Streets that follow like a tedious argument
Of insidious intent
To lead you to an overwhelming question …
Oh, do not ask, "What is it?"

Let us go and make our visit.

In the room the women come and go
Talking of Michelangelo.

The yellow fog that rubs its back upon the window-
panes,
The yellow smoke that rubs its muzzle on the window-
panes
Licked its tongue into the corners of the evening,
Lingered upon the pools that stand in drains,
Let fall upon its back the soot that falls from chimneys,
Slipped by the terrace, made a sudden leap,
And seeing that it was a soft October night,
Curled once about the house, and fell asleep.

And indeed there will be time
For the yellow smoke that slides along the street,
Rubbing its back upon the window-panes;
There will be time, there will be time
To prepare a face to meet the faces that you meet;
There will be time to murder and create,
And time for all the works and days of hands
That lift and drop a question on your plate;
Time for you and time for me,
And time yet for a hundred indecisions,
And for a hundred visions and revisions,
Before the taking of a toast and tea.

In the room the women come and go
Talking of Michelangelo.

And indeed there will be time
To wonder, "Do I dare?" and, "Do I dare?"

Time to turn back and descend the stair,
With a bald spot in the middle of my hair—
(They will say: "How his hair is growing thin!")
My morning coat, my collar mounting firmly to the
chin,
My necktie rich and modest, but asserted by a simple
pin—
(They will say: "But how his arms and legs are thin!")
Do I dare
Disturb the universe?
In a minute there is time
For decisions and revisions which a minute will reverse.

For I have known them all already, known them all—
Have known the evenings, mornings, afternoons,
I have measured out my life with coffee spoons;
I know the voices dying with a dying fall
Beneath the music from a farther room.
So how should I presume?

And I have known the eyes already, known them all—
The eyes that fix you in a formulated phrase,
And when I am formulated, sprawling on a pin,
When I am pinned and wriggling on the wall,
Then how should I begin
To spit out all the butt-ends of my days and ways?
And how should I presume?

And I have known the arms already, known them all—
Arms that are braceleted and white and bare
(But in the lamplight, downed with light brown hair!)
It is perfume from a dress
That makes me so digress?
Arms that lie along a table, or wrap about a shawl.

And should I then presume?
And how should I begin?

. . .

Shall I say, I have gone at dusk through narrow streets
And watched the smoke that rises from the pipes
Of lonely men in shirt-sleeves, leaning out of windows?

. . .

I should have been a pair of ragged claws
Scuttling across the floors of silent seas.

. . .

And the afternoon, the evening, sleeps so peacefully!
Smoothed by long fingers,
Asleep … tired … or it malingers,
Stretched on the floor, here beside you and me.
Should I, after tea and cakes and ices,
Have the strength to force the moment to its crisis?
But though I have wept and fasted, wept and prayed,
Though I have seen my head (grown slightly bald)
brought in upon a platter,
I am no prophet — and here's no great matter;
I have seen the moment of my greatness flicker,
And I have seen the eternal Footman hold my coat,
and snicker,
And in short, I was afraid.

And would it have been worth it, after all,
After the cups, the marmalade, the tea,
Among the porcelain, among some talk of you and me,
Would it have been worth while,
To have bitten off the matter with a smile,
To have squeezed the universe into a ball
To roll it toward some overwhelming question,
To say : "I am Lazarus, come from the dead,

Come back to tell you all, I shall tell you all" —
If one, settling a pillow by her head,
  Should say : "That is not what I meant at all.
  That is not it, at all."

  And would it have been worth it, after all,
Would it have been worth while,
After the sunsets and the dooryards and the sprinkled streets,
After the novels, after the teacups, after the skirts that trail along the floor —
And this, and so much more? —
It is impossible to say just what I mean!
But as if a magic lantern threw the nerves in patterns on a screen :
Would it have been worth while
If one, settling a pillow or throwing off a shawl,
And turning toward the window, should say :
  "That is not it at all,
  That is not what I meant, at all."

. . .

  No! I am not Prince Hamlet, nor was meant to be;
Am an attendant lord, one that will do
To swell a progress, start a scene or two,
Advise the prince; no doubt, an easy tool,
Deferential, glad to be of use,
Politic, cautious, and meticulous;
Full of high sentence, but a bit obtuse;
At times, indeed, almost ridiculous —
Almost, at times, the Fool.

  I grow old … I grow old …
I shall wear the bottoms of my trousers rolled.

Shall I part my hair behind? Do I dare to eat a peach?
I shall wear white flannel trousers, and walk upon the
beach.
I have heard the mermaids singing, each to each.

I do not think that they will sing to me.

I have seen them riding seaward on the waves
Combing the white hair of the waves blown back
When the wind blows the water white and black.

We have lingered in the chambers of the sea
By sea-girls wreathed with seaweed red and brow
Till human voices wake us, and we drown.

주석

* Eliot은 이 시를 23살이던 1911년에 완성했으나, Ezra Pound의 도움으로 1915년에야 *Poetry*지에 게재할 수 있었다.
* 이탈리아어로 된 제사(題詞, epigraph)는 Dante의 『신곡』(*The Divine Comedy*) 「지옥편」(*Inferno*) 제27장에 나오는 것으로, 지옥의 불길에 휩싸여 벌을 받고 있는 Guido da Montefeltro가 시인 Dante에게 고백하는 내용으로 되어 있다. 이것을 영어로 번역하면 다음과 같다: 'If I believed that my answer would be to someone who would ever return to earth, this flame would move no more, but because no one has ever returned alive from this gulf, if what I hear is true, I can reply with no fear of infamy.'

1] you: 독자나 Prufrock의 친구, 혹은 Prufrock의 또 다른 자아(alter ego).
3] etherized: anesthetized(마취된).
9] insidious: cunning(교활한), treacherous(기만적인), wicked(음흉한).
13] In the room: 아마도 Prufrock이 프러포즈하려는 여인이 있는 방을 말함.
13-14] In the room the women come and go/Talking of Michelangelo: 고상한 척 하는 여자들이 예술, 철학에 대해 떠들어대는 것을 말함.
29] works and days: 기원전 8세기 Hesiod의 농경시 *Works and Days*를 암시하는 구절로, Prufrock의 무의미한 노동과 대비된다.

42] morning coat : a formal coat with tail.

52] with a dying fall : 하강조로. Shakespeare의 *Twelfth Night*에 나오는 Orsino공작의 말 참조: "That strain again! It had a dying fall"(다시 한 번 들었으면! 아스라이 사라지는 선율) (I.i.1).

54] presume : dare.

60] butt-ends : the discarded ends of cigarettes(담배꽁초).

66] digress : wander away from the main topic or purpose(주제에서 벗어나다).

73] ragged : jagged(들쭉날쭉한), having a rough, or uneven surface or edge(표면이나 가장자리가 거칠고 고르지 못한).

77] malinger : pretend illness(꾀병을 부리다).

82] my head (grown slightly bald) brought in upon a platter : Herod은 춤을 춘 Salome에게 세례요한(John the Baptist)의 잘린 머리를 은쟁반 위에 가져다가 상으로 준다(「마가복음」 제6장 17-29절; 「마태복음」 제14장 3-11절 참조).

83] I am no prophet : Amaziah왕이 Bethel에서 예언하지 말라고 명령을 했을 때 Amos가 한 말 참조: 'Amos said, "I was no prophet, neither was I a prophet's son; but I was an herdsman, and a gatherer of sycamore fruit."'(아모스가 말하되 "나는 선지자도 아니며 선지자의 아들도 아니오, 나는 목동이요 오디를 따는 자입니다." 「아모스」 제7장 14절).

85] the eternal Footman : 죽음(death) 혹은 운명(destiny).

87] And would it have been worth it : 시제의 변화는 이미 결정적인 순간이 지나갔음을 말해 준다.

92] To have squeezed the universe into a ball : Andrew Marvell의 "To His Coy Mistress" 참조 : 'Let us roll all our strength and all / Our sweetness up into a ball, / And tear our pleasures with rough strife / Thorough the iron gates of life' (우리의 모든 힘과 모든 아름다움을 굴려 뭉쳐서/ 공으로 만들고/ 거세게 투쟁하며 인생의 철문에서/ 쾌락을 탈취해냅시다).

94] Lazarus : 예수가 무덤에서 살린 인물 (「요한복음」 제11장 1-44절 참조). 또한 예수의 비유 중에 나오는 거지로서, 지옥에 간 부자가 아브라함에게 요청해서 그를 지상으로 보내어 자기 형제들에게 경고해달라고 함(「누가복음」 제16장 19-31절 참조).

96] If one : Prufrock이 구애하려 했던 여인.

101] sprinkled streets : 먼지가 일지 않도록 물을 뿌림. 혹은 톱밥을 깔았다는 뜻.

111] Prince Hamlet : Ezra Pound가 Harriet Monroe에게 보낸 편지(1915년 1월 31일자)에 의하면, Pound는 이 Hamlet에 관한 구절을 싫어했지만 Eliot은 포기하지 않으려고 고집을 부렸다. 그러나 Pound는 대부분의 독자들이 처음 읽을 때 좋아할 만한 유일한 부분이었으므로 큰 문제는 안 되리라고 생각했다고 한다. (*Letters of Ezra Pound 1907-1941*, ed. D. D. Paige [런던 : Faber and Faber,

1951] 92-93쪽).

112] an attendant lord : *Hamlet*에 나오는 시종관 Polonius.

113] progress : 왕의 행차(the travelling of a royal prince through the English countryside together with wagons loaded with possessions, and with servants and courtiers).

116] politic : shrewd in practical matters(기민한), tactful(눈치 빠른), diplomatic(외교적인).
meticulous : scrupulous(꼼꼼한), minutely careful(세심한).

117] high sentence : Chaucer의 *Canterbury Tales*에 나오는 구절로, 'elevated, serious and moral thoughts expressed formally'(격식 있게 표현한 고상하고, 진중하고 도덕적인 생각)의 의미.
obtuse : mentally slow or emotionally insensitive(둔한, 정신적으로 느리거나 감정적으로 무감각한).

121] I shall wear the bottoms of my trousers rolled : 바짓단을 접는 것은 당시의 유행.

122] Shall I part my hair behind? : 아방가르드(avant-garde)적인 쇼킹한 헤어스타일.

124] I have heard the mermaids singing : John Donne의 "Song" 참조 : 'Teach me to hear mermaids singing'(인어들의 노래를 듣는 법을 가르쳐다오).

만일 내 대답이 다시 지상으로 돌아갈 사람에게
하는 것이라고 믿는다면,
이 불꽃은 더 이상 흔들거리지 않을 것이오.
그러나 내가 들을 바가 사실이라면
이 심연에서 살아 돌아간 사람은 아무도 없으므로
나는 수치의 두려움 없이 대답하는 것이오.

그러면 우리 가보세, 자네와 나,
저녁이 수술대 위에 마취된 환자처럼
하늘에 펼쳐져 있을 때.
우리 가보세, 반쯤 인적이 끊어진 어떤 거리를 지나,
하룻밤 묵는 싸구려 호텔에서의 불안한 밤과
굴 껍질이 널린 톱밥 깔린 레스토랑의

투덜대는 소리 들리는 후미진 뒷골목을 지나,
자네를 엄청난 문제에 봉착하게 할
음흉한 의도를 가진
지루한 논쟁처럼 이어지는 거리를 지나 …
아, "그게 뭐냐고?" 묻지 말게,
우리 가서 들러보세.

　방안에서는 여인들이 왔다 갔다 하며
미켈란젤로를 얘기하고 있네.

　등을 유리창에 비벼대는 노란 안개,
콧잔등을 유리창에 비벼대는 노란 연기가
저녁을 구석구석 혀로 핥고,
배수구에 고여 있는 웅덩이에서 머뭇거리다가
굴뚝에서 떨어지는 검댕을 등에 묻히고는
테라스 옆을 빠져나가 갑자기 한 번 뛰어오르더니
온화한 10월 밤인 것을 알고는
집 주위에서 몸을 한 번 웅크리다가 잠이 들었네.

　그리고 정말로 시간이 있을 걸세,
유리창에 등을 비벼대며
거리를 따라 빠져나가는 노란 연기에게.
시간은 있을 걸세, 시간은 있을 걸세,
자네가 만나는 얼굴들을 만날 얼굴을 꾸밀 시간이.
살인하고 창조할 시간이 있을 걸세,
자네의 접시 위에 문제를 들었다 놓는

손이 매일 해야 할 일들을 위한 시간이.
자네를 위한 시간과 나를 위한 시간,
아직도 백 번을 망설일 시간이,
백번을 몽상하고 또 몽상할 시간이,
토스트와 차를 마시기도 전에.

방안에서는 여인들이 왔다 갔다 하며
미켈란젤로를 얘기하고 있네.

그리고 정말 시간이 있을 걸세
"내가 감히?", "내가 감히?" 하고 생각할 시간이,
정수리가 대머리가 된 채
돌아서서 계단을 내려올 시간이—
(여인들은 말하겠지, "아, 저 남자 머리숱이 점점 빠지네!" 하고.)
내 모닝코트, 턱까지 빳빳하게 세워진 칼라,
화려하고도 수수하지만 핀 하나로 포인트를 준 넥타이—
(여인들은 말하겠지, "아, 저 남자 팔다리 가는 것 좀 봐!" 하고.)
내가 감히
우주를 뒤흔들 수 있겠는가?
한 순간에도 시간이 있다네,
한 순간 뒤집어 버릴 결정과 수정들을 할 시간이.

내가 그녀들 모두를 이미 알고 있기 때문이네, 그녀들 모두를—
저녁과 아침, 오후를 알고 있기 때문에,
나는 내 삶을 커피 스푼으로 재어왔기 때문이네.

건넌방에서 음악소리에 묻혀
갑자기 작아지며 사라지는 목소리들을 알고 있네.
　그러니 어떻게 내가 감히 해보겠는가?

　그리고 나는 이미 그 눈들을 알고 있네, 그 눈들을 모두—
사람들을 공식화된 문구로 고정시키는 눈들을.
그리고 내가 핀 위에 사지를 뻗고 공식화될 때,
내가 핀에 꽂혀 벽에서 꿈틀거릴 때,
그럴 때 내가 어떻게 담배꽁초 같은
내 일상적인 삶의 방식들을 뱉어내버리는 일을 시작할 수 있겠는가?
　그러니 어떻게 내가 감히 해보겠는가?

　그리고 나는 이미 그 팔들을 알고 있네, 그 팔들을 모두—
팔찌를 하고 있는, 맨살의 흰 팔들을.
(그러나 등불 밑에서 보니, 엷은 갈색 솜털이 보이네!)
내가 이렇게 갈피를 못 잡는 것은
옷에서 나는 향기 때문인가?
테이블에 놓이거나 숄을 감싸고 있는 팔들.
　그러면 감히 해볼까?
　그런데 어떻게 시작한다지?

· · ·

　말해볼까, 해질녘에 좁은 거리를 지나오다가
창밖으로 몸을 기대고 있는 셔츠바람의 외로운 사내들의
담배파이프에서 나오는 연기를 보았다고? …

차라리 내가 조용한 바다 밑바닥을 종종걸음으로 기어가는
한 쌍의 우둘투둘한 집게발인 게 나았을 걸세.

. . .

그리고 오후, 저녁은 참으로 평화롭게 잠들어 있네!
긴 손가락들에 쓰다듬어져,
잠들어 있거나 … 지쳤거나 … 아니면 꾀병을 부리고 있네,
여기 자네와 내 옆, 바닥에 몸을 쭉 뻗고.
차와 케이크와 얼음과자를 먹고 난 후,
내가 순간을 위기로 몰고 갈 힘이 있을까?
그러나 내가 비록 울고 금식하고, 울고 기도했지만,
비록 내 머리(약간 대머리가 된)가 쟁반에 담겨 들어오는 걸 보았지만,
나는 예언자가 아닐세—여기에 큰 문제는 없네.
나는 내 위대한 순간이 깜박거리는 것을 보았고,
영원한 하인이 내 코트를 잡고 낄낄거리는 것을 보았네,
한마디로 말해, 나는 두려웠네.

그리고 결국 그럴 가치가 있었겠는가,
잔들을 비우고, 마멀레이드를 먹고, 차를 마신 후에
도자기 사이에서, 자네와 나의 몇 마디 말 가운데서,
그럴 가치가 있었겠는가,
미소를 지으며 문제를 물어뜯는 것이,
우주를 압착해서 하나의 공으로 만들어
엄청난 문제를 향해 굴리는 것이,
"나는 죽은 자들 가운데서 살아 돌아온, 당신들 모두에게 말

하려고 돌아온
나자로다, 나는 당신들 모두에게 말하겠노라"라고 말하는 것
이—
만일, 그녀가 베개를 머리맡에 놓으면서,
"그건 제 뜻이 아니에요.
그게 아니에요, 전혀"라고 말한다면.

그리고 결국 그럴 가치가 있었겠는가,
그럴 가치가 있었겠는가,
해가 지고 나서, 앞마당을 지나고, 물 뿌린 거리를 지난 후,
소설을 읽고, 차를 마시고, 바닥에 끌리는 스커트를 본 후에—
이것과 더 많은 것을 겪은 후에?—
내 뜻을 꼬집어 말하기는 불가능하네!
그러나 환등기가 신경조직을 스크린에 비추는 것 같네.
그럴 가치가 있었겠는가,
만일, 그녀가 베개를 놓거나 숄을 벗어던지고
창문 쪽으로 몸을 돌리며
"그게 아니에요,
그건 제 뜻이 아니에요, 전혀"라고 말한다면.

. . .

아닐세! 나는 햄릿왕자도 아니고, 그럴 인물로 만들어지지
도 않았네.
나는 시종관으로, 행차를 흥성하게 하고
한 두 장면을 시작시키며, 왕자에게 조언을 할
그런 인물. 영락없이 만만한 도구,

굽신거리며 심부름을 즐겨하고
눈치 빠르고, 조심스럽고 꼼꼼하며
고상한 말을 입에 달고 살지만, 약간은 둔한
때때로 정말 거의 우스꽝스런–
때때로 거의 어릿광대일세.

　나는 늙어가네 … 나는 늙어가네 …
바지 밑단을 접어 입어보겠네.

　뒷가르마를 타볼까? 복숭아를 먹어볼까?
흰 플라넬 바지를 입고 해변을 걸어보겠네.
나는 인어들이 서로에게 노래하는 소리를 들었네.

인어들이 내게 노래를 불러주지는 않을 것이라고는 생각하네.

나는 인어들이 파도를 타고 바다 쪽으로 나가는 것을 보았네,
바람이 불어 바닷물이 희고 검게 보일 때
뒤로 불려 넘겨진 물결의 흰 머리칼을 빗질하면서.

우리는 붉은 색과 갈색의 해초로 휘감겨 있는 바다소녀들 곁,
바다의 방에 머물렀네.
마침내 인간들의 목소리가 들려 우리는 익사하네.

3 작품분석

전체가 131행으로 된 이 시는 Prufrock이라고 하는 중년의 사내가 어떤 여인에게 프러포즈를 하는 과정을 그리고 있는 작품이다. 그러나 이 프러포즈는 현실이 아니라 Prufrock의 몽상 속에서 이루어지는 것일 뿐이다. 말하자면 이 시는 Prufrock이 꾸는 백일몽 속의 세계를 보여주고 있다.

작품을 읽어나가다 보면 Prufrock은 머리가 약간 벗겨진 대머리의 야윈 중년 남자임을 알게 된다. 그는 육체적으로 약하고, 성적 본능이 속으로 숨어버린 현대인으로, 자의식이 강해서 자신의 한계를 잘 알고 있고, 그래서 스스로를 조소하는 주인공이다. 자신의 생각을 행동으로 잘 옮기지 못하여, 행동하는 사회적 자아와 사고하는 내면적 자아가 서로 분열되어 있는 인물이다. Eliot은 이 주인공을 통해 현대인 전체와 현대문명 전반에 대해 비판적 시선을 던지고 있다.

작품제목에 '연가'(love song)이라는 말이 붙은 것은 이 시가 Prufrock의 프러포즈 과정을 보여주고 있기 때문이다. 그러나 '연가'라는 낭만적인 말과는 달리, Prufrock은 'J. Alfred Prufrock'과 같이 매우 산문적이고 딱딱한 이름을 가지고 있다. Prufrock이라는 이름은 1910년경에 Missouri주 St. Louis에서 가구도매상을 했던 실존인물이라는 말이 있지만, 이 인물의 실존성이 중요한 것은 아니다. Prufrock이라는 이름을 proof-rock, 즉 시금석(touchstone)의 뜻으로 새겨, 이 인물을 현대인의 기준 혹은 모델로 생각하기도 한다. 혹은 'prudence in frock-coat', 즉 프록코트를 입고 있는 신중한 인물로 보기도 한다. 어쨌든 '연가'라는 말과 Prufrock의 이름의 불균형은 그의 프러포즈가 제대로 성공하지 못할 것 같은 예감을 준다.

시 본문이 시작되기에 앞서 작가는 Dante의 『신곡』 「지옥편」 중 일부를 제사(epigraph)로 인용하고 있다. 지옥에서 다시 지상으로 살아 돌아간 사람은 없다고 생각했기 때문에 Guido가 지옥에 온 Dante에게 지상에 있었을 때 자신이 저지른 죄악을 고백한 것처럼, 지옥과 같은 상태에 있는 Prufrock 자신도 Guido처럼 자기의 은밀한 내부를 얘기하겠다는 뜻이다.

그런데 Prufrock의 얘기를 듣는 이가 누구인지는 분명치 않다. 그것을 결정할 수 있는 것은 이 시의 처음부터 나오는 'you'를 누구로 보느냐에 따라 달라진다. 'you'를 독자들로 보면, Prufrock은 자신의 프러포즈 과정을 독자들과 함께 하면서 독자들에게 자신의 치부를 얘기하는 셈이 된다. 'you'를 Prufrock의 친구나 그의 또 다른 자아(alter ego)로 보면, 독자들은 Prufrock이 자신이나 친구에게 하는 고백을 엿듣는 방식이 된다. 어쨌든 독자들이 Prufrock의 고백을 들을 수 있는 위치에 있다는 것은 독자들도 역시 Prufrock처럼 지옥에 있다는 뜻이 된다. 그러므로 이 제사는 독자들 자신도 현대의 병적인 상황에서 자유롭지 못하다는 점을 말해 주고 있다.

첫 행에는 '그러면'(then)이라는 말이 나오는데, 이 말은 앞에 어떤 것이 전제되지 않고 처음부터 나올 수 있는 말은 아니다. 말하자면 이 말은 그 앞에 무슨 일이나 논의가 있었다는 암시를 준다. 그러면 앞에 어떤 얘기가 생략되어 있는 것일까? 아마도 Prufrock이 어떤 여인에게 프러포즈를 하러 갈 것인지 말 것인지, 프러포즈는 언제 어떻게 할 것인지 등등에 관해 여기에 나오는 'you'라는 존재와 논의하고 고민하는 부분이 있었을 것으로 보인다. 우유부단한 성격을 지닌 Prufrock은 그런 논의와 고민을 거친 끝에 드디어 '그러면 우리 가보세, 자네와 나'라고 프러포즈의 결행을 시작하는 것이다.

Prufrock이 프러포즈를 하러 가는 시간은 아름다운 붉은 저녁놀이 지는 제법 낭만적으로 보일 수 있는 시간이다. 그러나 이 시에서는 하늘에 펼쳐져 있는 저녁이 '수술대 위에 마취된 환자처럼' 보인다고 말한다(제3행). 여기에서는 '저녁'이라는 시간적인 개념과 '하늘'이라는 공간적인 개념이 섞여있다. 시공을 혼합하는 기법을 사용하는 이 구절에서 '저녁'이라는 말은 저녁놀을 지칭하는 것으로 볼 수도 것이다. 말하자면 날이 저물어가면서 저녁하늘에 붉은 노을이 지는 풍경을 말하고 있다. 그러나 이 낭만적인 풍경이 다음 연에 나오는 충격적인 비유를 만남으로써 이제는 병적인 분위기를 보여주는 것으로 바뀌게 된다. 저녁하늘에 펼쳐져 있는 노을은 수술대 위에 마취된 채 의식을 잃고 누워 있는 환자로 묘사된다. 이것은 Prufrock의 의식세계도 마찬가지로 병적인 상태에 있음을 보여주는 것이다.

다음에 묘사되는 거리의 풍경들, 이를테면 인적이 끊어진 거리, 하룻밤 묵는 싸구려 호텔, 굴 껍질이 널린 톱밥 깔린 레스토랑, 사람들의 수근 대는 소리가 들리는 후미진 뒷골목, 지루한 논쟁처럼 잇달아 있는 거리 등(제4-10행)은 Prufrock이 몽상 속에서 여인에게 프러포즈하러 가면서 자신이 지나가게 되리라고 상상하는 풍경들이다. 이 풍경들은 프러포즈하러 가는 설렘과 기쁨에 찬 사람에게 어울리는 것은 아니다. 이 또한 Prufrock의 의식세계의 복잡하고 불결하며 병적인 모습을 비유적으로 보여주는 것이다. 그런 거리를 거쳐 가서 그가 결국 하려는 프러포즈를 Prufrock은 '엄청난 문제'(overwhelming question)라고 말한다. 프러포즈하는 일이 Prufrock에게 주는 중압감을 얘기하는 것이다. 그러나 그는 그것이 무엇인지 묻지 말라고 한다. 자신에게 심리적 부담이 되는 문제를 정면으로 마주하기 두려워하는 것이다. 그저 '들러보세'라고 말할 뿐이다.

다음에는 돌연 어느 방에서 미켈란젤로에 대해 얘기하는 여인들이 언급된다(제13-14행). 앞뒤 관계로 보아 이들 중 한 명이 Prufrock이 프러포즈하려는 여인일 것이다. 여기에서 이들이 나누는 대화의 주제인 미켈란젤로 자체는 중요하지는 않다. 'Michaelangelo'를 선택한 것은 일단 앞 행 끝의 'go'와 각운을 맞추기 위해서일 것이다. 여인들이 미켈란젤로를 얘기하는 것이 어떤 의미를 가진다면, 그것은 이 여인들이 예술이나 철학 등에 관심을 가진 사람들이라는 점을 보여주는 정도가 될 것이다. 물론, 예술이나 철학에 대한 이들의 관심이 진지한 것일 수도 있고, 아니면 고상한척 하는 속물적 관심일 수도 있다. 이 시 전체의 분위기로 볼 때 후자의 해석이 더 그럴싸해 보인다.

그런데, 이 여인들에 대한 언급은 그 이전의 Prufrock이 지나가는 거리에 대한 언급에 문맥상 바로 이어지는 것은 아니다. 아마도 Prufrock이 거리를 지나가면서 자신이 만날 여인이 있는 방을 미리 상상해보고, 또 그래서 미리 걱정하고 불안해 하는 부분일 것이다. 논리적으로 연결이 안 되는 부분들을 이렇게 느닷없이 병치시키는 것은 현대시의 전형적인 기법 중의 하나이다. 그러나 이런 꼴라쥬식 병치기법은 이 당시만 해도 Ezra Pound 등에 의해 막 시험되기 시작한 시적 방법이었다. 이때 독자들의 역할이 중요해지는 것은 물론이다. 시 문맥의 연결을 짐작하기 어려운 구절들을 아무 설명 없이 병치시켜 나갈 때 그 흐름을 파악하는 일은 독자들의 연상작용과 상상력에 의해서만 가능하기 때문이다.

바로 다음에는 또 이 여인들과는 상관없는 거리의 연기와 안개에 대한 언급이 나온다(제15-22행). 이 또한 꼴라쥬 수법이라고 할 수 있을 것이다. 아마 프러포즈를 위해 거리를 지나가고 있는 Prufrock이 보게 될 풍경 중의 하나일 것이다. 거리에서 흘러다니는 연기와 안개는 게으른 고양이에 비유되어 있다. 안개라는 무생물을 고양이라는 생물로

활물화 시킴으로써 안개가 훨씬 실감나게 느껴지지만, 이 안개는 낭만적인 분위기를 자아내는 안개는 아니다. 느릿하고 졸음에 겨운, 검댕을 등에 묻히고는 결국 잠들어버리는 병적으로 보이는 고양이를 닮아 있는 안개이다. 이것은 역시 Prufrock 자신의 병적인 의식세계를 비유적으로 보여주는 것이라고 할 수 있다.

다음에 병치되는 구절들은 시간에 관한 Prufrock의 생각을 보여주는 부분이다. 그는 모든 것과 모든 일에는 시간이 있으리라고 말한다(제23-34행). 이 부분은 얼핏 성경의「전도서」에 나오는 시간에 관한 단상을 연상시켜주지만, 그 초점은 오히려 반대가 된다.「전도서」에서는 모든 일에는 알맞은 때가 있다, 심을 때가 있는가 하면 거둘 때가 있고, 날 때가 있으면 죽을 때가 있다는 식으로 모든 일에는 다 제 때가 있다는 점을 말한다. 그러나 Prufrock이 말하는 것은 결국 자신이 지금 프러포즈하지 않더라도 나중에 또 프러포즈할 시간이 있으리라고 말하는 것처럼 보인다. 그런데 그가 하는 결심과 결단은 이내 다시 수정되어 버리는 확실치 못한 것이다. 토스트를 먹고 차를 마시는 그 짧은 순간에도 Prufrock은 결정과 수정, 번복을 수없이 거듭한다.

다음에 다시 미켈란젤로를 얘기하는 여인들을 언급하는 구절이 병치되고(제35-36행), 다시 시간에 관해 언급하는 구절들이 나온다(제37-48행). 이 부분의 내용으로 보아서 이미 Prufrock은 여인들이 있는 곳 근처에 온 것처럼 보인다. 왜냐하면 그는 '돌아서서 계단을 내려올 시간이 있으리라'(제39행)고 얘기하고 있기 때문이다. 그런데 여기에서 Prufrock은 여인들이 자신을 어떻게 평가할지 자신의 외모에 대해 끊임없이 걱정하고 있다. 그는 자신이 대머리가 되어가며 머리숱이 빠지는 것을 여인들이 알아채고 그걸 가지고 수근 대지 않을까, 비록 모닝코트를 입고 칼라를 세우고 넥타이핀을 꽂아 옷은 근사하게 입었지만, 자기 팔다리 가는 것에 대해 수근대지 않을까 하고 걱정하고 있다. 그러면서 그는 한 순간에도 결정을 하고 또 수정할 시간이 있다고 말한다. 그러나 그 수정도 한 순간에 다시 뒤집어 버릴 것이라고 말하면서 극도의 우유부단함을 보여주고 있다.

다음에는 Prufrock 자신이 그 여인들을 이미 잘 알고 있다는 표현들이 이어진다(제49-69행). 그는 그녀들의 목소리(제52행), 눈(제55행), 팔(제62행) 등을 모두 알고 있다고 말한다. 어떤 여자들인지 잘 알고 있어서 오히려 프러포즈가 의미 없으리라는 것도 잘 알고 있는데, 굳이 프러포즈를 할 필요가 있겠느냐며 자신이 용기가 부족한 것을 합리화시키고 있다.

그는 그녀들을 이미 잘 알고 있다고 하면서(제49행), 다음 행에서 저녁과 아침과 오후들을 잘 알고 있다고 말한다. 따라서 이 저녁과 아침과 오후들은 Prufrock이 그녀들과 함께 해왔던 시간들을 말하는 것으로 보인다. 또한 다음 행에서 Prufrock이 자신의 삶을 커피 스푼으로 재어왔다고 말함으로써, 그가 그녀들과 커피를 익히 마셔왔던 사이임을 암시해 준다. 어쨌든 자신의 삶을 커피 스푼으로 재어왔다는 사실은 그가 자신의 삶에서 특별히 의미 있는 일을 하지 못했고, 시간의 흐름을 커피 스푼의 숫자로 확인할 정도로 늘 똑같은 매우 단조롭고 변화 없는 삶을 살아왔음을 말해 준다. 다음 행에서 Prufrock이 '건넌방에서 음악 소리에 묻혀 … 사라지는 목소리들을 알고 있다'(제53-54행)는 말을 하는 것을 보아 이제 그가 여인들이 있는 곳 옆방까지 왔음을 알 수 있다.

다음 부분(제55-61행)에서는 이제 Prufrock이 여인들이 있는 방에 들어온 것으로 보인다. 물론 실제로 들어온 것이 아니라 그의 몽상 속에서 들어온 것으로 상상하고 있는 것이다. 그가 여인들의 눈을 두려워하는 것은 마치 채집된 곤충을 핀으로 꽂듯이 자신을 '공식화된 문구'로 규정해버리지 않을까 하는 점 때문이다. 자신이 그렇게 한 두 마디 말로 규정되어 버리면 자신은 담배꽁초처럼 하찮은 삶의 방식으로부터 벗어날 수가 없을 것이라고 생각한다.

그러나 그는 여인들의 팔에 끼어 있는 팔찌들과 맨 살에 나 있는 연갈색 솜털을 상상하며 약간의 성적 흥분을 느끼게 된다(제62-64행). 그리고 옷깃에서 나는 향수에 취해 갈피를 못잡고 어떻게 프러포즈를 시작해야 할지 어리둥절하게 된다(제65-66행). 그래서 고작 생각해낸 것이 자기가 좁은 거리를 지나오면서 창밖으로 몸을 내밀고 담배를 피우는 사내들이 내뿜는 담배연기를 보았다는 말로 얘기를 시작해볼까 하는 것이다(제70-72행). 결국 그것도 소용이 없는 짓이라는 것을 깨닫고, 이런 상황을 벗어나 차라리 바다 밑바닥을 기어 다니는 한 마리 게가 되는 것이 낫겠다는 생각을 한다(제73-74행).

다음 부분에서 그는 시간이 한없이 늘어지는 기분을 갖게 된다. 그래서 오후와 저녁이 '잠들어 있거나 지쳤거나 꾀병을 부리고 있는' 것처럼 느낀다. Prufrock은 여인들과 차와 케이크, 얼음과자를 함께 먹은 것으로 보인다. 그러나 정작 '순간을 위기로 몰고 갈 힘', 말하자면 프러포즈를 할 용기를 내지 못한다. 그는 자신을 세례요한과 견주어 보다가 목이 잘려 쟁반에 담겨오는 자기 머리가 대머리라는 사실이 다시 마음에 걸린다. 그는 결국 '위대한 순간이 깜박거리는 것'을 느끼고(제84행) 이제는 프러포즈가 실패로 돌아갔다는 것을 알게 된다. 그리고 나이가 들어가는 자신 앞에 기다리고 있는 것은 '영원한 하인'(제85행)인 죽음밖에 없다는 사실을 알고 두려워한다.

이어지는 부분들에서는 여인이 결국 거절할 것이었기 때문에 프러포즈를 했다한들 아무 소용이 없었을 것이라고 자신이 프러포즈하지 못한 것에 대해 합리화한다(제87-110행). 그는 여인들과 '잔을 비우고, 마멀레이드를 먹고, 차를 마신 후에' 도자기들이 진열되어 있는 그 방에서 여인에게 미소를 지으며 '우주를 압착해서 하나의 공으로 만들어/엄청난 문제를 향해 굴려' 보았자(제92-93행), 설사 자신이 나자로 같은 존재라고 할지라도(제94행) 의미가 없었을 것이라고 말한다. 여인이 거절할지도 모르기 때문이다.

다음 부분도 마찬가지 내용의 반복이다. '해가 지고 나서, 앞마당을 지나고, 물 뿌린 거리를 지난 후,/ 소설을 읽고, 차를 마시고, 바닥에 끌리는 스커트를 본 후에' 여인에게 프러포즈했던들, 여인이 '창문 쪽으로 몸을 돌리며' 자기 뜻이 아니라고 거절을 하면 프러포즈할 가치가 없었을 거라고 말한다(제99-110행).

이제는 실패로 끝난 프러포즈를 생각하며, Prufrock은 자신이 어떤 존재와 같은지를 생각해본다. 우유부단하다는 점에서는 비슷한 햄릿 왕자를 떠올리지만, 자신은 전혀 그런 인물도 아니고, 그럴 인물로 만들어지지도 않았다고 말한다(제111행). 그보다는 시종관인 폴로니우스에 가까운 인물이라고 생각하다가, 결국은 자신이 가끔은 어릿광대에 불과한 존재임을 깨닫게 된다(제112-119행).

Prufrock은 이제 더욱 늙어가는 자신을 자각하며, 최신 유행을 따라 바지 밑단을 접어보거나 가르마를 타거나 복숭아를 먹듯 쾌락에 탐닉해볼까 생각한다(제121-122행). 그는 또한 흰 플라넬 바지를 입고 해변을 걷는 자신을 그려보다가 바다의 인어들이 부르는 노래를 상상한다(제123-124행). 물론 그 노래는 Prufrock 자신에게 불러주는 노래가 아니라는 사실을 알고 있다. 그는 인어들을 상상하며, 그 풍요로운 세계의 꿈에 젖어든다(제126-128행). 그러나 돌연 사람들의 목소리가 들리고, 그 소리에 Prufrock은 몽상에서 벗어나게 된다(제131행). 그런데 현실로 돌아오는 것이 오히려 '익사'하는 것으로 표현되어 있다. 그에게 현실은 오히려 죽음의 세계이기 때문이다.

4 Sweeney among the Nightingales

ὤμοι, πέπληγμαι καιρίαν πληγὴν ἔσω.

Apeneck Sweeney spreads his knees
Letting his arms hang down to laugh,
The zebra stripes along his jaw
Swelling to maculate giraffe.

The circles of the stormy moon
Slide westward toward the River Plate,
Death and the Raven drift above
And Sweeney guards the horned gate.

Gloomy Orion and the Dog
Are veiled; and hushed the shrunken seas;
The person in the Spanish cape
Tries to sit on Sweeney's knees

Slips and pulls the table cloth
Overturns a coffee-cup,
Reorganized upon the floor
She yawns and draws a stocking up;

The silent man in mocha brown
Sprawls at the window-sill and gapes;
The waiter brings in oranges
Bananas figs and hothouse grapes;

The silent vertebrate in brown
Contracts and concentrates, withdraws;
Rachel née Rabinovitch
Tears at the grapes with murderous paws;

She and the lady in the cape

Are suspect, thought to be in league;
Therefore the man with heavy eyes
Declines the gambit, shows fatigue,

Leaves the room and reappears
Outside the window, leaning in,
Branches of wistaria
Circumscribe a golden grin;

The host with someone indistinct
Converses at the door apart,
The nightingales are singing near
The Convent of the Sacred Heart,

And sang within the bloody wood
When Agamemnon cried aloud,
And let their liquid droppings fall
To stain the stiff dishonoured shroud.

주석

0] 제사(題詞)는 Aeschylus의 극 *Agamemnon*에서 나온 것으로, Agamemnon이 아내 Clytemnestra에게 살해당할 때 외친 말이다. 그 뜻은 영어로 'Alas, I am struck deeply with a deadly blow'이다.

4] to : into.
maculate : spotted(반점이 있는); stained(얼룩이 묻은).

5] The circles of the stormy moon : 폭풍우를 예고하는 달무리.

6] River Plate : Argentina와 Uruguay 사이에 있는 강 Rio de la Plata((풍요를 암시함)).

7] the Raven : 별자리 Corvus(까마귀자리).
horned gate : 신화에 의하면 꿈은 두 개의 문을 통해 하계에서 나오는데, 진짜 꿈은 뿔문으로 나오고 가짜 꿈은 상아문으로 나온다고 한다.

9] Orion : 별자리 오리온좌에는 시리우스(Sirius, the Dog Star)가 있으며, 시리우스는 나일강의 범람을 알려주는 별로서 풍요의 상징이다.

10] hushed the shrunken seas : hushed are the shrunken seas.

17] The silent man in mocha brown : 제21행에 나오는 'The silent

vertebrate in brown'과 같은 인물. 이 사람이 Sweeney인지, 아니면 창녀들이 Sweeney를 죽이려는 음모를 알아차린 또 다른 남자인지 명확치 않은데, 이 사람을 누구로 보느냐에 따라 시의 해석이 달라진다.

18] gapes: '하품을 하다'(yawns)는 뜻.

23] Rachel née Rabinovitch: 친정 성(姓)이 라비노비치인 레이첼((유부녀라는 뜻)).

25] She and the lady in the cape: 'She'는 Rachel. 'the lady in the cape'는 제11행의 여인.

27] the man with heavy eyes: 제17, 21행의 인물과 같은 인물인지, 아니면 다른 인물인지 애매하다.

28] gambit: 희생마, (유혹의) 미끼.

31] wistaria: 등나무.

34] apart: at a little distance(조금 떨어져 있는).

37] The bloody wood: Tereus에게 Philomela가 능욕을 당한 숲.

39] liquid droppings: 물똥. droppings: 나중 판에서 Eliot은 'siftings'로 바꿈.

40] the stiff dishonoured shroud: Agamemnon의 시신을 쌌던 수의를 말함.

아, 나는 치명적 일격을 당했구나.

에이프넥 스위니는 무릎을 벌리고
두 팔을 축 늘어뜨리며 웃는다.
턱을 따라 있는 얼룩말 줄무늬가
부풀어서 반점이 있는 기린이 된다.

폭풍우를 예고하는 달무리가
서쪽 플라타강을 향해 미끄러진다.
죽음과 까마귀자리가 위에 떠 있고
스위니는 뿔문을 지킨다.

우울한 오리온좌와 시리우스는
베일에 가려져 있고, 움츠러든 바다는 잠잠하다.

스페인풍의 망토를 걸친 여인이
스위니의 무릎에 앉으려다가

미끄러지며 식탁보를 잡아당겨
커피잔을 뒤엎고,
바닥에서 몸을 다시 추스르고는
하품을 하며 스타킹을 끌어올린다.

모카 브라운색 옷을 입은 말없는 남자가
창턱에서 기지개를 켜며 하품을 하고,
웨이터는 오렌지와
바나나, 무화과, 온실포도를 들여온다.

브라운색 옷을 입은 말없는 척추동물이
움츠리고 집중하다가 물러난다.
결혼 전 성이 라비노비치인 레이첼이
살의를 가진 발톱을 세운 발로 포도를 잡아뜯는다.

그녀와 망토를 걸친 여인이
작당한 듯 수상하다.
그래서 두 눈이 무거운 남자는
미끼를 거부하고 피곤한 척 하다가,

방을 나가서 창밖에 다시
나타나, 집안을 기웃거린다.
등나무 가지들이
금이빨 웃음을 둘러싼다.

주인은 정체불명의 누군가와
떨어져 있는 문간에서 얘기를 나눈다.
나이팅게일들이 성심수도원 근처에서
노래하고 있다.

나이팅게일들은 아가멤논이 크게 비명을 질렀을 때도
피로 낭자한 숲속에서 노래했으며,
물똥을 싸 떨어뜨려
빳빳한 치욕의 수의를 더럽혔었다.

5 작품분석

이 시는 밤에 카페 혹은 창녀촌으로 보이는 곳에 간 어떤 남자의 행태를 통하여 현대인의 성적 타락상을 그리고 있는 작품이다. Eliot이 자기 형 Henry에게 쓴 글에 의하면, 그는 이 작품에 대한 비평가들의 호응을 별로 기대하지는 않았지만 스스로는 그때까지 자신이 쓴 작품 중 최고로 생각하고 있었다. 이 작품의 주인공 Sweeney는 앞서 나온 Eliot 작품의 주인공 Prufrock과는 대조적인 인물이다. 주로 심리적, 정신적 문제를 안고 있었던 Prufrock과는 달리 Sweeney는 매우 동물적, 육체적 인물이다. 그는 합리적인 사고를 하지 못하고 주로 동물적 욕구에 의해 움직이는 저속하고 거칠며 감각에 의존하는 주인공이다.

작품이 시작되기 전에 앞서 시인은 트로이전쟁에서 돌아온 Agamemnon이 목욕탕에서 아내 Clytemnestra와 그녀의 정부 Aegisthus에 의해 살해당할 때 외쳤던 말을 제사(epigraph)로 인용하고 있다. Clytemnestra에게 Agamemnon은 첫 남편이 아니었다. 그녀의 첫 남편은 Tantalus로서, 남편이 Agamemnon에게 살해된 후 그의 부인이 되었는데, 그녀는 Agamemnon이 트로이 전쟁 때 그리스군의 총지휘관으로서 출정하여 집을 비운 동안 Aegisthus와 간통을 한다. Agamemnon은 Agamemnon대로, 일종의 전리품으로 받은 트로이의 공주 Cassandra를 첩으로 데리고 귀국하였다가, 아내와 그 정부에게 살해당하는 운명을 맞게 된다.

Agamemnon이 내지른 최후의 외침을 제사로 삼았다는 것은 이 시가 인간의 성적 타락과 죽음을 주제로 삼고 있다는 암시를 준다. 그런데 이 작품의 경우 성적 타락과 죽음이 별개로 이루어진다기보다는 Sweeney의 성적 타락이 바로 그의 죽음, 말하자면 정신적 죽음이라는 점을 얘기하고 있다. Agamemnon을 인용한 것은 그의 비장한 죽음과 Sweeney의 추악한 죽음을 대비하기 위한 장치이기도 하다. 말하자면 인간의 영웅적인 과거와 천박한 현재의 모습을 대비하는 것이다. 따라서 Agamemnon의 마지막 외침을 제사로 삼음으로써, 시인은 이 시의 주제를 암시하는 동시에 인간의 과거와 현재를 대조시키는 효과를 거두고 있다.

첫 연에서는 Sweeney의 동물적 모습을 묘사하고 있다. 에이프넥(Apeneck)이라는 이름과 함께 '얼룩말 줄무늬'나 '반점이 있는 기린'이라는 말은 모두 Sweeney의 동물적 특성을 암시하고 있다. 무릎을 벌리고 두 팔을 늘어뜨린 채 웃는다는 말도 그가 가진 천박한 성품을 말해 주고 있다.

둘째 연에서는 Sweeney에게 닥칠 불길한 운명을 예시해 주는 여러 가지 징조들이 언급된다. 서쪽과 까마귀자리는 모두 죽음이나 불길한 징조와 관련되는 방향이나 별자리들이다. 여기에서 말하는 죽음이란, 시 제목에 나이팅게일로 표현된 두 창녀가 공모하여 이 카페에서 Sweeney를 죽이는 것, 말하자면 성적으로 타락시키는 것을 상징적으로 표현한 것이다. Eliot 자신의 말에 따르면, 그는 '불길한 예감'(sense of foreboding)의 분위기를 이 시에서 표현하려고 했다고 하는데, 이 시의 제목이나, 제사 등에서부터 계속 이런 불길한 느낌이 지속되고 있다. Sweeney가 뿔문을 지키고 있다는 말은 그가 자신의 꿈에 대해 걱정하고 있다는 뜻이거나 뿔문을 통해 나오게 되는 진짜 꿈을 막음으로써 그에게 vision이 부재하다는 뜻이다. 또한 '뿔'(horns)이라는 말은 남녀의 부정(不貞)과 관련된 말이다. 이것은 Sweeney가 가지고 있는 부정한 성적 욕구를 말해 주는 것이기도 하다.

셋째 연의 전반부에서도 불길한 징조들이 계속 언급된다. 오리온자리는 포도의 수확기를 알려주는 별자리이며, 그 별자리에 속한 시리우스(Sirius)는 나일강의 범람을 알려주는 별로서, 역시 풍요의 상징이다. 지금은 이런 별들이 모두 가려져 있고, 생명의 근원이며 상징인 바다도 움츠려든 상태이다. 셋째 연의 후반부에서부터 넷째 연까지 Sweeney를 유혹하려는 여인의 행태가 묘사되고 있다. 그녀는 망토를 걸치고 Sweeney의 무릎에 앉으려다가 미끄러지면서 커피를 쏟기도 하고, 쓰러진 바닥에서 하품을 하고 스타킹을 끌어올린다. 자신의 몸조차 제대로 가누지 못한 채 품위 없이 행동하는 이 여인은 그러면서도 계속 Sweeney를 유혹하려고 하는 것이다.

다섯째 연에서는 어떤 '말없는 남자'가 나오는데, 이 남자는 그 다음 연에 나오는 '말없는 척추동물'과 같은 인물임에 틀림없다. 둘 다 브라운색의 옷을 입고 있기 때문이다. 그러나 이 남자가 Sweeney인지, 아니면 이 카페에 온 다른 남자인지 명확히 알기는 쉽지 않다. 문맥상 Sweeney로 보는 것이 자연스럽지만, 이 남자에 대한 묘사는 앞서 언급된 Sweeney와는 별개의 인물인 것처럼 '모카 브라운색을 옷을 입은 말없는 남자'라는 식으로 시작된다. 또 여인이 Sweeney의 무릎에 앉으려다가 식탁보를 잡아당겨 커피잔을 쏟은 것을 보면 Sweeney는 탁자에 앉아 있는 것인데, 이 남자는 창턱에서 기지개를 펴고 하품을 하고 있다. 더구나 웨이터가 각종 과일을 가져오는 것을 보면 Sweeney가 이것들을 먹을 수 있는 탁자에 앉아 있는 것으로 보는 게 좋을 것이다. 그러나 한편, 이 남자를 Sweeney가 아닌 카페의 다른 손님으로 보면, Sweeney를 언급한 곳은 셋째 연 밖에 없게 되고 다섯째 연부터 거의 마지막까지 이 시의 대부분이 이 남자에 대한 묘사로 이루어지는 셈이 된다. 그렇게 되면 이 시의 중심인물은 Sweeney가 될 수 없다. 따라서 일단 이 '말없는 남자'는 Sweeney로 보는 게 좋을 것이다. Sweeney가 모카 브라운색 옷을 입었다는 것은, Agamemnon이 Troy 전쟁에서 돌아온 영웅이었듯, 그가 1차 세계대전에서 돌아온 카키색 군복을 입은 군인임을 말하는 것일 수도 있다. 이때 웨이터가 여러 가지 과일들을 들여오는데, 과일은 유혹의 상징이기도 하므로 이는 여인이 다시금 Sweeney를 유혹하고 있다는 말이 된다.

여섯째 연에 가면 Sweeney는 이에 대해 매우 동물적인 반응을 보인다. 그는 '척추동물'이라는 말로 표현되고 있거니와, '움츠리고 집중하다가 물러난다'는 말은 그의 동물적 몸짓을 잘 보여주는 말이다. 그런데 이것이 구체적으로 정확히 무엇을 의미하는지는 다음 연에 나오는 '두 눈이 무거운 남자'(제27행)를 누구로 보느냐에 따라 달라진다. 이 남자는 미끼를 거절하고 결국 여인들의 유혹을 벗어나게 되므로, 이 남자를 Sweeney로 보게 되면 Sweeney는 여인들의 성적 유혹을 이겨낸 셈이 되고, 따라서 성적타락이라는 정신적 죽음을 벗어난 것이 된다. 이 시의 주인공인 Sweeney가 결과적으로 그 타락을 이겨낸 인물이라면, 현대인의 성적타락, 정신적 죽음을 이 시의 전체적인 주제로 보기는 힘들다. 그렇다면 Sweeney는 성적타락을 대변하는 인물이 아니라, 현대인들의 냉정함과 까다로움과 비겁함을 대변하는 인물이 된다. Agamemnon이 자신의 운명을 장엄하게 맞아들였던 것과는 달리 Sweeney는 얍삽하게 위기를 벗어나는 인물인 것이다. 어쨌든 그렇게 볼 경우 이 시의 전체적인 주제도 달라진다.

'두 눈이 무거운 남자'를 Sweeney가 아닌 이 카페에 온 또 다른 남자로, 여인들의 의도를 간파하고 그 유혹에서 벗어난 인물로 볼 경우에도 문제는 있다. '그래서'(Therefore)라는 접속사는 앞의 내용과 이어지는 것을 전제로 하는데, 여태껏 Sweeney에 관한 얘기를 하다가 느닷없이 또 다른 남자를 도입부도 없이 언급한다는 것은 자연스럽지 못하다. 그러나 어쨌든 이 인물을 Sweeney가 아닌 다른 남자로 보고, 이 시의 주제를 현대인의 성적타락이라고 생각한다면, 여섯째 연에서 Sweeney가 한 '움츠리고 집중하다가 물러난다'는 행동은 그가 여인의 유혹에 대해 긴장하다가 회피한다는 뜻이 아니라, 여인과 성적 행위를 하고 끝냈다는 의미가 될 것이다. 레이첼이라는 여자의 결혼 전 성을 언급하는 것은 그녀가 유부녀이며 따라서 Sweeney와의 성적 접촉은 부정을 저지르는 행위가 된다는 뜻이다. 그녀가 살의를 가진 발톱을 세운 발을 내밀었다는 것은 그녀 역시 동물적인 속성을 가진 여인이라는 뜻이며, '살의'라는 말은 결국 그녀가 Sweeney를 정신적으로 살해했다. 즉 그와 성적 관계를 가짐으로써 그를 타락시켰다는 뜻이 된다.

일곱째 연에는 레이첼 말고도 제11행에서 언급되었던 여인이 다시 나오는데 그들은 모두 공모하여 남자를 유혹하여 타락시키려는 인물들로 묘사된다. 그러나 Sweeney인지 다른 인물인지 모를 '두 눈이 무거운 남자'는 그 유혹의 미끼를 거부하고 피곤한 척한다. 이어지는 여덟째 연에서는 그래서 방을 나간 남자가 창밖에서 다시 집안을 기웃

거리는 모습이 묘사된다. 그는 비록 유혹에서 벗어났지만, 미련이 있는 듯하다. 아니면, 자신은 유혹을 벗어났지만 방안에서 유혹을 당한 남자가 어떤지 궁금해 하며 유혹 당한 남자의 꼴을 보고 짐짓 웃는 것처럼 보이기도 한다. 등나무의 늘어진 가지 사이로 보이는 금니를 박은 남자의 웃음은 천박하기 그지없어 보인다.

아홉째 연에는 이 카페의 주인이 정체불명의 어떤 사람과 문간에서 얘기를 나누는 장면이 묘사된다. 남자를 살해하기 위해 또 다시 모의를 하는 것으로 보인다. 그런데 돌연 성심수도원 근처에서 노래하는 나이팅게일에 대한 언급이 나온다. 나이팅게일은 이 시에서 Sweeney를 유혹하는 여인들을 지칭하면서도, 형부 Tereus에게 능욕을 당하고 혀가 잘린 신화속 인물 Philomela를 연상시키는 새이기도 하다. 따라서 이 부분은 Sweeney의 속된 죽음과 예수의 진정한 죽음, 인류를 위한 죽음, 부활이 있는 죽음을 대비시키는 동시에, 이 시에 나오는 타락한 여인들과 결국 나이팅게일로 변신하는 Philomela의 고귀한 예술혼을 대비시키고 있는 것이다.

타락한 현재와 대비되는 과거의 비장하며 영웅적인 사건들에 관한 언급은 마지막 연에서 과거형의 시제를 통해 이어진다. Agamemnon의 죽음에 대한 언급은 Sweeney가 창녀들의 유혹에 빠져 정신적 죽음을 당한 것과 대비시키기 위한 것이다. 여기에 나오는 '피로 낭자한 숲'은 Orpheus나 Oedipus의 죽음, 혹은 Nemi숲에서의 살해와 같은 신화적 죽음을 연상시키며, 특히 숲은 Philomela가 능욕을 당했던 숲을 연상시키는 말이다. Agamemnon이 부정한 자기 부인의 손에 살해당했을 때 그것을 슬피 노래했을 법한 나이팅게일은 여인들의 유혹에 빠져 맞게 되는 Sweeney의 죽음을 슬퍼하는 셈이다. 그러나 신화에서 Philomela는 나이팅게일로 예술적 변신이 이뤄지고, 숲에서 살해를 당한 인물들은 부활되고 풍요를 가져오는 긍정적 역할을 하는데 반해, Sweeney의 죽음은 부활도 없고, 아무런 의미도 없는 동물적 죽음일 뿐이다.

W. H. Auden
(1907–1973)

1 작가의 생애와 작품경향

W. H. Auden은 York에서 내과의사의 아들로 태어나 Gresham School을 거쳐 Oxford대학의 Christ Church College에서 공부했다. 그는 Blake, Dickinson, Hopkins뿐만 아니라 Hardy와 Frost 시의 영향을 받았다. 이미 Oxford에서 그는 넘치는 기지와 탁월한 기교, 모든 다양한 시 형식으로 시를 쓸 수 있는 폭넓은 시적재능을 보여주었다. Auden은 1928년에 시집 *Poems*를 자비 출판했으나, 1930년에 같은 제목의 시집 *Poems*를 발간하고 나서야 새로운 세대의 주도적 시인으로 자리를 잡게 되었다.

1930년대에 세계경제공황이 닥치자 Auden은 사회주의의 열렬한 지지자가 되었고, Freud의 심리학에 관심을 가지기도 했다. 그는 Marxism과 Freud의 심리학을 사회의 병리적 현상을 진단하고 설명하는 기초로 삼

았다. 1935년에 Auden은 소설가 Thomas Mann의 딸인 Erika Mann과 결혼을 했다. 그러나 그것은 Erika를 나찌 독일에서 탈출시키기 위한 정략적 결혼일 뿐이었다. Auden자신은 동성애자로 알려져 있다. 그는 1937년에 Spain내전에 참전하여 공화국군을 지원하기도 했다.

1939년에 Auden는 미국으로 이민을 했다. 이 이민은 전쟁을 앞둔 유럽으로부터의 도피라고 생각되어 논란거리가 되기도 했다. 미국으로 이민을 한 후 사회를 보는 Auden의 시각은 완전히 달라졌다. 그의 글은 Marx와 Freud에 대한 관심에 기초하여 사회를 비판적 관점에서 바라보던 태도에서 벗어나 개인의 책임을 강조하고 전통과 종교를 중시하는 경향을 띠게 되었다. New York에서 Auden은 나머지 생애의 동반자가 되었던 시인 Chester Kallman을 만났다. 그는 여러 미국 대학에서 가르쳤고, 1946년에 미국 시민권을 얻었다.

Auden은 Pulitzer상을 안겨준 *The Age of Anxiety : A Baroque Eclogue*(1947)를 비롯한 시집들을 계속냈다. 또한 Kallman과 공동으로 Stravinsky의 오페라 *The Rake's Progress*(1951)의 대본 작업을 하기도 했다. 1956년부터 1961년까지는 Oxford대학의 시학 교수로 있었다. Auden은 1972년에는 건강이 나빠지자 미국을 떠나 Oxford에서 살았다. 그는 1950년대에 집을 사두고 매년 몇 달씩을 보내곤 했던 오스트리아에서 1973년에 세상을 떠났다.

2 Musée des Beaux Arts

About suffering they were never wrong,
The Old Masters : how well they understood
Its human position; how it takes place
While someone else is eating or opening a window or

just walking dully along;
How, when the aged are reverently, passionately waiting
For the miraculous birth, there always must be
Children who did not specially want it to happen, skating
On a pond at the edge of the wood:
They never forgot
That even the dreadful martyrdom must run its course
Anyhow in a corner, some untidy spot
Where the dogs go on with their doggy life and the torturer's horse
Scratches its innocent behind on a tree.

In Brueghel's *Icarus*, for instance: how everything turns away
Quite leisurely from the disaster; the plowman may
Have heard the splash, the forsaken cry,
But for him it was not an important failure; the sun shone
As it had to on the white legs disappearing into the green
Water; and the expensive delicate ship that must have seen
Something amazing, a boy falling out of the sky,
Had somewhere to get to and sailed calmly on.

주석

0] Musée des Beaux Arts: Museum of Fine Arts (Fr). 벨기에 브뤼셀에 있는 미술박물관을 말함.
1] they: 다음 행에 나오는 'The Old Masters'(19세기 이전의 거장들)를 지칭. 제9행의 'They'도 마찬가지.
13] behind: buttocks(궁둥이).
14] Brueghel: 16세기 네덜란드의 화가(1525-1569).
turns away: 외면하다.

고통을 표현하는데 있어 그들은 결코 틀리지 않았다,

옛 거장들은. 그들은 얼마나 잘 이해하고 있었던가,

고통이 인간에게 있어서 차지하는 위치를. 누군가가 먹고 있거나
창문을 열거나 혹은 따분하게 걸어가고 있는 동안에 어떻게 고통이 일어나는지를.
노인들이 경건하게, 열정적으로 기적적인 탄생을 기다리고 있을 때
숲가에 있는 연못에서 얼음을 지치며
그 일이 일어나기를 특별히 기대하지 않는
아이들이 항상 있게 마련이라는 사실을.
그들은 결코 잊지 않았다,
심지어 두려운 순교조차,
개는 계속 개처럼 살아가고, 고문자의 말이
죄 없는 엉덩이를 나무에 비벼대는 한 모퉁이, 어느 불결한 곳에서
진행되기 마련이라는 사실을.

예를 들면 브뤼겔의 ≪이카루스≫에서, 어떻게 모든 것이 그 재난을
아주 유유히 외면하고 있는지. 농부는 아마
풍덩하는 소리, 그 버림받은 절규를 들었으련만
그에게는 그건 별로 중요한 실패가 아니었다. 태양은
늘 그렇듯 녹색 바다로 사라져가는 하얀 두 다리를
비쳤고, 놀라운 그 무엇, 하늘에서 떨어지는 소년을
틀림없이 보았을 호화선은
가야만 하는 곳이 있어서 조용히 항해해 갔다.

3 작품분석

이 시는 크게 두 부분으로 되어 있다. 첫 부분에서는 일반적인 진술을 하고, 둘째 부분에서는 구체적인 예술작품을 예로 들어 설명하는 방식을 취하고 있다. 시인은 옛 거장들이 자신들의 작품에서 고통을 제대로 표현했다고 말한다. 그들이 표현한 것은 타인의 고통에 대한 인간의 동물적 무관심이다. 어떤 사람이 슬픔과 괴로움을 당하고 있어도 다른 사람들은 먹거나 창문을 열거나 따분하게 걷는 등 평상시와 다를 바 없이 행동한다고 시인은 말한다. 또 노인들이 어떤 메시아의 재림 같은 종교적 기적을 바라고 있을 때, 다른 한편에서는 연못에서 얼음을 지치는 일에 열중하며 그런 기적적 탄생에는 무관심한 아이들이 있게 마련이라는 것이다. 또 순교와 같은 지극히 고통스럽고 종교적인 사건도 개와 말이 불결하고 비천한 삶을 이어가는 지저분한 모퉁이에서 벌어진다고 한다. 인간의 타인에 대한 그런 무관심과 인간성의 냉혹한 본질을 대가들은 잘 알고 있었고, 그것을 작품들로 표현했다는 것이다.

시인은 이를 입증하기 위해 이 시의 둘째 부분에서《이카루스》를 예로 들고 있다. 브뤼겔의《이카루스》는 정확히 말하자면《이카루스의 추락》(*The Fall of Icarus*)이라는 작품이다. 이카루스는 그리스 신화에 나오는 인물로서, 장인(匠人)인 아버지 다이달로스와 함께 크레타섬을 탈출하기 위해 새의 깃털에 밀납을 붙여 만든 날개를 달고 하늘로 솟구쳐 오르다가 아버지의 경고를 무시하고 너무 높이 날아 태양에 가까이 가는 바람에 태양열에 밀납이 녹아 날개가 떨어져 나가면서 바다에 빠져 죽는다.

브뤼겔이《이카루스의 추락》에서 그린 이카루스의 모습은 그림의 오른쪽 아래에 조그맣게 거꾸로 바다에 빠져 다리만 물밖에 드러나도록 되어 있을 뿐, 인간의 끝없는 욕망을 상징하는 모습이나 그 욕망의 실패에서 오는 비장감 같은 것은 느낄 수 없도록 되어 있다. 실제로 그림의 주인공이라 할 수 있는 이카루스에 비해 밭을 가는 농부나 소, 양치기와 양들이 지나치게 크게 그려져 있고 오히려 그림의 중심부를 차지하도록 되어 있다. 이것은 브뤼겔의 의도적 작업에서 나온 것으로 보인다.

시인은 브뤼겔의 그림을 분석하면서 이카루스가 추락을 하고 있는데도 모든 것이 그 재난을 외면하고 있다고 지적한다. 이를테면 농부는 풍덩하는 소리나 비명을 들었겠지만 그에게는 대수로운 일이 아니었고, 태양도 늘 그렇듯 빛을 비췄으며, 그 옆을 지나며 이카루스의 추락을 틀림없이 보았을 법한 호화선도 제 갈 길을 갈 뿐이었다고 말한다.

예술철학자 Karsten Harries가 이 그림에 대해 언급하고 있는 글도 같은 문맥에 있는 것으로서 충분히 음미할만한 것으로 보인다.

> 브뤼겔의《이카루스의 추락》은 우선 훨씬 명쾌한 그림처럼 느껴진다. (중략) 우리는 다시 한 번 정확한 원근법이란 없으며, 따라서 정확한 시점도 존재하지 않는다는 사실을 발견하게 된다. (중략) 오히려 이 그림은 여러 부분으로 나뉘어지며, 각 부분들은 그 자체의 원근법을 지니는 자기 충족적인 단위들인 것처럼 보인다. (중략) 이와 같은 원근법을 사용함으로써 브뤼겔은 그림의 서로 다른 장면들을 각각 분리시켜 놓고 있다. 그리하여 그림 속에 나오는 개인들은 그들 자신의 세계 속에서 포착되고 있다. 즉, 농부는 들을 갈고 있고, 양치기는 양치기대로, 낚시꾼은 낚시꾼대로 그리고 범선 위의 사람은 범선 위의 사람대로 그 곁을 지나가고 있다. 각 부분 속의 인물들은 모두 바로 직접적으로 이웃해 있는 다른 부분들에서 무슨 일이 일어나고 있는지를 전혀 알지 못한다. 또 그들 모두는 지금 막 물 속으로 사라지려 하는 이카루스에 대해 전혀 의식하지 못한다. (*The Meaning of Modern Art: A Philosophical Interpretation*. Evanston: Northwestern Univ Pr., 1968. 오병남 외역, 『현대미술-그 철학적 의미-』, 서광사, 1988. 75쪽에서 인용)

Harries가 지적하는 바에 따르면, 이 그림은 각각의 부분이 독립적인 원근법을 채용하고 있다는 것이다. 말하자면 각 부분들이 독립적인 세계를 구축하고 있고, 따라서 바로 이웃에 있는 부분들에서 일어나는 일에 대해 전혀 의식하지 못한다. 그러므로 이카루스의 추락에 대해 특별히 의식하거나 알 수도 없는 노릇이다. 이런 기법을 통해 브뤼겔은 인간이 가지는 다른 존재에 대한 무관심을 표현하고 있고, 시인은 브뤼겔의 그림을 예로 들어 옛 거장들이 인간의 냉혹한 본성을 잘 간파하고 있었음을 말하는 것이다.

4 Lullaby

Lay your sleeping head, my love,
Human on my faithless arm;
Time and fevers burn away
Individual beauty from
Thoughtful children, and the grave
Proves the child ephemeral :
But in my arms till break of day
Let the living creature lie,
Mortal, guilty, but to me
The entirely beautiful.

Soul and body have no bounds :
To lovers as they lie upon
Her tolerant enchanted slope
In their ordinary swoon,
Grave the vision Venus sends
Of supernatural sympathy,
Universal love and hope;
While an abstract insight wakes
Among the glaciers and the rocks
The hermit's carnal ecstasy.

Certainty, fidelity
On the stroke of midnight pass
Like vibrations of a bell,
And fashionable madmen raise
Their pedantic boring cry :
Every farthing of the cost,
All the dreaded cards foretell,
Shall be paid, but from this night
Not a whisper, not a thought,

Not a kiss nor look be lost.

Beauty, midnight, vision dies:
Let the winds of dawn that blow
Softly round your dreaming head
Such a day of welcome show
Eye and knocking heart may bless,
Find the mortal world enough;
Noons of dryness find you fed
By the involuntary powers,
Nights of insult let you pass
Watched by every human love.

주석

2] human: humanly, in a human manner.
6] ephemeral: lasting but one day, short-lived, transitory(하루살이 같은, 덧없는).
13] Her: 제15행에 나오는 Venus.
20] carnal: fleshly, sensual, sexual(육체적인, 감각적인, 성적인). 'sensual'로 되어 있는 판본도 있다.
22] On the stroke of midnight pass: Cinderella 신화를 떠올리는 표현.
24] madmen: moralist.
26] farthing: 1/4 페니의 가치를 지닌 동전으로 1961년까지 사용되었다. '가치가 거의 없는 것'(something of very small value)을 뜻함.
32-35] Let the winds … bless: Let the winds … show such a day of welcome that eye and knocking heart may bless.
37] Noons of dryness find you fed: (Let) noons of dryness find you fed.
39] Nights of insult let you pass: Let you pass nights of insult.

그대의 잠자는 머리를 뉘어라, 내 사랑이여,
신실치 못한 내 팔에 사람답게.
시간과 열병은 태워 없앤다,
생각 깊은 아이들의

개성미를. 그리고 무덤은
어린애가 하루살이 같은 존재임을 입증한다.
그러나 동이 틀 때까지 내 품에,
살아 있는 존재여, 누워 있어 다오,
덧없고, 죄 많지만, 내게는
더할 바 없이 아름다운 그대여.

영혼과 육체는 경계가 없다.
여느 때처럼 황홀한 상태로
비너스의 너그러운 마력의 언덕에
누워 있는 연인들에게
비너스는 엄숙히
초자연적인 공감,
보편적 사랑과 희망의 환상을 보여 준다.
한편, 추상적 직관은
빙하와 암석들 사이에서
은자의 육체적 황홀감을 일깨운다.

확신, 신의는
자정을 알리는 종이 치면 사라진다,
종의 진동처럼.
그리고 유행을 쫓는 미치광이들은 외쳐댄다
따분한 현학적 구호들을,
한 푼도 공짜가 없다는 걸
두려운 카드 점괘가 하나같이
예견했노라고. 그러나 오늘 밤부터는

속삭임 하나, 생각 하나,
키스 하나, 표정 하나도 사라지지 않으리.

아름다움, 한밤, 환상은 사라진다.
그대의 꿈꾸는 머리 주위로
부드럽게 부는 새벽바람이
눈과 고동치는 심장이 축복할
그런 아름다운 날을 보여주기를,
인간 세상이 충분함을 알게 해 주기를.
메마른 정오에는
무의식적인 힘들의 자양분을 받고
치욕의 밤은
모든 인간적 사랑의 시선을 받으며 지나가기를.

5 작품분석

이 시는 시인이 밤에 자기 품에 누워 자고 있는 연인을 지켜보며, 열정적 사랑과 아름다움의 덧없음, 그러나 그것들의 가치와 필요성에 대해 명상하고 있는 작품이다. 시제는 모두 현재형으로 되어 있는데, 그것은 이 시에 묘사된 특정한 하룻밤을 시간이 지나면 과거가 되어버릴 일회적 경험이 아닌 영원한 것으로 만들고자 하는 의도로 보인다.

첫 연에서 시인은 연인에게 자기 팔을 베고 누우라고 하면서 자장가를 불러 준다. 그 자장가는 사랑과 아름다움, 세월의 흐름에 관한 생각을 담고 있는 다소 철학적인 자장가이다. 그는 어린 아이들도 '하루살이 같은 존재'로서 결국엔 무덤에 이르게 되듯, 세월은 자기 연인의 아름다움을 앗아가 버리고 말 것이라고 말한다. 인간의 사랑과 아름다움이 영속적이지 못하기 때문에 오히려 인간에게는 현재 자신이 즐기는 사랑과 아름다움이 더 중요한 것이 된다. 그래서 자신은 신실치 못하지만, 자신의 품에, 자신처럼 역시 '덧없고 죄 많지만' '살아 있는 존재'인 자신의 연인이 동이 틀 때까지 누워 있기를 바란다. 인간이 살아있다는 것은 결국에는 죽을 수밖에 없다는 것이 전제되어 있지만, 그에게는 현재 자기 앞에 '살아 있는 존재'로서 자기 품에 누워 있는 연인이 '더할 바 없이 아름답고' 소중한 것이다.

둘째 연은 연인들이 열렬히 사랑함으로써 서로의 영혼과 육체가 하나가 됨을 느끼게 되는 초시간적인 순간을 묘사하고 있다. 비너스의 마력의 언덕에 황홀한 상태로 누워 있는 연인들이란 육체적인 사랑의 극치를 경험한 연인들로서, 이들은 비너스가 보여주는 '초자연적인 공감/ 보편적 사랑과 희망'이라는 정신적인 가치를 알게 된다. 역으로, 빙하와 암석들 사이에서 수도하는 은자는 추상적 직관을 통해 '육체적 황홀감'을 맛보게 된다. 인간의 정신이든 육체든, 그 경험이 극에 이르게 되면, 서로 반대되는 세계를 끌어안는 초시간적인 순간을 알게 된다는 것이다.

셋째 연에서는 이런 극적인 경험의 황홀한 순간은 어느 순간에라도 사라질 수 있음을 말하고 있다. 마치 자정을 알리는 종이 치면 신데렐라의 아름다운 모습이 사라지는 것처럼 말이다. 또한 따분한 현학적 구호를 부르짖는 미치광이들은 사랑도 열정도 없는 공허한 도덕률을 외쳐대고, 시인과 연인이 경험하는 그런 육체적 사랑에는 반드시 대가가 따르게 마련이라고 예견한다. 그러나 시인은 자신들이 이 밤에 나누는 '속삭임 하나, 생각 하나 / 키스 하나, 표정 하나'도 더할 나위 없이 소중한 것으로, 결코 놓칠 수 없다고 말한다.

넷째 연에서는 열정의 밤을 보내고 난 두 연인에게 찾아오는 새로운 하루를 말하고 있다. 이제 밤이 지나감으로써 한밤에 경험했던 사랑의 아름다움, 환상이 사라지게 된다. 그러나 시인은 밝아오는 새로운 날에 대해 희망을 걸어본다. 그는 새벽이 자신들의 '눈과 고동치는 심장', 즉 살아 있는 자신들의 육체가 축복할 수 있는 그런 아름다운 하루를 보여주기를 간구한다. 그래서 이 덧없고 불완전한 지상의 세계, 인간의 세계가 충분히 살만한 곳임을 알게 되기를 바란다. 또한 그 이후에 오게 될지도 모를 '메마른 정오'와 '치욕의 밤'도 사랑과 아름다움의 무의식적인 힘의 자양분을 받고, 인간적 사랑의 시선을 받으며 지나가기를 바란다.

이 시는 일종의 사랑시지만, 사랑의 황홀한 경험 자체를 얘기한다기보다 인간의 사랑의 본질을 성찰하고 명상하는 작품이다. 그런 점에서 이 시의 화자는 현재 황홀한 사랑의 극치를 맛보고 있는 사람이 아니라 그 극치를 경험하고 난 후, 그 경험에 대해 일종의 거리감을 가지고 관조하는 태도를 보여 준다. 그가 느끼는 것은 삶의 유한성, 인간이 누리는 사랑과 열정의 덧없음인데, 그럼에도 불구하고, 또 오히려 그렇게 때문에, 인간이 누리는 사랑의 황홀한 경험의 순간이 더욱 중요하다고 말한다. 그런데 화자는 자신이 '신실치 못하며'(faithless), 연인 또한 '죄 많은'(guilty) 인간일 수 있다고 말한다. 자신이나 연인이나 모두 진실치 못할 수도 있다는 것을 인정한다는 점에서 이 시는 사랑시로서는 매우 비전통적인 성격을 갖고 있다. 그런 인간적인 한계를 갖고 있음에도 불구하고 화자는 자신들의 현재의 사랑은 소중하다고 말한다.

이 시에는 자장가와 carpe diem 모티프라는 두 가지의 시적 전통이 섞여있다. 그러나 동요로서의 일반적인 자장가와는 달리, 아이를 재우는 자장가가 아니라 성인인 자신의 연인을 재우는 자장가이다. 또한 세월의 흐름과 삶의 유한성, 현재를 즐기는 것의 중요성을 강조한다는 점에서는 분명히 carpe diem 주제의 시이지만, 전통적인 carpe diem 주제의 시들과는 다르다. 전통적인 시에서는 남성 화자가 자신이 연모하는 여인에게 끝없는 사랑과 헌신을 맹세하면서 자신들이 젊고 아름다울 때 수줍어하지 말고 사랑을 즐기자고 설득하는 식으로 되어 있다. 그러나 이 시에서는 화자의 연인의 성(性)이 무엇인지 불분명하다. Auden이 동성애자였다는 점을 감안하면, 두 사람 모두 남성일 수 있다. 또한 이 시에서는 두 사람의 진실성을 토대로 영원한 사랑을 약속하기보다는 자신이나 상대방이나 모두 진실치 못할 수도 있다는 점을 인정하고 있다. 전통적인 시가 육체적 사랑을 즐기기 위해 여성에게 접근하는 것이라면, 이 시에서는 두 연인이 이미 뜨거운 사랑을 나누고 난 후 상대방이 잠이 들어 있는 상황이 묘사되어 있다. 그러나 이 시도 전통적인 시들과 마찬가지로 인간의 육체적 사랑의 황홀한 순간이 덧없다고 하더라도 더 없이 소중한 것이며, 그런 순간을 통해 인간이 세월의 힘을 이겨낼 수 있다는 점을 강조하고 있다.

Dylan Thomas

(1914-1953)

[1] 작가의 생애와 작품경향

Dylan Thomas는 1914년 Wales의 Swansea에서 태어났다. 그의 아버지는 시인이 되기를 꿈꾸었던 영어교사로서, Thomas는 아버지에게서 문학적 재능을 물려받은 것으로 보인다. Thomas는 어렸을 적 신경이 예민하고 병약한 아이로서 학교를 멀리하고 주로 자신만의 독서를 즐겼다. 열여섯이 되던 해에는 학교를 그만 두고 *South Wales Daily Post*의 청소년 기자가 되었으나 이듬해에 그 일을 그만두고 시에 전념하기 시작했다. Thomas의 시 3분의 2가 십대 후반에 쓰였다는 사실은 주목할 만하다.

1933년에는 그의 시 "And Death Shall Have No Dominion"(죽음이 지배하지 못하리라)이 *New English Weekly*에 실려서 국제적으로 알려지게 되었고, 이 일로 해서 영국의 여러 잡지사 편집자들이 그를 만나러 왔다. 스무 살이 되던 해인 1934년에는 첫 시집 *Eighteen Poems*를 출간해 비평가들의 호평과 함께 Poet's Corner Prize를 받았다. 그로부터 Thomas는 *Twenty-Five Poems*(1936), *The Map of Love*(1939), *Deaths and Entrances*(1946), *In Country Sleep and Other Poems*(1952) 등의 일련의 시집들을 줄기차게 펴냈다.

Thomas는 1937년 Caitlin Macnamara와 결혼하여 두 아들과 딸 하나를 두었다. 그런데 그는 문학적 명성과 다르게 경제관념이 철저하지 못해 가족들은 늘 빈곤 속에서 살아야 했다. Thomas는 가족을 부양하기 위해 BBC 방송을 위해 글을 썼고 2차 세계대전 중에는 영화 대본을 쓰기도 했다.

그는 1950년부터 미국에서 네 차례의 시낭송과 강연여행을 했다. 그의 호소력 깊은 목소리와 연극적 강연, 청중들과 큰소리로 논쟁을 벌이기도 하는 그의 열정은 미국의 청중들을 사로잡았고, 그래서 그는 현대에 시낭송을 부활시키는 전설적인 인물이 되었다. 그러나 평생 술병을 놓지 않았던 음주벽 때문에 그는 마흔이 되기도 전에 뉴욕에서 객사했다. 그의 부검결과 사인은 폐렴과 뇌부종(brain swelling), 지방간이었다고 한다.

Thomas는 전시대 시인이었던 T. S. Eliot이나 W. H. Auden이 가졌던 사회적, 지적 문제들에 대한 관심보다는 개인적, 서정적 경향을 가지고 있었기 때문에 본질적으로 낭만주의적 전통에 서 있었던 시인이라고 할 수 있다. 그의 작품으로는 시집들 외에 *A Portrait of the Artist as a Young Dog*(1940), *Adventures In The Skin Trade And Other Stories*(1953), *A Child's Christmas in Wales*(1955) 등의 산문집과, 라디오 극 *Under Milk Wood*(1954), 영화대본 *The Beach of Falesa*(1964) 등이 있다.

2 The Force That Through the Green Fuse Drives the Flower

The force that through the green fuse drives the flower
Drives my green age; that blasts the roots of trees
Is my destroyer.
And I am dumb to tell the crooked rose
My youth is bent by the same wintry fever.

The force that drives the water through the rocks
Drives my red blood; that dries the mouthing streams
Turns mine to wax.
And I am dumb to mouth unto my veins
How at the mountain spring the same mouth sucks.

The hand that whirls the water in the pool
Stirs the quicksand; that ropes the blowing wind
Hauls my shroud sail.
And I am dumb to tell the hanging man
How of my clay is made the hangman's lime.

The lips of time leech to the fountain head;
Love drips and gathers, but the fallen blood
Shall calm her sores.
And I am dumb to tell a weather's wind
How time has ticked a heaven round the stars.

And I am dumb to tell the lover's tomb
How at my sheet goes the same crooked worm.

주석

1] fuse: 도화선(導火線). 여기서는 나무의 줄기를 지칭함.
2] blasts: 'wither, blight'(말라죽게 하다, 시들게 하다)라는 뜻 외에도 앞에 나온 fuse의 이미지와 연결되는 'break up'(폭파시키다)이

라는 뜻을 가지고 있다.

4] dumb to tell: '벙어리처럼 말하지 못한다'는 뜻 외에, (당연한 이치라 굳이 말할 필요가 없기 때문에) '입 다문 채 말하지 않는다'는 뜻도 있는 것으로 보인다.

9] mouth: to speak sonorously and oratorically(과장되게 큰 소리로 말하다).

11] whirls the water in the pool: Bethesda에 관한 언급인 듯. 「요한복음」 제5장 4절 참조: 'For an angel went down at a certain season into the pool, and troubled the water: whosoever then first after the troubling of the water stepped in was made whole of whatsoever disease he had.'(그것은 때때로 주님의 천사가 못에 내려와 물을 휘저어 놓는데 그 물이 움직일 때 제일 먼저 들어가는 사람은 무슨 병에 걸렸든지 다 낫는다는 말이 전해져 오기 때문이었다)

12] quicksand: 모래수렁, 유사(流砂).

15] How of my clay is made the hangman's lime: 교수형 당한 시체가 빨리 부패되도록 석회를 뿌렸던 풍습에 대한 언급.

초록 도화선을 타고 들어가 꽃을 피워내는 힘이
내 초록 세월도 몰아간다. 나무뿌리를 마르게 하는 힘이
나의 파괴자이다.
그래서 나는 벙어리처럼 구부러진 장미에게 말하지 못한다,
내 청춘도 똑같은 겨울 열병으로 비틀어짐을.

바위틈으로 물을 몰아가는 힘이
내 붉은 피도 몰아간다. 바다로 입을 벌린 하구를 마르게 하는 힘이
내 피를 밀랍으로 만든다.
그래서 나는 벙어리처럼 내 혈관에게 입으로 외치지 못한다,
어떻게 산의 샘물을 똑같은 입이 빨아 마시는가를.

웅덩이의 물을 소용돌이치게 하는 손이
모래수렁을 휘젓는다. 부는 바람을 잡아매는 손이

내 수의의 돛을 잡아당긴다.
그래서 나는 벙어리처럼 사형수에게 말하지 못한다,
어떻게 내 흙에서 교수집행인의 석회가 만들어지는가를.

시간의 입술이 수원(水源)을 거머리처럼 빤다.
사랑이 방울로 떨어져 모인다. 그러나 떨어진 피는
그녀의 상처를 치유하리라.
그래서 나는 벙어리처럼 변화무쌍한 바람에게 말하지 못한다,
어떻게 시간이 똑딱똑딱 별들을 돌며 하늘을 가리켰는지를.

그래서 나는 벙어리처럼 사랑하는 이의 무덤에 말하지 못한다,
어떻게 내 침대보에 똑같이 구부러진 벌레가 달려드는지를.

3 작품분석

이 시는 크게 보아 두 가지 주제를 가지고 있다. 그 중 하나는 자연을 지배하는 힘과 인간을 지배하는 힘이 동일하다는 것이요, 또 하나는 그 힘은 창조적인 동시에 파괴적이라는 이중성을 가지고 있다는 것이다.

시인은 '초록 도화선을 타고 들어가 꽃을 피워내는 힘이/ 내 초록 세월도 몰아간다'는 말로 얘기를 시작한다. 여기에서 초록 도화선은 녹색 식물의 줄기를 뜻하는 것으로, 식물이 뿌리로부터 물과 양분을 빨아들여 줄기와 가지를 통해 꽃을 피워내는 것을 불꽃이 도화선을 타고 들어가 결국 폭발하는 것에 비유하는 표현이다. 나무에 꽃이 피는 것을 폭탄이 터지는 것에 비유하는 것은 꽃이 피는 조용하고 은밀한 과정을 엄청난 에너지의 순간적인 폭발로 생각하는 것이다. 시인

은 이렇게 나무에 꽃이 피게 하는 힘이 자신의 청춘도 꽃피게 한다고 말한다. 자연을 절정에 이르게 하는 원리가 인간을 그 힘의 절정에 이르게 하는 원리이다. 그러나 꽃을 피게 하는 힘은 그와 동시에 '나무뿌리를 마르게 하는 힘'이다. 식물을 자라게 하는 힘과 죽게 하는 힘이 동일하다는 것이다. 또한 식물을 죽게 하는 힘은 인간을 죽게 하는 힘이다. 나무뿌리를 마르게 하는 힘은 '나의 파괴자'가 된다. 그래서 인간의 청춘도 마찬가지 힘에 의해 '비틀어짐'은 당연한 일이므로 굳이 '구부러진 장미에게' 말할 필요가 없게 된다.

나머지 연들은 첫 연의 주제를 반복하는 형태를 취하고 있다. 말하자면 이 시는 논리적으로 발전해나가기보다는 동일한 내용을 반복함으로써 강조하는 방식을 취하고 있다. 따라서 연들과 연들의 관계는 점진적 발전의 관계가 아닌 수평적 나열의 형태가 된다. 다만 시의 주제를 설명하는 예로서 각기 다른 자연의 현상들을 언급하고 있다. 둘째 연의 내용도 마찬가지이다. 자연에서 물을 흐르게 하는 힘은 인간의 혈관 속 붉은 피도 흐르게 만든다. 또한 자연의 흐름이 멎게 만드는 힘은 인간의 피의 흐름도 '밀랍'처럼 멎게 만든다고 말한다. 그리고 첫 연 마지막 두 행과 유사한 '나는 벙어리처럼 말하지 못한다'는 구절이 일종의 후렴구로서 반복된다. 시인은 산의 샘물을 빨아서 말려 버리는 힘이 자신의 혈관 속 피의 흐름도 말려 버린다는 사실을 자신의 혈관에게 굳이 외칠 필요가 없다고 말한다.

셋째 연도 역시 같은 주제를 반복한다. '웅덩이의 물을 소용돌이치게 하는 손'은 성경에 나오는 Bethesda연못과 관계되는 언급으로, 가끔 천사가 내려와 이 연못의 물을 휘저어 놓는데, 이때 그 연못에 맨 먼저 들어가는 사람의 병이 낫는다고 한다. 말하자면 웅덩이의 물을 휘젓는 손은 사람을 살리는 생명의 손이다. 그런데 동시에 그 손은 사람이 빠지면 죽는 모레수렁을 휘젓기도 한다. '부는 바람을 잡아매는 손'은 돛에 바람을 받게 해서 배가 항해 하도록 만드는 손을 말하는데, 이 손은 동시에 자기 '수의의 돛을 잡아당긴다'고 한다. 삶의 항해를 하도록 만드는 힘은 곧 죽음의 항해를 하도록 만드는 힘과 같다는 말이다. 후렴구에서는 자기 육체의 흙은 교수형 당하는 사형수의 흙과 다를 바 없다고 말한다. 그러므로 삶을 지탱하는 내 육체는 죽음의 흙으로 이루어져 있는 것이다.

넷째 연에서는 시간과 관계된 이미지들이 등장한다. '시간의 입술이 수원을 거머리처럼 빤다'는 말은 거머리가 생명체의 피를 빨아먹듯이 시간이 흘러가면서 모든 살아 있는 존재는 자신의 생명을 빨아먹는다는 뜻이다. 그러므로 살아간다는 것은 점점 죽음에 가까이 가는 일이 된다. 그런 삶 속에서 사랑은 피처럼 방울로 떨어지며 생명을 소진시키지만, 동시에 그 피는 사랑의 아픔을 치료해 주기도 한다. 후렴구에서의 '변화무쌍한 바람'은 순간을, '하늘'은 영원을 지칭하는 것으로 보인다. 말하자면 순간 속에 영원의 세계가 내포되어 있다는 뜻으로, 현재의 삶속에 천국의 세계가 있음을 말해 준다.

마지막 연이 앞의 연들과 같은 구조를 가지면서, 동일한 주제를 반복하게 되면 시가 종결되는 느낌을 받기 어려울 수 있을 것이다. 그래서 시인은 후렴구만을 반복하는 방식의 코다를 택한 것 같다. 그러나 종결부가 논리적으로 마지막이라는 것을 충분히 알게 하면서 완결되지 못해 마지막 연이 조금 불완전하게 처리되었다는 느낌이 든다. 마지막 연에서는 자기의 사랑하는 사람의 무덤에 기어드는 벌레는 자신의 침대에 기어드는 벌레와 같다고 말하고 있다. 죽음을 가져오는 원리와 삶을 지탱하는 원리는 동일한 셈이다. 이렇듯 시인은 자연과 인간을 동시에 지배하는 창조적 힘과 파괴적 힘이 같다는 점을 여러 가지 놀라운 이미지들을 통해 전달하고 있다.

[4] Do Not Go Gentle into That Good Night

Do not go gentle into that good night,
Old age should burn and rave at close of day;
Rage, rage against the dying of the light.

Though wise men at their end know dark is right,
Because their words had forked no lightning they
Do not go gentle into that good night.

Good men, the last wave by, crying how bright
Their frail deeds might have danced in a green bay,
Rage, rage against the dying of the light.

Wild men who caught and sang the sun in flight,
And learn, too late, they grieved it on its way,
Do not go gentle into that good night.

Grave men, near death, who see with blinding sight
Blind eyes could blaze like meteors and be gay,
Rage, rage against the dying of the light.

And you, my father, there on the sad height,
Curse, bless, me now with your fierce tears, I pray.
Do not go gentle into that good night.
Rage, rage against the dying of the light.

주석

4] right: natural(당연하다).

14] Blind eys … gay: 나중에 눈이 멀게 되었던 Milton과 'tragic gaiety'를 강조했던 Yeats(cf. "Lapis Lazuli")를 각각 연상시키는 구절.

작별의 밤으로 순순히 들어가지 마세요.
노인은 날이 저물 때 불타며 고함쳐야 합니다.
빛이 사라지는 것에 맞서 분노하고, 분노하세요.

현명한 사람들은, 임종 때 어둠이 당연하다는 걸 알지만,
자신들의 말이 어떤 번개도 일으키지 못했다면 그들은
작별의 밤으로 고이 들어가지 않습니다.

선한 사람들은, 마지막 물결을 옆에 두고, 자신들의 미미한
　행위로나마
초록 바다에서 찬란하게 춤출 수 있지 않았을까 아쉬워하며,
빛이 사라지는 것에 맞서 분노하고, 분노합니다.

격정적인 사람들은, 달아나는 태양을 붙잡고 노래하다가,
자신들이 달아나는 태양을 슬퍼했다는 사실을 뒤늦게 알고서
작별의 밤으로 고이 들어가지 않습니다.

근엄한 사람들은, 죽음에 이르러 멀어지는 시력으로,
어두운 눈도 유성처럼 불타며 쾌활할 수 있음을 알고서
빛이 사라지는 것에 맞서 분노하고, 분노합니다.

그러니 당신, 내 아버지여, 그 슬픔의 절정에서,
원컨대 지금, 당신의 격한 눈물로 저를 저주하고, 축복해 주
　세요.
작별의 밤으로 고이 들어가지 마세요.
빛이 사라지는 것에 맞서 분노하고, 분노하세요.

5 작품분석

다섯 개의 3행 연구(tercet)와 결론부에 해당하는 한 개의 4행 연구(quatrain)로 구성된 이 시는 Thomas가 아버지에게 죽음에 맞설 것을 강력하게 권하는 내용으로 되어 있다. Thomas의 아버지는 건강하고 성격이 아주 강인한 사람이었지만, 나이가 들어 80대에 이르자 시력도 약해지고 강한 성격도 많이 누그러졌다고 한다. Thomas는 비록 아버지와 평생 미묘한 애증관계를 가지고 있었지만, 아버지의 성격이 부드러워지자 이제는 오히려 아버지가 너무 늙고 약해지신 게 아닌가하여 안타깝고 걱정스러워진 것이다. 그래서 그는 자식으로서 죽음을 앞 둔 아버지에게 인생의 마지막을 어떻게 맞아야 할지에 대해 반복적 시구를 통해 자신의 생각을 말하고 있다.

첫째 연의 첫 행('Do not go gentle into that good night')과 셋째 행('Rage, rage against the dying of the light')은 교대로 두 번째 연부터 다섯 번째 연까지의 후렴구로 쓰이며, 마지막 여섯 번째 연에서는 두 행이 동시에 후렴구로 쓰인다. 반복적으로 쓰이는 이 두 후렴구는 이 시 전체에서 화자가 말하고자 하는 핵심적 내용을 담고 있다. 여기에서 '그 좋은 밤'(that good night)은 물론 죽음을 말하는 것이며, '좋은'(good)이라는 말은 무서운 죽음을 완곡하고 부드럽게 표현한 것이다. 말하자면 그는 아버지에게 고이 죽음을 받아들이지 말고, 죽음에 맞서시라고 권하고 있는 것이다.

여기에서 'gently'라는 부사대신 'gentle'이라는 형용사를 쓰고 있다는 점에 주목할 필요가 있을 것이다. 죽음을 받아들이는 아버지의 온순해진 방식에 대해 말하고 있기보다는 나이가 들어 온순해진 아버지의 성격에 주목하고 있다는 뜻이다. 시인은 괄괄했던 아버지의 성격이 나이가 들어 순해진 것이 오히려 마음에 걸린다. 죽음을 앞둔 노인들에게 죽음에 대해 저항하라고 하는 주문은 일반적인 것은 아니다. 오히려 그와 반대로, 덕이 있고 고결한 인간들은 죽음을 순순히 받아들인다는 관념이 보편적이며, 따라서 모든 사람이 죽음을 자연의 순리로 받아들일 것을 권하는 것이 보통이다. 그런 점에서 죽음에 맞서라는 시인의 주문은 매우 이례적이며, 이 점은 이 시를 주목하게 만드는 하나의 요인이 되기도 한다.

둘째 연부터 다섯 째 연까지는 죽음을 맞는 서로 다른 유형의 인물들의 태도를 열거하고 있다. 둘째 연에서는 현명한 사람들(wise men)에 대해 언급하고 있다. 그들은 어둠, 즉 죽음을 당연한 것으로 생각하지만, 일생에 자신들의 말이 밤하늘에 번개가 치듯 사람들 가운데 아무런 반향도 일으키지 못했다면, 마지막까지 죽음을 거부할 것이라고 말한다. 이 연에서는 특히 시행을 절묘하게 나누는 시인의 기교가 돋보인다. 둘째 행 끝에 있는 'they'는 문장구조상 셋째 행과 연결되어 'they do not go gentle into that good night'과 같이 된다. 즉 '현명한 사람들은 고이 작별의 밤으로 들어가지 않는다'라는 말이 된다. 그러나 'they'와 나머지 부분이 서로 다른 행으로 분리됨으로써 실제로 마지막 행은 'Do not go gentle …'로 시작하게 된다. 그리하여 첫 연의 첫 행을 그대로 후렴구로 사용하면서, 동시에 (현명한 사람들보다는) 아버지에게 '작별의 밤으로 고이 들어가지 마세요'라고 요청하는 말이 된다. 평서문이 청유형의 문장으로 바뀜으로써, 아버지에게 죽음에 맞서는 태도를 아들이 직접적으로 부탁하는 말로 변하게 된다.

셋째 연은 선한 사람들(good men)이 죽음을 맞는 태도를 언급한다. 선한 사람들조차 삶의 마지막 물결을 곁에 두고는 자신들의 미약한 행위나마 춤추는 것처럼 삶에서 빛날 수도 있지 않았을까 아쉬워한다는 것이다. 그래서 그들 또한 빛이 사라지는 것, 즉 인생이 끝나가는 것에 대해 분노하고 저항하게 된다. 이 연에서도 시행을 다루는 시인의 기교가 돋보이는데, 여기서는 문장구조상 첫 행의 'Good men'이 셋째 행 'Rage, rage against the dying of the light'의 주어가 되어 '선한 사람들은 빛이 사라지는 것에 맞서 분노하고 분노한다'는 뜻이 된다. 그러나 주어와 나머지 부분이 나누어짐으로써, 셋째 행 'Rage, rage against …'가 독립적인 문장처럼 보이게 된다. 그리하여 첫째 연의 마지막 행이 다시 반복되어 후렴구로 쓰이며, 동시에 아버지에 대한 아들의 직접적인 주문의 말을 그대로 옮기는 형태가 되는 것이다.

넷째 연은 격정적인 사람들(wild men)의 죽음을 맞는 태도에 대해 말하고 있다. 여기에서 '격정적인 사람들'이란 시인이나 예술가 같은 종류의 사람들을 지칭하는 것으로 보인다. 달아나는 태양은 인간의 의지와는 상관없이 흘러가는 시간을 말하는 것으로서, 시인이나 예술가는 시간에 매인 인간의 삶과 변화하는 자연의 가장 강렬한 순간을 포착하여 그것을 예술작품으로 형상화하려고 노력한다. 그러나 자신들이 결국 흘러가는 시간, 인생무상, 죽음 등에 대해 비탄만 하지 않았느냐는 후회가 들게 되면, 그들 또한 순순히 죽음을 받아들이지 않는다는 것이다.

다섯째 연은 근엄한 사람들(grave men)이 죽음에 맞서는 태도를 묘사하고 있다. '근엄한 사람들'이라는 표현에서 이들은 종교적인 사람들을 지칭하는 것이 아닌가 생각된다. 그러나 '멀어지는 시력'(blinding sight)이라든지 '어두운 눈'(Blind eyes), '쾌활하다'(gay)는 표현은 시인 Milton이나 Yeats를 연상시키는 구절이다. 물론 시력에 관한 말은 나이 들어 시력이 급격히 떨어진 시인의 아버지를 암시하는 말이며, 또한 시인들을 연상시키는 구절의 언급은 역시 문인이었던 시인의 아버지를 암시하는 말이다. 어쨌든 이 연은 앞 선 넷째 연의 내용을 구체적 시인들을 통하여 다시 강조하고 있는 셈이 된다. Milton의 경우 오히려 완전히 실명하고 나서『실락원』,『복락원』,『투사삼손』등의 대서사시를 썼듯, 그리고 Yeats가 나이 들어 삶에 대한 달관된 자세를 터득하여 쾌활해질 수 있었던 것처럼, 시인은 자기 아버지에게도 빛이 사라지는 것, 즉 죽음에 맞서 저항하라고 주문하고 있다. 이 연에서도 마찬가지로 셋째 행이 'Grave men'의 술어 역할을 하면서도, 독립적 문장처럼 쓰여 일종의 청유형 문장으로 아버지에게 죽음에 대해 맞설 것을 직접적으로 주문하는 말이 된다.

둘째 연부터 다섯 째 연까지 언급된 네 가지 유형의 사람들, 즉 현명한 사람들, 선한 사람들, 격정적인 사람들, 근엄한 사람들은 사실상 토마스의 아버지가 가진 네 가지 복합적 성격을 구체화한 것으로 보인다. 말하자면 이런 여러 성격의 사람들이 모두 죽음에 맞섰듯이, 이런 성격들을 모두 가지고 있는 자신의 아버지도 마찬가지로 죽음에 저항하기를 바라는 것이다.

마지막 연에서 시인은 자신의 아버지를 직접 부르며 이제 죽음을 앞두고 슬픔의 절정에 서 있는 아버지께 부탁을 하고 있다. '당신의 격한 눈물로 저를 저주하고, 축복해 주세요'라는 말은 두 사람의 애증 관계를 보여주는, 시인 토마스의 아버지에 대한 복합적인 감정이 여실히 드러나 있는 매우 솔직하고 가슴 깊이에서 우러나오는 표현으로 보인다. 시인은 이 시의 마지막을 첫 연과 이어지는 연들에서 후렴구로 쓰였던 두 행을 다시 반복함으로써 끝맺고 있다. 그래서 아버지에게 '작별의 밤으로 고이 들어가지 마세요./ 빛이 사라지는 것에 맞서 분노하고, 분노하세요'라고 애원하듯 부르짖고 있다.

Ted Hughes
(1930–1998)

1 작가의 생애와 작품경향

Yorkshire 서부의 Mytholmroyd에서 출생한 Ted Hughes의 가족은 그가 일곱 살 되던 해에 Yorkshire 남부의 Mexborough 라는 마을로 이사를 해서 신문과 담배를 파는 가게를 운영했다. 그가 형과 함께 이 지역 황야에서 사냥과 낚시를 하며 보낸 어린 시절의 경험은 그의 초기시 형성에 큰 영향을 주었다.

Hughes는 Cambridge대학 Pembroke College 재학 중 전공을 영문학에서 고고인류학으로 바꾸었는데, 인류학 공부는 그의 중 · 후기시에 신화적 깊이를 부여하는 역할을 했다. 대학 졸업 후 Hughes는 친구들과 함께 만든 *St. Botolph's Review*라는 문학잡지의 창간 기념식 자리에서 미국시인 Sylvia Plath를 처음 만났고 그후 몇 달 만에 결혼했다.

결혼 다음 해인 1957년 Hughes는 The Poetry Center's First Publication Book Contest상을 받은 초기시들을 모아 *The Hawk in the Rain*(빗속의 매)이라는 시집을 출간하여 큰 호응을 얻었다. 그는 무기력한 인간과 대비되는 동물의 강한 본능과 에너지를 표현하여 '동물시인'(animal poet)이라는 칭호를 얻었다. 이는 1950년대의 'The Movement'파 시인들이 평범한 언어로 평범한 일상을 표현하던 것과는 커다란 대조를 이룬다.

결혼 후 몇 년이 지나 Hughes는 Plath와 별거했고, 아이들을 혼자 키우던 Plath는 1963년 가스자살을 했다. 두 번째 부인인 Wevill도 딸을 낳았지만, 그녀도 몇 년 뒤 같은 방법으로 딸과 함께 자살을 하고 말았다. Hughes는 Carol Orchard라는 간호사와 세 번째 결혼을 하고 죽을 때까지 시골에서 살았다.

Hughes는 1984년 계관시인으로 임명되었고, 죽기 직전 *Birthday Letters*라는 시집을 출판했다. 이 시집은 30여 년간 침묵해왔던 Plath와의 관계를 편지 형식으로 쓴 88편의 시 모음집이다. 그는 이 시집 출간 몇 달 후 암으로 세상을 떠났다. Hughes는 첫 시집 출간 이후 41년간 *Lupercal* (1960), *Wodwo*(1967), *Crow*(1970), *Cave Birds*(1979), *Flowers and Insects*(1986), *Wolfwatching*(1990) 등의 많은 시집과 번역, *The Iron Man*(1968, Andrew Davidson삽화) 등의 아동문학작품 등 모두 90여권의 책을 출판했다.

2 The Thought-Fox

I imagine this midnight moment's forest:
Something else is alive
Beside the clock's loneliness

And this blank page where my fingers move.
Through the window I see no star :
Something more near
Though deeper within darkness
Is entering the loneliness :

Cold, delicately as the dark snow,
A fox's nose touches twig, leaf;
Two eyes serve a movement, that now
And again now, and now, and now

Sets neat prints into the snow
Between trees, and warily a lame
Shadow lags by stump and in hollow
Of a body that is bold to come

Across clearings, an eye,
A widening deepening greenness,
Brilliantly, concentratedly,
Coming about its own business

Till, with a sudden sharp hot stink of fox
It enters the dark hole of the head.
The window is starless still; the clock ticks,
The page is printed

주석

15] by stump : 그루터기 옆에서.
17] clearings : (숲속) 개간지.
15-7] in hollow … an eye : an eye in hollow … across clearings. 개간지를 대담히 가로질러 온 몸뚱이의 구멍(즉 눈구멍, 안와眼窩) 속에 있는 눈 하나.
20, 22] its, It은 모두 제17행의 'an eye'를 가리킨다.

나는 상상한다, 한밤중 이 순간의 숲을.

다른 무엇인가가 살아있다.

시계의 고독 곁에
그리고 내 손가락들이 움직이는 이 백지 곁에.

창문 밖으로 별 하나 보이지 않는다.
어둠 속에서 더 짙은 색을 띠지만
한결 가까운 무엇인가가
고독 속으로 들어오고 있다.

어둠 속에 내리는 눈처럼 차갑게, 살포시,
여우의 코가 건드린다, 잔가지를, 잎사귀를.
두 눈으로 살피며 나아간다, 지금 막
그리고 또 다시 지금 막, 지금 막, 지금 막,

나무사이 흰 눈 속에 산뜻한 자국들을 남기며.
그리고 조심스레 절름거리는 그림자가
그루터기 옆에서 머뭇거리고
개간지를 대담히 가로질러 온 몸뚱이의

구멍 속에 있는 눈 하나,
휘둥그레지며 짙어져 가는 초록빛 눈 하나가
멋지게, 시선을 모아,
제 일에 열중하다가

마침내, 코를 찌르는 여우의 진한 노린내를 느닷없이 풍기며
머리의 어두운 구멍으로 들어온다.
창문에는 여전히 별이 없고, 시계는 똑딱거리며,
백지에는 글자가 박힌다.

3 작품분석

Hughes의 첫 시집 *The Hawk in the Rain*에 실린 이 작품은 시가 창조되는 과정을 눈 내린 밤에 시인에게로 다가오는 여우의 움직임에 비유하고 있는 시이다. 첫 연에서 시인은 한밤중에 책상에 앉아 백지를 앞에 펼쳐놓고 시상을 가다듬고 있다. '나는 상상한다'라는 표현은 시가 시적 주체인 '나'의 작업이며, 동시에 상상력의 산물임을 말해 준다. '다른 무엇'이란 나중에 점차 여우로 밝혀지는, 어떤 시적 제재나 정서 등을 의미하는 것으로 보인다. 그 다음으로 시인은 카메라의 렌즈를 갑자기 잡아당기듯 한밤중 숲으로 향했던 시선을 바로 자신이 앉아 있는 책상으로 가져온다. 시계가 고독하다는 말은 일종의 전이 현상을 보여 준다. 고독한 것은 시계가 아니라 시인 자신이기 때문이다. 시인은 뭔가를 쓰기 위해 손가락을 움직이지만, 종이는 아직 채워지지 않은 빈 페이지 일 뿐이다.

둘째 연에서 그는 다시 시선을 창밖으로 돌린다. 그러나 밖은 아무 별도 보이지 않는 깜깜한 상태이다. '한결 가까운' 어떤 것은 앞 연에 나왔던 바로 그 존재이다. 그것은 어둠 속에서 짙은 색을 띠고 있지만 상당히 가까이 다가온 것처럼 보인다. 그 존재가 들어가는 곳은 바로 '고독'으로 표현되어 있다. 이 고독은 첫 번째 연에도 언급되었던 것으로, 결국 고독한 시인의 머릿속으로 그 존재가 점점 구체화된다는 말이다.

셋째 연에서는 다가오는 존재가 다름 아닌 여우였음이 드러난다. 여우는 눈 내린 차가운 숲을 지나 시인에게로 더 가까이 다가온다. 여우는 두 눈으로 조심스럽게 살피며 다가오지만, 뾰족한 코끝이 나무 잎사귀와 잔가지들을 건드리게 된다. 그런 건드림은 여우의 조심스러운 느낌을 강조해 주는 느낌을 준다. 제3행 끝과 4행에서 반복되는 '지금 막'(now)이라는 말은 여우의 계속되는 발걸음을 그대로 형상화하고 있는 것처럼 보인다.

넷째 연에서 여우의 발걸음은 '나무사이 눈 속에 산뜻한 자국들'을 남긴다고 표현되어 있다. 이 '자국들'(prints)이라는 말은 마지막 연의 '글자가 박힌다'(printed)라는 표현과 연결된다. 여우가 '흰 눈'(snow) 위에 남기는 자국들은 바로 백지에 적히는 글자에 다름 아니다. 그러나 여기에서 여우의 걸음걸이는 순조롭지 못한 것처럼 보인다. '절름거리는'(lame) 여우는 나무 그루터기 옆에서 '머뭇거리고'(lags) 있는 그림자를 보여주기 때문이다. 특히 '절름거리는/ 그림자'(lame/ shadow)라는 시행의 단절은 여우의 절름거리는 움직임을 효과적으로 표현해 주고 있다. '절름거린다'라는 말은 시의 기본단위인 음보(音步, metrical foot)가 제대로 내딛어지지 않아, 시행(詩行)이 잘 이루어지지 않는다는 말이다. 우리는 여기에서 시인의 시적 형상화가 잠시 지체되고 있음을 비유적으로 읽게 된다.

다섯째 연에서는 셋째 연에서 시작되었던 문장이 여전히 끝나지 않고 이어지며 여우의 계속되는 동작을 표현하고 있다. '개간지를 대담히 가로질러 온 몸뚱이의' 텅 빈곳(hollow)에 여우의 눈이 있으니, 그 텅 빈곳은 일단 눈의 구멍으로 보아도 무방할 것이다. 그런데 여기에서 시인은 여우의 눈을 두 개라고 하지 않고 '눈 하나'(an eye)라고 표현하고 있다. 시인이 관심을 가진 것은 여우의 행동양태나 머리나, 꼬리, 몸, 코 등 몸의 각 부분의 생물학적 특성이 아니다. 이때 다시 한 번 우리는 이 시가 실제의 여우가 숲을 거쳐 민가로 다가오는 모습을 사실적으로 그린 작품이 아니라, 여우로 비유된 시상이 점점 구체화되면서 시가 이루어지는 과정을 형상화하고 있다는 점을 상기할 필요가 있을 것이다. 그러므로 여기에서 표현된 '눈 하나'는 여우의 두 눈 중의 하나가 아니라, 시인이 그려내고자 하는 어떤 시상을 말한다고 보아야 할 것이다. 드디어 이 시상은 하나의 시로서 형상화하는데, 시인은 이를 눈의 초록빛이 점점 짙어지고 초점이 모이며 '집중되면서' '제일을 수행한다'라고 표현한다.

마지막 연에서는 이런 과정을 거치며 무르익은 시상이 하나의 시로 완성되어 나타난다. '마침내'(Till)라는 말은 시가 잉태되는 마지막 순간을 알려주는 하나의 신호이다. '머리의 어두운 구멍'이란 여우의 머리가 아니라 바로 시인 자신의 머리이다. 이것은 여우가 자기의 집인 어두운 굴로 들어오는 이미지를 연상시킨다. 말하자면 시인의 머릿속은 여우의 집인 셈이다. 여우라는 하나의 시상이 시인의 머릿속에 명확히 형상화된다는 뜻이다. 그런데 이 구멍으로 들어오는 '그것'(It)은 눈 내린 숲 속을 지나 시인이 앉아 있는 방으로 다가온 여우 자체가 아니라, 앞 연에서 언급된 바로 그 '눈 하나'이다. 그 눈이 여우의 진한 노린내를 풍기며 들어온다는 말은 하나의 초점을 가진 시상이 다양한 향취와 연상을 동반하면서 나타난다는 뜻일 것이다. 시상이 시인의 머리에 완전히 자리를 잡는 그 순간까지 그의 정신을 산만하게 흩트리는 것은 아무 것도 없다. 그래서 시인은 '창밖에는 여전히 별이 없다'고 말한다. 종이 위에 '글자가 박힌다'라는 표현을 한 것은 결국 예술가의 창작행위는 인위적이고 의도적인 작업이 아니라 일련의 과정을 거쳐 필연적으로 주어지는 것임을 말하는 것으로 보인다.

이 철

서울대학교 인문대학 영어영문학과 졸업
서울대학교 대학원 졸업(문학박사)
하버드대학 비교문학과(1997-1998년)
코넬대학 영문과(2005-2007년)에서 해외파견 연구
현재 강릉원주대학교 영어영문학과 교수

저서 :

『르네상스와 신고전주의 영시의 이해』
『영시읽기의 기초』(공저), 『영국문학의 이해』(공저)
『영미시』(공저), 『영미문학의 길잡이2』(공저)

번역서 :

『비전』(W. B. Yeats, *A Vision*)
『열정적인 너므나 열정적인』(John Tytell, *Passionate Lives : D. H. Lawrence, F. Scott Fitzgerald, Henry Miller, Dylan Thomas, Sylvia Plath—in Love* 공역)
『낭만주의선언』(Ayn Rand, *The Romantic Manifesto : A Philosophy of Literature*)
『생일편지』(Ted Hughes, *Birthday Letters*)
『물방울에게 길을 묻다』(Ted Hughes, *Selected Poems : 1957-1967*) 등

낭만주의와 현대 영시의 이해

1판 1쇄 발행 _ 2014년 8월 30일
1판 2쇄 발행 _ 2019년 2월 28일

저 자 · 이 철
발행인 · 정 현 걸
발 행 · 신 아 사
인 쇄 · 대명프린팅
주 소 · 서울특별시 은평구 통일로 59길 4(2층)
전 화 · (02) 382-6411 팩스 · (02) 382-6401
홈페이지 · www.shinasa.co.kr
E-mail · shinasa@daum.net
출판등록 · 1956년 1월 5일(제9-52호)

ISBN : 978-89-8396-864-7 (93840)

정가 13,000원